JbM 2019/20

Zu diesem Buch

Immer wieder hilft Mediation, Konflikte zu vermeiden oder beizulegen. Meist bleiben die Erfolge aber unbemerkt, denn Mediationen sind vertraulich. Und: Grau ist alle Theorie – die Vermittlungs*praxis* entspricht fast nie dem Schema, das man lernt und kennt. Das *Jahrbuch Mediation 2019/20* widmet sich deshalb der gelebten Mediation und schildert sie in realen Fällen: bekannten und privaten Situationen, die aufschlussreiche Beispiele geben und sodann in ihrer mediativen Entwicklung kommentiert und zur Diskussion gestellt werden.

Wo die Mediation lebt

Jahrbuch Mediation 2019/20

HWV

HAGENER WISSENSCHAFTSVERLAG

Bibliografische Information der Deutschen Nationalbibliothek

Die Deutsche Nationalbibliothek verzeichnet diese Publikation in der
Deutschen Nationalbibliografie; detaillierte bibliografische Daten sind im
Internet über http://dnb.d-nb.de abrufbar.

ISBN 978-3-7321-0388-1

Herausgegeben von Prof. Dr. Katharina Gräfin von Schlieffen
und Dr. Friedrich Dauner
Gestaltung: Katharina von Schlieffen/Benjamin Graber
Umschlag: Denis Hadzalic/Friedrich Dauner
Umsetzung: Benjamin Graber
© 2020 HWV • HAGENER WISSENSCHAFTSVERLAG
in der iuria GmbH
Bredelle 53, 58097 Hagen
E-Mail: kontakt@hwv-verlag.de, Internet: www.hwv-verlag.de

Inhaltsverzeichnis

Vorwort 7

Wenn zwei sich nicht streiten 13
  Anke Stein-Remmert

Mein Stuhl ist weg! Mediation zwischen Menschen mit Handicap 19
  Birgit Gunia-Hennecken

Kanzler, Künstler, Kirchenfenster
  Schröders Geschenk und Wirbel in Hannover 35
  Der Fall: *Lewis Johnston / Katharina von Schlieffen*
  Der Kommentar: Ein Lehrstück und „Mediation ohne Konflikt"
  Katharina von Schlieffen

Ho'oponopono: Auf Hawaiianisch Frieden machen 111
  Marc-A. Nicolas Hermann

Mediation in der Fraktion 135
  Karl Heinz Blasweiler

Wenn ein Fremdling bei euch wohnt – Mediation und Kirchenasyl 159
  Der Fall: *Irene Seidel*
  Der Kommentar: *Christine Susanne Rabe / Antje Torlage / Martin Wode*

Fall gescheitert, Mission erfüllt? Mediation für Diversity
  in Unternehmen 175
  Sascha Weigel

Die sich im Stuhlkreis drehen – Miteigentum und Mediation 193
  Arthur Trossen

Gift und Galle – Mediationsversuch und Medienecho
um Glyphosat 207
Der Fall: *Irene Seidel/Lewis Johnston*
Kommentare: Glyphosat-Konfliktfall des Bayer-Konzerns
Sabine Sauerborn
Glyphosat – Sachliche Diskussion durch Mediation?
Marcus Hehn

Einigung auf Papyrus: Erbschaftssachen im späten Rom 223
Marc-A. Nicolas Hermann

Bei Anruf Mediation – Telefonische Verhandlung zwischen
Hotelier und säumigem Verein 235
Birgit de Boer/Sabine Roselt

Online gebucht, online geschlichtet 247
Alexander Wahl/Benedikt Schauberer-Stein

Von Dissonanz zur Harmonie – Mediation unter Musikern 257
Marc H. Pfeiffer

Jetzt wird abgerechnet: Mediation zwischen Krankenkassen
und Krankenhäusern 263
Der Fall: *Lewis Johnston*
Der Kommentar: Round Table als geeignetes Mittel?
Roland Breinlinger

Nobelpreis für Völkerversöhner 271
Anna von Schlieffen

Hühnersuppe im Himmel – Versöhnungsritual im Strafvollzug 277
Gabriela Stibbe

Streitbeilegung 2019 im statistischen Vergleich 301
Daniel Quast

Vorwort

Mediation (= jung), zarte Pflanze,
gefährdet und rar, wird nur langsam
in Europa heimisch.

Mediation (=alt), wurzelt seit jeher
im Denken und Miteinander,
vermittelt, verbindet.

Zwei Bilder für dieselbe Sache – kein Widerspruch, sondern Möglichkeiten, miteinander umzugehen.

Da ist die junge, die moderne Mediation. Wir kennen sie inzwischen schon einige Jahrzehnte, auf Gipfeln und in Tälern – in Deutschland ist sie aber kaum gealtert. Sie bleibt die neue, verblüffende Idee. Sie steht für den Aufbruch, für vernünftigen Wandel. Sie weckt die Neugier der Jungen, der Klugen und Lernwilligen. Sie bietet ein Konzept und eine Lehre: für die faire Bewältigung von Konflikten, für Konsens, der sich an den Interessen der Beteiligten orientiert.

Ihr Ziel ist die Praxis, aber dort ist sie nur schwer zu finden. Ihr Ort sind die Kurse und Seminare, die Lehrbücher und Folien, Handouts, Websites und Flyer. Ihr Rückgrat sind Begriffe, Merksätze und Prinzipien. Das ist das bewährte Werkzeug der Lehrer und gut für die Lernenden, denen ein komplexer und ungewöhnlicher Stoff in nur zweihundert Stunden oder noch kürzerer Zeit vermittelt werden muss.

Aber was passiert in der Praxis?

Wer mit einer Mediationsausbildung den Markt betritt und als Mediatorin oder Mediator arbeiten möchte, merkt: Das, was man gelernt hat, wird nicht unbedingt nachgefragt. Die Medianden bleiben aus. Wer trotzdem weitermacht, beginnt daher zu experimentieren.

So erweitert man sein Wissen on the job. Mediatorinnen und Mediatoren lernen die Bedürfnisse der Praxis kennen. Sie mischen das Gelernte mit anderen Ansätzen und schneiden ihre Angebote auf konkrete Umstände oder bestimmte Lebenslagen zu.

Grenzüberschreitungen

Dies führt zu Grenzüberschreitungen. Man fragt sich: Ist das, was da praktiziert wird, noch Mediation? Über viele Jahre wurden Abweichungen vom Schema eher kritisch gesehen. Einige befürchteten einen Verlust der „Marke". Mediation sollte ihren „USP", ihr Alleinstellungsmerkmal, bewahren. Inzwischen verbreitet sich die Einsicht: Wer zu strikt denkt, braucht eine Lupe, um echte Mediation zu finden.

Das eine Mal fehlt es an der Neutralität des Mittlers, das andere Mal an einer vorgeschriebenen Phase, im dritten Verfahren verhält sich die Mediatorin zu lösungsorientiert und im vierten Fall unterbricht jemand die Mediation für ein Coaching! Endgültig scheiden sich die Geister am Thema NLP. Ist das nicht Manipulation, wenn man in der (genuin selbstverantwortlichen) Mediation gezielt unbewusstes Verhalten beeinflusst?

Keine Richtschnur

Derart grundsätzliche Fragen müssten geklärt werden, aber es fehlt an einer Instanz mit Fachautorität. Die sog. Mediationsvereine engagieren sich allenfalls noch dort, wo sie ein Geschäftsfeld erkennen können: im Bereich der Ausbildung. Für diesen Bereich hat eine Arbeitsgruppe („QVM") einen Standard erarbeitet, der einen Ausbildungskanon für einen 200-Stunden-Kurs festlegt. Leider ist dieses Curriculum nur ein Durchschnitt des bisherigen nicht-universitären Angebots und nicht auf dem Stand der neueren Erhebungen und wissenschaftlichen Erkenntnisse.

Aus diesem Grund besitzt die Mediation zwar einen fragwürdigen Katechismus für gewisse Ausbildungskurse, aber keine Richtschnur für die Praxis. Diese Lücke füllt auch kein Mediationsgesetz, denn der Gesetzgeber kann nur Recht erlassen, aber nicht die Sache selbst bestimmen. Damit stellt sich, nicht anders als vor zehn oder zwanzig Jahren, die widerspenstige Frage: Was ist nun Mediation?

Dabei treffen zwei grundlegende Tendenzen aufeinander. Ist Mediation das neue Verfahren, das man in Kursen oder durch ein Studium lernt, oder die verbreiteten Muster, die man nahezu überall vorfindet? Sind moderne

Vermittlungsverfahren überhaupt noch gefragt oder ist die neue Mediation nur eine Mode aus dem letzten Jahrhundert? Und wenn es eine eigenständige Mediation in der Praxis gibt: Wo kann man sie finden – wo lebt sie, was zeichnet sie aus?

Wo die Mediation lebt

Zu diesen Fragen hat das Jahrbuch Mediation 2019/20 einige aufschlussreiche Antworten gesammelt. Während der letzte Band (JbM 2018) Anwendungsdefizite aufzeigte und verlorenen Illusionen nachspürte (Harte Zahlen, weicher Kern), möchte diese Ausgabe zeigen, dass die Mediation hierzulande lebt – und zwar in vielen unterschiedlichen Formen. Mediation in Deutschland 2019/20 ist weniger die Anwendung von Schulwissen als das überzeugte Verhalten von Menschen, die selbstverantwortlich ihre Konflikte beilegen und besser gleich vermeiden möchten.

Um dies zu zeigen, braucht es keine abstrakte Abhandlung über das Wesen der Mediation. Stattdessen wollen wir schauen, wo die Mediation – hier und heute und gerade bei uns – „lebt". Wenn wir „leben" sagen, meinen wir nicht, „was ‚ist' oder ‚bedeutet' Mediation?", sondern möchten über eine Metapher klären, was mit einer präzisen Eingrenzung oder Definition weniger gut gelingen kann: ein gemeinsames Verständnis über verschiedene Kontexte herzustellen und im Dialog darüber nachzudenken.

Die Beispiele

Zu diesem Zweck möchten wir uns einzelne, möglichst aktuelle Situationen („Fälle") herausgreifen, bei denen Mediation ins Spiel kam. Ob eine Mediation oder eine mediative Vermittlung tatsächlich durchgeführt wurde, war nicht entscheidend. Manchmal interessierten uns auch Begebenheiten, bei denen gar keine Mediation stattfand, aber diese Möglichkeit erwogen wurde oder der Versuch gescheitert ist.

Gern hätten wir Ihnen vor allem musterhafte Verfahren präsentiert, also Fälle, in denen zwei Beteiligte sich mit einer Mediatorin zusammengesetzt und eine vorbildliche Mediation mit allen Phasen und Prinzipien vollzogen haben. Nach der Sichtung unseres Materials, sei es über unsere Homepage jahrbuch-mediation.de, aus den Medien oder der Feder der aktiven Mediatorinnen und Mediatoren, fiel uns indes schnell auf: Es gibt einfach keine Idealmediation. Alle kreisen mit unterschiedlichen Komponenten um das Ideal, erfüllen das eine Kriterium, die andere Bedingung, aber nie alle Voraussetzungen, die wir lehren und gelernt haben.

Das hat uns veranlasst, noch einmal über den Titel dieses Jahrbuchs nachzudenken. In den Redaktionssitzungen oszillierten wir zwischen „Wo die Mediation wohnt" und „Wo die Mediation lebt".

Bei näherer Betrachtung zeigt sich: Wohnen tut man in einem geplanten, nach rechtlichen und statischen Regeln errichteten Gebäude, aber das Leben kommt ohne dieses Konstrukt aus: Es findet auf der Straße statt, in Kneipen und Cafés, im Büro, in den Momenten, die zwischen Menschen passieren. Unser Haus – da, wo wir wohnen – ist unser Rückzugsort, der sichere Hafen, in dem wir Energie tanken, aber leben tun wir an ganz verschiedenen Orten, in unterschiedlichen Dimensionen, Augenblicken, unter ganz diversen Bedingungen. Warum sollte es bei der Mediation anders sein? Das Haus hält die Regeln bereit, und wir können immer wieder nach Hause zurückkehren, aber wer etwas bewegen will, der muss hinaus in die Welt und improvisieren, wenn er meistern will, was das Leben bringt.

Unter diesem Vorzeichen haben wir die Fälle für diesen Band zusammengestellt.

Allen ist gemeinsam, dass sie Aspekte von Mediation aufweisen. Im Mittelpunkt stehen reale Konflikte und Spannungslagen, an denen sich etwas Bezeichnendes verdeutlichen lässt. Die Schilderungen haben vor allem Anknüpfungsfunktion. Es geht uns um konkrete mediative Muster, die wir vor einem praktischen Hintergrund sichtbar machen möchten. Dafür braucht es einen Anfang, eine Geschichte, die diese Bezüge liefert. In diesem Sinne sind auch unsere „Fälle" zu verstehen. Sie sollen uns lediglich helfen, einen Aspekt der Mediation zu verdeutlichen, aber nicht selbst eine Aussage über das erzählte Ereignis treffen. Jeder „Fall" ist insoweit auch nur eine mögliche Narration ohne Anspruch auf Wahrheit, empirischen Gehalt oder einen besonderen theoretischen Status.

Die Kommentare

Die „Fälle" wurden von unseren Autoren oder von der Redaktion zusammengestellt und anschließend von den Expertinnen oder Experten kommentiert. In der Regel haben wir diese Anmerkung durch weitere Kommentare ergänzt.

Die Leserinnen und Leser werden feststellen, dass der Blick in die Mediationslandschaft mannigfaltige Gewächse offenbart. In ihrer Pracht mögen sie zwar variieren, aber wer sie näher betrachtet, erkennt, dass sie allesamt wichtige Funktionen erfüllen, um das System der mediativen Vermittlung lebendig und integer zu halten. Das gesamte Redaktionsteam wünscht Ihnen viel Freude bei dieser Erkundung und der Mediation den Nährstoff und Zuspruch, die sie verdient.

Hagen im November 2019

Katharina von Schlieffen
Friedrich Dauner

Wenn zwei sich nicht streiten

Die Literatur beschäftigt sich mit der Mediation überwiegend als einer Methode zur Beilegung von Konflikten. Das bedeutet, hier wird die Mediation als Verfahren betrachtet, das *nach* Entstehen eines Konfliktes zu dessen Lösung eingesetzt wird. Das hat sicher seine Berechtigung, greift jedoch hinsichtlich der tatsächlichen Möglichkeiten zu kurz.

Dieser Eindruck bestätigt sich in Seminar- und Schulungsangeboten, die regelmäßig den Titel tragen: die Mediation als Konfliktbeilegungsverfahren. Letztlich spiegelt sich dies auch am Markt. Nahezu jeder Kunde (hier bezogen auf die Wirtschaft) meldet sich, wenn das „Kind bereits in den Brunnen gefallen" und Konflikte jeweils unterschiedlichen Intensitätsgrades bereits entstanden sind.

Dabei wäre es so viel effizienter, günstiger und ziel- bzw. lösungsorientierter, würde das Mediationsverfahren bereits präventiv, also noch vor Konfliktentstehung zum Einsatz kommen.

Der Fall

Den Rahmen dieses Artikels möchte ich zur Darstellung eines präventiven Mediationsverfahrens nutzen, das kürzlich an mich herangetragen wurde.

Vor wenigen Monaten meldete sich die Geschäftsführerin einer gemeinnützigen GmbH (nennen wir sie anonymisiert Frau Meyer) und bat um ein Gespräch. Sie habe von dem Verfahren der Mediation gehört und denke darüber nach, dieses Verfahren für die Regelung der künftigen Zusammenarbeit mit ihrem Geschäftsführungspartner (nennen wir ihn Herrn Schulz) durchzuführen. Wir vereinbarten ein persönliches Informations- und Auftragsklärungsgespräch in den Räumlichkeiten der gGmbH, an dem beide Geschäftsführer teilnahmen.

Die Situation stellte sich so dar, dass die beiden Geschäftsführer im Wege eines durch die Gesellschafter der gGmbH durchgeführten Auswahlverfahrens unabhängig voneinander für die Position des Geschäftsführers benannt wurden. Erst bei der Vertragsunterzeichnung lernten sich die beiden persönlich kennen.

Der Plan, die Zusammenarbeit im Vorfeld der Tätigkeitsaufnahme untereinander zu regeln, scheiterte. Die Geschäfte der gGmbH nahmen so schnell Fahrt auf, dass praktisch keine Zeit für ein gegenseitiges Kennenlernen blieb, geschweige denn für die Festlegung konkreter Arbeitsprozesse nebst Verantwortlichkeitenregelung. Bereits im ersten halben Jahr konnten mehr als 20 Mitarbeiter eingestellt werden. Bei diesem Tempo verloren Frau Meyer und Herr Schulz die notwendigen bilateralen Gespräche insbesondere auch deshalb aus dem Blick, weil es keine nennenswerten Probleme oder Herausforderungen in der Zusammenarbeit gab.

Nun schlichen sich jedoch nach und nach gefühlte Spannungen ein, die im Rahmen der Mediation präventiv besprochen werden sollten, um einen möglichen Konflikt von vornherein im Keim zu ersticken.

Das Verfahren

Der Verlauf des vorliegenden Falls orientierte sich retrospektiv betrachtet an dem klassischen Fünf-Phasen-Modell, bei dem das Auftragsklärungs- und Informationsgespräch den Einstieg ins Verfahren bildet. Dieses Gespräch nahmen wir zum Anlass, nicht nur uns persönlich vorzustellen, sondern auch meinerseits das Verfahren zu erläutern und Möglichkeiten der Mediation zu beleuchten. Natürlich galt das Gespräch so nicht nur dem Vertrauensaufbau in das Verfahren, sondern auch in meine Person. Darüber hinaus diente es der Überprüfung der Geeignetheit des Verfahrens. Es nahm circa zweieinhalb Stunden in Anspruch.

Dieser erste Termin mündete in der Auftragserteilung und Terminfestlegung für die erste gemeinsame Mediationssitzung, von denen es zwei geben sollte, die jeweils mit vier Stunden angesetzt waren.

Bei dem ersten inhaltlichen Termin starteten wir zum *Warm-up* noch einmal mit einem gemeinsamen Gespräch auf der Beziehungsebene. Beide Geschäftsführer, die erwartungsgemäß sehr gut miteinander umgingen, schilderten offen ihren jeweiligen Werdegang und die gemeinsame Historie. Bereits hier wurde es sehr interessant. Offensichtlich hatten sich beide bis zu diesem Zeitpunkt nicht einmal die Gelegenheit zum Austausch über persönliche Hintergründe und berufliche Entwicklungen gegeben. So gab es das eine oder andere Aha-Erlebnis. Während Frau Meyer verheiratet mit zwei kleinen Kindern die Hauptverdienerin mit Mitte Vierzig ist und aus dem sozialen Bereich kommt, schöpft Herr Schulz, der sechzig Jahre alt, verheiratet und kinderlos ist, seine Kenntnisse aus mehreren Jahren Managertätigkeit und einem betriebswirtschaftlichen Hintergrund. Bereits diese Informationen waren in der ausführlichen Tiefe des persönlichen Austauschs bislang gegenseitig unbekannt. Auf die Frage nach der jeweiligen persönlichen Motivation, die Geschäftsführertätigkeit anzunehmen, sagte Frau Meyer, dass es für sie eine besondere Herausforderung darstellen würde, –ein Unternehmen zu führen. Damit verband sie vor allen Dingen persönliches Wachstum. Herr Schulz wiederum beschrieb seine Situation so, dass er aus dem rein zahlengetriebenen Aufgabengebiet herauswollte, um seiner Sinnstiftung mehr Raum zu geben. Er wolle Fußstapfen hinterlassen.

Beide Geschäftsführer schilderten, dass sie bezüglich der aktuellen geschäftlichen Entwicklungen gemischte Gefühle hätten. Einerseits freue sie der Erfolg und das entspreche auch ihrer jeweiligen Leidenschaft für die Aufgabe, andererseits hätten sie Sorge, sich organisatorisch zu verzetteln und zu verlieren und möglicherweise mangels Austauschs miteinander in Konflikt zu geraten.

In der sich anschließenden Themensammlung – der zweiten Phase – , die klassisch mit Metaplankarten in unterschiedlichen Farben durchgeführt wurde, ergaben sich folgende Inhalte:

Frau Schulz wollte die „transparente Kommunikation", das „tägliche Miteinander", die „Verantwortungs- und Aufgabenbereiche" und das „gegenseitige Vertrauen auch vor den Mitarbeitern" geregelt wissen.

Herr Schulz präferierte die „Aufteilung der jeweiligen Verantwortungs- und Aufgabenbereiche", die „räumliche Bürosituation/Zweierbüro" und den konkreten „Umgang mit Zahlen, Daten und Fakten" sowie den „Fokus auf Wirtschaftlichkeit und Professionalität".

Während der abwechselnden Darstellung der Besprechungswünsche kristallisierte sich rasch heraus, dass die Aufteilung der jeweiligen Verantwortungs- und Aufgabenbereiche vordringlich war. Beide wollten damit starten und sahen hier einen großen Schwerpunkt aufgrund der zuvor geschilderten beruflichen Werdegänge und wünschten sich hier gleichzeitig auch Lösungsklarheit. Hierbei waren beide derart lösungsfokussiert engagiert, dass ich eine sehr klare Moderation durchführen musste, damit das Herzstück der Mediation – die Interessenphase –, nicht übergangen wurde. Dazu neigten beide, vermutlich mangels akuten Konfliktes.

Die Besprechung der Interessen zeigte dann auch, wie wichtig es war, trotz der hohen Einigkeit und Lösungsfokussierung auf diese Phase zu bestehen. Nicht zuletzt die Interessensphase ist maßgeblich für die Nachhaltigkeit getroffener Lösungen. Sie gewährleistet, dass die Medianden die Wurzel von bestehenden und möglichen Uneinigkeiten aufdecken und der Lösungsfindung zur Verfügung stellen. Nur zielgerichtete Lösungen können dauerhaft hilfreich sein.

In der Diskussion stellte sich heraus, dass Frau Meyer in der letzten Zeit das Gefühl hatte, dass Herr Schulz sie insbesondere in Teammeetings nicht unterstütze, sondern ihre aus seiner Sicht mangelnden betriebswirtschaftlichen Kenntnisse vorführe. Außerdem übergehe er sie bei vielen wirtschaftlichen Entscheidungen und setze sie von Außenterminen und deren Ergebnissen nicht in Kenntnis. Sie fühlte sich nicht wertgeschätzt und ihr fehlte sein Vertrauen in ihre fachliche Kraft.

Herr Schulz zeigte sich überrascht und teilweise bestürzt und schilderte seinerseits, dass er sich nicht respektiert fühle von der „Offene-Tür-Mentalität", die Frau Meyer den Mitarbeitern gegenüber lebe. Er fühle sich von den ausführlichen Telefonaten und Gesprächen seitens Frau Meyer in seiner analytischen Arbeit gestört. Auch sei er mit den sozialen und pädagogischen Themen der gGmbH inhaltlich überfordert. Dies sei doch das Gebiet von Frau Meyer. Er würde sich wohler und sicherer fühlen, wenn er sich allein auf die Wirtschaftsthemen konzentrieren dürfte. Insgesamt schätze er Frau Meyer sehr, und zwar sowohl fachlich als auch persönlich. Seine persönliche Scheu vor den ihm fremden sozialen und pädagogisch Themenfeldern habe bei ihm zu dem Umkehrschluss geführt, dass es doch für Frau Meyer eine Erleichterung sein müsse, die wirtschaftlichen Zusammenhänge in seine Verantwortung zu geben. Aus diesem Grund habe er sie mit zu vielen Inhalten gar nicht belasten wollen. Seine Ausführungen überraschten Frau Meyer. Sie betonte, dass ihr gar nicht bewusst gewesen sei, dass Herr Schulz sie nur habe schützen wollen, und zeigte sich erleichtert, dass nun offensichtlich die richtigen Themen ausgewählt seien, um einen künftigen Konflikt zu vermeiden und beide Medianden in ihre persönliche und fachliche Kraft zu bringen.

Die sich anschließende Lösungsphase verlief erwartungsgemäß konstruktiv. Die Aufgaben- und Verantwortungsbereiche wurden nach den jeweiligen fachlichen Leidenschaften aufgeteilt. Außerdem wurde durch Umorganisation/-planung ein zweiter Büroraum geschaffen, sodass nun beide ein Einzelbüro haben. Neben den wöchentlichen Teammeetings gibt es nun jeden Morgen ein kurzes ausschließlich gegenseitiges Briefing der beiden Geschäftsführer bei einer Tasse Kaffee in einem der beiden Büros.

Vereinbarungsgemäß setzten Frau Meyer und Herr Schulz die gefundene Lösung sofort um und wir planten ein „Nachhaltigkeitsmeeting" für zwei Monate später, um zu sehen, wie stabil sich die besprochenen Maßnahmen in der Praxis zeigen.

Sie bestätigten sich. Für die Zukunft wurde vereinbart, in Kontakt zu bleiben, um gegebenenfalls bei aufkommenden Unebenheiten sofort wieder in eine erneute Mediationssitzung einzusteigen.

Der Kommentar

Die vorliegende Mediation ist zugegebenermaßen recht kurz ausgefallen. Aber sie steht auch für den Reiz der methodischen Einfachheit. Mir ging es darum aufzuzeigen, dass Mediationen nicht immer thematisch hoch komplex und die Beteiligten nicht immer emotional massiv zerstritten

sind. Im Gegenteil werbe ich für den präventiven Einsatz des Mediationsverfahrens. Meine beiden vertrauensvollen Medianden haben mit Weit-
blick gezeigt, dass sie keine klügere Entscheidung hätten treffen können,
als sich frühzeitig in dieses Verfahren zu begeben.

Des Weiteren darf auch ein gut gefüllter Werkzeugkoffer mal geschlossen
bleiben, da die klassischen Mediationsinterventionen für ein präventives
Verfahren ausreichend sein können. Es gibt sie noch, die schulbuchartige
Fünf-Phasen-Mediation ohne „Schnickschnack".

Fazit: Die Mediation kann eben doch mehr, als „nur" eine elegante und
zielführende Konfliktbeilegungsmethode zu sein.

Anke Stein-Remmert

Rechtsanwältin und Mediatorin; Business-Coach;
Trainerin Unternehmensberatung; Dozentin in der
Ausbildung von Mediatoren; Soft-Skill-Managerin;
systemischer Business-Coach

Mein Stuhl ist weg!

Mediation zwischen Menschen mit Handicap

Abb. 1

In der Mediation werden Menschen in verschiedenartigen Lebenssituationen von professionell arbeitenden Mediatoren bei der Lösung ihrer Konflikte unterstützt. Soweit bekannt – aber längst noch nicht alles! Mediation lässt sich so flexibel gestalten, dass Menschen innerhalb einer Peergroup in die Lage versetzt werden können, bei Konflikten zu vermitteln. Wie das funktioniert, hat die Schulmediation schon vor Jahren erfolgreich unter Beweis gestellt. Kinder und Jugendliche werden zu Streitschlichtern ausgebildet und helfen ihren Mitschülerinnen und Mitschülern, die eigenen Konflikte gewaltfrei zu lösen. Da die Peer-Mediation selbst von Vorschulkindern zur Konfliktregelung genutzt wird, scheint es keinen nachvollziehbaren Grund zu geben, warum nicht auch Menschen mit Handicaps auf ähnlich spielerische Weise ein Verfahren zur Streitschlichtung erlernen können. Gemeint sind Menschen mit Erkrankungen und Behinderungen, die ein selbstbestimmteres Leben führen möchten und sich durchaus imstande sehen, für ihre Interessen einzutreten. Die Peer-Mediation ist eine

Möglichkeit, diesem Wunsch nach mehr Partizipation und Eigenständigkeit nachzukommen und gleichzeitig, das inklusive Zusammenleben einer Gesellschaft zu fördern. Wie die Peer-Mediation in der Praxis genau umgesetzt wird, zeigt die Streitschlichtung von und mit Menschen mit einer geistigen Behinderung.

Vorüberlegungen

Die Mediation ist ein Verfahren der eigenverantwortlichen Konfliktbearbeitung, das auf neu hinzukommende Nutzergruppen immer wieder angepasst und methodisch weiterentwickelt werden kann.[1] Das Interesse der Fachwelt, die Mediation auch für Menschen mit Handicaps erlebbar zu machen, ist jedoch sehr verhalten. Nach wie vor bestehen Zweifel darüber, ob Menschen mit einer geistigen Behinderung, psychischen Erkrankung oder Suchterkrankung zu einer selbstständigen Konfliktlösung in der Lage sind.[2] Dass diesem Aspekt so viel Bedeutung beigemessen wird, ist grundsätzlich plausibel, da die Fähigkeit eigenständig zu handeln eine wesentliche Voraussetzung ist, um von einem Verfahren wie der Mediation profitieren zu können.

Liegt es denn an der Methode, die so komplex und an Bedingungen geknüpft ist, dass sie nicht von allen Menschen genutzt werden kann oder trauen wir Menschen mit Handicaps – bei allen Bestrebungen eine inklusive Gesellschaft ohne Barrieren zu sein – immer noch zu wenig zu?

Dass die Teilnahme an einer Mediation mit bestimmten Anforderungen und Erwartungen verbunden ist, klingt einleuchtend. Nur so kann eine eigenverantwortliche Streitbeilegung und die Suche nach beiderseits befriedigenden Lösungen gemeistert werden. Doch mit Blick auf die Schulmediation können die Voraussetzungen nicht so spezifisch sein, denn schließlich wird die Mediation sogar von sehr jungen Kindern zur Streitschlichtung genutzt.[3] Warum also sollten nicht auch Menschen mit Handicaps dazu fähig sein, die insbesondere in den letzten Jahren mehr Teilhabe und Empowerment für sich einfordern?[4] Bei genauer Betrachtung sind deutliche Parallelen zu entdecken, denn auch in der Mediation wird der Begriff Empowerment verwendet. Konkret geht es um Autonomie und Selbstbestimmung, die z. B. entstehen, wenn Konfliktparteien mithilfe eines Mediators ihre Interessen und Bedürfnisse erkennen und mitteilen.[5] Es scheint demnach, eine hohe Übereinstimmung zwischen den Zielen der Mediation und dem Bestreben der Menschen mit Handicaps nach mehr Selbstständigkeit und der Übernahme von Verantwortung für das eigene Handeln zu geben.

Leitmotive der Peer-Mediation bei Menschen mit Handicaps

Konflikte treten in allen zwischenmenschlichen Bereichen auf und gehören auch zur Lebenswelt der Menschen mit Handicaps. Wie jeder andere, leben sie in sozialen Bezügen, gehen zur Arbeit und unterhalten Freundschaften. Selbst die Gründe für die Entstehung von Konflikten unterscheiden sich nicht.[6] Legt man z. B. die Definition eines sozialen Konfliktes von Glasl zugrunde, geraten Menschen miteinander in Streit, wenn sie sich bei der Realisierung ihres Denkens, Vorstellens, Wahrnehmens, Fühlens und Wollens durch eine andere Person beeinträchtigt fühlen.[7] Dies setzt allerdings voraus, dass die eine Person der anderen Person die Schuld an der Nicht-Verwirklichung ihrer eigenen Gedanken, Gefühle etc. zuweist – ganz gleich, ob dies bewusst oder unabsichtlich geschieht.[8] Dieser Erklärungsansatz hilft dabei, mögliche Ursachen eines Konfliktes zu verstehen, und macht eine universelle Anwendung auf Situationen des sozialen Miteinanders sichtbar. Die Frage, ob Menschen mit Handicaps an einer Streitschlichtung teilhaben können, stellt sich in diesem Zusammenhang nicht. Denn jeder Mensch, der sich mit einem anderen streitet, ist auch imstande, einen Konflikt zu schlichten und sich wieder zu vertragen.[9]

Engagierte Fachleute haben sich dazu Gedanken gemacht und gehen noch einen Schritt weiter. Sie sind davon überzeugt, dass Menschen mit Handicaps ihre Konflikte eigenverantwortlich regeln können, und bilden sie zu Streitschlicherinnen und Streitschlichtern aus, die „auf gleicher Augenhöhe" Menschen aus ihrer Peergroup bei der Lösung ihrer Konflikte helfen.[10] Die Schulmediation liefert dabei die methodischen Grundlagen und didaktischen Anregungen zur strukturierten Wissensvermittlung. Unter dem Begriff der „Peer-Mediation" ist das Verfahren für die Fachwelt leicht einzuordnen, während die Nutzerinnen und Nutzer die Bezeichnung für wenig plakativ und verständlich halten. Aus diesem Grund hat sich das Verfahren – wie häufig auch in der Schulmediation – als „Streitschlichtung" etabliert und wird in verschiedenen Werkstätten für Menschen mit Behinderung im Alltag gelebt und angewandt.[11]

Bei der nachfolgenden Falldarstellung handelt es sich um eine Streitschlichtung von und mit Menschen mit einer geistigen Behinderung, die beispielhaft zeigt, wie ein zwischenmenschlicher Konflikt eigenständig gelöst werden kann.

Besonderheiten einer Streitschlichtung

In der Mediation kommt es mitunter vor, dass Konfliktparteien von einem Mediatorenteam unterstützt werden, die unterschiedliche Aufgaben in einem Verfahren übernehmen. In der Streitschlichtung arbeiten die Streitschlichter mit einer Assistentin bzw. einem Assistenten zusammen. Es handelt sich dabei um Mitarbeitende aus den Betreuungsteams einer Einrichtung, die wie die Streitschlichter entsprechend geschult werden. Sie begleiten den Schlichtungsprozess und beteiligen sich nur, wenn die Streitschlichter es ausdrücklich wünschen. Die Assistenz greift nicht eigeninitiativ in das Verfahren ein, ihre Gegenwart soll vielmehr den Streitschlichtern Sicherheit vermitteln.[12]

Die eigenständige Streitschlichtung von und mit Menschen mit einer geistigen Behinderung erfordert ein kleinschrittiges und möglichst ritualisiertes Vorgehen anhand von festgelegten Strukturen. Um dies zu gewährleisten, erhalten die Streitschlichter als Orientierungshilfe eine Schlichtermappe, die ihnen als Arbeitsgrundlage dient und den Ablauf der einzelnen Phasen beinhaltet. In der folgenden Streitschlichtung nutzt der Streitschlichter zudem das sogenannte „Stoppschild", um auf einen Regelverstoß hinzuweisen.[13]

Fallbeschreibung

Ausgangssituation

Jan Müller und Tobias Bauer sind beide 22 Jahre alt. Jan lebt in einer ambulant betreuten Wohngemeinschaft für Menschen mit einer geistigen Behinderung bzw. kognitiven Beeinträchtigung, während Tobias noch bei seinen Eltern wohnt. Sie sind seit einiger Zeit Arbeitskollegen im Bereich Elektro- und Metallmontage in einer Werkstatt für Menschen mit Behinderung. Die Beschäftigten arbeiten in Teams und erledigen Aufträge von verschiedenen Industrieunternehmen, die unmittelbar für die Produktherstellung von Bedeutung sind.

Jan Müller ist seit zwei Jahren in der Werkstatt tätig und muss immer wieder feststellen, dass ihn die Anforderungen der Kabelmontage an die Grenzen seiner Belastbarkeit bringen. Es fällt ihm oft schwer, sich über einen längeren Zeitraum auf eine Aufgabe zu konzentrieren. In solchen Situationen wendet er sich an den Teamleiter, der ihn mit viel Erfahrung und Professionalität stabilisieren und wieder motivieren kann.

Tobias Bauer ist vor ca. einem halben Jahr mit seinen Eltern in die Stadt gezogen und seit vier Monaten in der Werkstatt beschäftigt. Von Anfang an hat er Mühe, sich in das Team einzufinden. Er ist sehr selbstbewusst und stellt die Anweisungen des Teamleiters häufig in Frage. Die Arbeit fällt ihm leicht, da er motorisch sehr geschickt ist.

Jan und Tobias brauchen einige Zeit, bis sie bemerken, dass gleiche Interessen sie verbinden. Beide hören gerne Musik und interessieren sich für Computerspiele. Obwohl sie charakterlich sehr verschieden sind, scheinen sie sich gut zu verstehen. In den letzten Wochen hat sich ihr Verhalten zueinander jedoch verändert. Immer häufiger kommt es zwischen den beiden zu Auseinandersetzungen. Als Tobias eines Tages ungefragt den Stuhl an Jans Arbeitsplatz wegnimmt, geraten sie in einen lautstarken Streit. Nachdem sich die erste Aufregung gelegt hat, schlägt der Teamleiter beiden eine Streitschlichtung vor. Das Verfahren der Streitschlichtung ist allen Beschäftigten der Werkstatt gut bekannt und kommt immer wieder zum Einsatz.

Kurz vor der Mittagspause entscheidet sich Jan dazu, den Streitschlichter Niko Haas um Unterstützung zu bitten, der sich bereiterklärt, die Streitschlichtung durchzuführen. Da sich Tobias zu einem Streitschlichtungsverfahren noch nicht geäußert hat, bittet Jan den Streitschlichter mit ihm zu sprechen. Im Gespräch mit Niko Haas erklärt sich Tobias mit einer Streitschlichtung einverstanden. In Absprache mit dem Streitschlichterassistenten Jochen Heinz, wird den Streitenden noch am gleichen Tag ein Termin angeboten, den beide akzeptieren.

Verlauf einer Streitschlichtung von und mit Menschen mit einer geistigen Behinderung

Phase 1: Einleitung und Vorstellung der Regeln

Jan und Tobias erscheinen pünktlich im Streitschlichterraum und nehmen an den gegenüberliegenden Seiten des Tisches Platz. Niko Haas begrüßt die Konfliktparteien zur Streitschlichtung und erklärt, dass sein Assistent Jochen Heinz ihm behilflich sein werde, sollte er nicht mehr weiter wissen. Er erläutert, dass die Streitschlichtung einem festgelegten Ablauf folgt und die einzelnen Schritte in der Streitschlichtermappe stehen, die er vor sich auf den Tisch legt. Den Konfliktparteien möchte er dabei helfen, ihren Streit zu beenden. Als Streitschlichter leitet er das Gespräch und bleibt selbst neutral, während Jan und Tobias die Lösung ihres Streits selbst finden müssen. Niko Haas stellt zudem klar, dass alles was in der Streitschlichtung zur Sprache kommt nicht nach außen gehen darf und die Streitschlichtung mit dem Abschluss eines Friedensvertrags endet. Er deutet auf ein Plakat mit den für alle sichtbaren Gesprächsregeln und weist darauf hin, wie wichtig sie für ein Streitschlichtungsverfahren sind. Die Regeln lauten:

- zuhören
- nicht beschimpfen
- ausreden lassen.

Niko Haas ergänzt, dass er ein Stoppschild hochhalten werde, wenn Jan und Tobias die Regeln nicht einhalten. Abschließend werden sie von Niko Haas gefragt, ob sie alles verstanden haben und sie mit der Streitschlichtung beginnen möchten. Beide nicken zustimmend.

Phase 2: Darstellung des Konfliktes

Da Jan um eine Streitschlichtung gebeten hat, darf er als erster erzählen, was passiert ist. Er berichtet, dass er direkt am Morgen den Stuhl an seinem Arbeitsplatz vermisst habe. Er konnte noch im Augenwinkel erkennen, wie Tobias den Stuhl an seinen Tisch gerollt und sich daraufgesetzt habe, als sei alles ganz normal. Bereits an der Tür habe er in den Raum hineingerufen, dass Tobias auf seinem Stuhl sitze und er ein mieser Dieb sei. Für den Rest des Vormittags habe er dann auf dem Schrottstuhl von Tobias sitzen müssen, weil der nicht aufstehen wollte. Plötzlich unterbricht Tobias und schreit Jan an, er habe den dämlichen Stuhl nicht weggenommen. Er würde nicht klauen. Der Streitschlichter hält das Stoppschild hoch und zeigt auf die Gesprächsregeln. Er bittet Tobias zuzuhören, der wütend die Arme vor seinem Körper verschränkt und sich vom Tisch abwendet. Niko Haas wiederholt in seinen eigenen Worten das Gehörte und fragt Jan, ob er alles richtig geschildert habe. Als Jan nickt, bittet der Streitschlichter Tobias zu erzählen, was passiert ist.

Tobias berichtet aufgeregt, dass er sich am Morgen schon geärgert habe. An seinem Stuhl fehlte eine Armlehne – schlimmer noch – es war gar nicht sein Stuhl. Jemand hatte wohl seinen Stuhl weggenommen und dafür ein Schrottteil hingestellt. Daraufhin habe er seinen Stuhl lange gesucht und sei herumgelaufen, konnte ihn aber nicht finden. Dann habe er sich einfach einen freien Stuhl geholt und sich draufgesetzt. Was hätte er sonst machen können? Niko Haas gibt das Gehörte wieder und fragt Tobias: „War das so?" Tobias bejaht die Frage. Jan steht auf und schreit, Tobias sei so was von gemein und eine ganz miese Type. Der Streitschlichter weist mit dem Stoppschild in Jans Richtung und ermahnt ihn, sich an die Regeln zu halten. Mit rotem Kopf murmelt Jan noch einige unverständliche Worte, setzt sich dann jedoch wieder an den Tisch.

Phase 3: Klärung und Erhellung

Der Streitschichter fragt Jan, wie er sich während der Auseinandersetzung gefühlt habe. Jan erklärt, dass er im ersten Moment sauer gewesen sei, weil er auf seinem Stuhl sehr gut sitzen könne und den Stuhl brauche. Er müsse immer aufpassen, keine Rückenschmerzen zu bekommen, daher sei der Stuhl für ihn sehr wichtig. Als er dann gesehen habe, dass ausgerechnet Tobias mit seinem Stuhl abgehauen sei, wurde er richtig zornig und traurig zugleich. Er findet, so etwas mache man nicht unter Freunden. Der Streitschlichter fasst das Gehörte zusammen und fragt Jan, ob er alles richtig wiedergegeben habe. Jan nickt stumm und lässt den Kopf hängen.

Danach wird Tobias von Niko Haas gefragt, wie er sich in der Situation gefühlt habe. Tobias berichtet, dass er sich richtig über den Schrottstuhl geärgert habe. Da habe doch wohl jemand gedacht, er würde nichts merken. Die Sucherei habe seine Wut nur noch gesteigert. Am Ende habe er einfach den erstbesten Stuhl genommen und ihn behalten. Schade war, dass er ausgerechnet Jans Stuhl erwischt habe. Aber es war nicht seine Schuld, schließlich hatte vorher ja auch jemand seinen Stuhl geklaut. Der Streitschlichter wiederholt das Gehörte und fragt Tobias, ob er es richtig verstanden habe. Tobias stimmt zu und rutscht unruhig auf seinem Platz hin und her.

Phase 4: Problemlösung

Niko Haas bittet Jan und Tobias zu überlegen, wie der Streit aufhören könnte. Er fragt zuerst Jan, was er sich von Tobias wünschen würde. Jan erklärt, er wünsche sich den Stuhl zurück und möchte nicht, dass Tobias seinen Stuhl einfach wieder wegnimmt. Es wäre viel besser gewesen, wenn Tobias ihm alles direkt erzählt hätte. Dann wäre Jan ihm zu Hilfe gekommen und sie hätten gemeinsam einen Plan schmieden können. Der Streitschlichter fasst das Gehörte zusammen und lässt sich von Jan bestätigen, dass er alles genau wiedergegeben habe.

Als nächstes berichtet Tobias, dass er sich von Jan wünsche, nicht mehr vor der ganzen Gruppe als Dieb bezeichnet und beschimpft zu werden. Er hätte ihn einfach ansprechen können, dann wäre er bestimmt bereit gewesen, den Stuhl freiwillig herauszugeben. Er habe ja gar nicht mit Absicht Jans Stuhl ausgesucht, sondern in seiner Wut einfach den nächstbesten gegriffen. Auch diesmal fasst Niko Haas die Worte von Tobias kurz zusammen und fragt: „Ist das so?" Als Tobias bestätigt, fragt er Jan, was er bereit wäre zu tun, damit der Streit aufhört.

Jan antwortet, dass er Tobias nicht mehr beschimpfen und vor der ganzen Gruppe behaupten werde, er sei ein ganz gemeiner Dieb – das war echt blöd von ihm, weil er so sauer war. Der Versuch, Tobias den Stuhl wieder wegzureißen, war genauso wenig o.k. gewesen. Er hätte viel mehr Lust, mit Tobias ein paar Spiele zu spielen. Der Streitschlichter wiederholt das Gehörte und fragt Jan, ob er alles genau geschildert habe, der wiederum bestätigt.

Tobias wäre bereit, sich nicht mehr so riesig aufzuregen, um dann immer genau das zu tun, was ihm in seiner Wut als erstes in den Sinn käme. Er werde lieber einmal mehr überlegen und Jan fragen, wenn er etwas von ihm haben wolle. Den Stuhl bekäme Jan von ihm zurück, dass sei für ihn klar. Der Streitschlichter wiederholt das Gehörte und klärt mit Tobias, ob er alles richtig zusammengefasst habe. Tobias nickt und wirkt jetzt deutlich entspannter.

Phase 5: Vereinbarung über die Lösung

Der Streitschlichter bittet seinen Assistenten, die von Jan und Tobias genannten Wünsche und Vorschläge auf Karten aufzuschreiben und sie anschließend vorzulesen. Danach fragt der Streitschlichter beide, worauf sie sich einigen können, und trägt die einzelnen Punkte in einen Vordruck mit dem Titel „Friedensvertrag" ein. Jan und Tobias ergänzen das bisher Gesagte und nennen folgende Punkte:

–   Tobias wird Jan den Stuhl zurückgeben.

–   Jan wird Tobias nicht mehr vor der Gruppe beschimpfen.

–   Tobias wird jetzt immer fragen, wenn er etwas von Jan haben möchte.

–   Jan und Tobias werden gemeinsam mit dem Teamleiter sprechen, damit Tobias einen Stuhl bekommt, auf dem er gut sitzen kann.

–   Wenn beide gute Stühle haben, kleben sie Namensschilder auf die Rückenlehnen.

–   Sie werden am nächsten Tag nach der Arbeit Jans neues Videospiel ausprobieren.

Abschließend liest der Streitschlichter alles vor und lässt zuerst Jan und Tobias und dann den Assistenten Jochen Heinz unterschreiben. Zum Schluss unterschreibt der Streitschlichter den Friedensvertrag und beendet die Streitschlichtung. Er schlägt noch einen Termin in einer Woche vor, um miteinander zu schauen, ob der Streit gut gelöst werden konnte.

Analyse der Streitschlichtung – was konnte beobachtet werden?

Zu Beginn des Verfahrens erläutert der Streitschlichter die Grundzüge der Mediation in wenigen, einfachen Worten, die alle Informationen enthalten und für die Streitenden ausreichend sind, um das Verfahren erfassen zu können. Alle weiteren Schritte sind – einem festgelegten Ablaufschema folgend – gut strukturiert und werden in einer Form vermittelt, die für die Parteien leicht nachvollziehbar ist. Die zentralen Prinzipien einer Mediation, wie Freiwilligkeit, Vertraulichkeit und Neutralität, finden Beachtung.[14] Die Freiwilligkeit wird im Vorfeld der Mediation durch die beidseitige Zustimmung zur Durchführung des Verfahrens sichergestellt, während Vertraulichkeit und Neutralität Gegenstand der einleitenden Worte des Streitschlichters sind. Die Streitschlichtung ist demnach in der Lage, auf die vorhandenen Fähigkeiten und Ressourcen der Nutzerinnen und Nutzer flexibel einzugehen. Gleichzeitig beachtet das Schlichtungsverfahren die wesentlichen fachlichen Vorgaben der Mediation.

Beide Parteien schildern die Konfliktsituation aus ihrer Sicht und werden motiviert, über ihre Gefühle zu sprechen. An dieser Stelle wird deutlich, dass in der Streitschlichtung der Zugang über die emotionale Ebene erfolgt. Die Frage „Wie hast du Dich dabei gefühlt?" soll einen Perspektivwechsel ermöglichen und gegenseitiges Verständnis füreinander fördern. Auf diese Weise können die Streitenden einen Zusammenhang zwischen dem eigenen Handeln und den Reaktionen des Gegenübers herstellen.[15] Die Gründe für die Entstehung eines Konfliktes werden erlebbar, sodass die Bereitschaft wächst, selbst etwas für die Beilegung des Streits zu tun. Schuldzuweisungen und Ansprüche an den anderen verlieren an Bedeutung und der Wunsch, die eigene Lebenswelt wieder ins Gleichgewicht zu bringen, tritt in den Vordergrund.[16]

Der Streitschlichter greift bei Regelverletzungen ein und nutzt ein Stoppschild als leicht verständliches Symbol. Damit wird ein visueller Reiz gesetzt, der die Interaktion zwischen Streitschlichter und Parteien erleichtert. Die Streitenden sind mit der Vorgehensweise vertraut und können einen unmittelbaren Bezug zwischen Schild und eigenem Verhalten erkennen. Dadurch bleiben sie im Gespräch und die Streitschlichtung kann fortgesetzt werden.

Durch das permanente Wiederholen und Nachfragen haben beide Parteien Zeit, das Gesprochene aufzunehmen. Darüber hinaus, können sie sich wechselseitig davon überzeugen, ob sie verstanden worden sind. Erst wenn alle für den Streit maßgeblichen Gefühle, Wünsche und Zugeständnisse offen geäußert werden, ist es den Parteien möglich, eine allseits interessengerechte Problemlösung zu suchen, die sich auf den künftigen Umgang miteinander bezieht. Die einzelnen Elemente des Friedensvertrags sind konkret verfasst, liegen zeitlich in einem überschaubaren Rahmen und lassen sich von den Parteien leicht umsetzen. In einem zweiten Termin erfolgt eine Art von Auswertungsgespräch, um festzustellen, ob die Vereinbarung eingehalten und der Streit somit gelöst werden konnte.[17]

Kommentar

Der Fallschilderung ist als zentrale Erkenntnis zu entnehmen, dass eine Streitschlichtung von und mit Menschen mit Behinderung funktioniert und sie eine praktikable Methode zur selbstständigen Konfliktbeilegung ist. Damit wird einmal mehr der Beweis angetreten, dass sich die Mediation anpassen lässt und auch Menschen mit Handicaps ihre Konflikte eigenständig regeln können. Die Vorgehensweise im Fallbeispiel ist auf den Personenkreis der Menschen mit geistiger Behinderung zugeschnitten. Sie ist in abgewandelter Form aber auch auf andere Personengruppen mit Handicaps übertragbar.

Grundlegende Voraussetzung für eine Streitschlichtung ist – ähnlich wie bei allen anderen Mediationen – der Wille der Beteiligten, sich zu einigen, und das Vorliegen einer Mediationsfähigkeit zum Zeitpunkt des Verfahrens. Akute psychische Krisen oder somatische Krankheitszustände sind mögliche Gründe, die eine Mediationsfähigkeit der Teilnehmenden zeitweise beeinflussen. Dies gilt für alle Beteiligten eines Verfahrens und Menschen mit Handicaps sind davon nicht ausgenommen. Im Falle einer Streitschlichtung ist es die Aufgabe der Assistenz, zusammen mit dem Streitschlichter zu entscheiden, ob eine Streitschlichtung zum aktuellen Zeitpunkt durchführbar erscheint.

Die genaue Betrachtung des Fallbeispiels lässt erkennen, dass in einer Streitschichtung von und mit Menschen mit Behinderung nicht komplexe Konfliktsituationen bearbeitet werden, die ein hohes Maß an Reflexionsfähigkeit erfordern. Es sind mehr die alltäglichen, zwischenmenschlichen Konflikte, die sowohl die Betroffenen als auch ihr Umfeld belasten und leicht eskalieren können, wenn sie nicht bearbeitet werden. Die Streitschlichtung erfüllt damit eine wichtige Funktion, denn sie hilft, das tägliche Miteinander zu regeln und zeigt neue Wege des gemeinsamen Lernens auf.[18] In der Praxis beobachten Werkstätten für Menschen mit Behinderung zunehmend, dass der konstruktive Umgang mit Konflikten die gesamte Atmosphäre verändert, hin zu einem gewaltfreien Zusammenleben.[19] Die Streitschlichtung kann jedoch nur dann erfolgreich eingesetzt werden, wenn das Verfahren in die Struktur einer Einrichtung gut eingebunden ist und sie von den Leitungskräften und Betreuungsteams anerkannt und gefördert wird. Nur wer den Mehrwert erkennt, ist bereit, Zeit und Energie für die Einführung eines Streitschlichtungsverfahrens zu investieren. Von diesem Mehrwert profitieren aber nicht nur die Einrichtungen, sondern vornehmlich die Menschen mit Handicaps, die heute deutlich mehr Selbstbestimmung und Teilhabe für sich einfordern.[20] Die Streitschlichtung ist ein möglicher Weg, diesem Bedürfnis nach Eigenverantwortung nachzukommen. Allerdings sollte die Streitschlichtung von und mit Menschen mit Handicaps – als weiteres Arbeitsfeld der Mediation – umfassender z. B. von Werkstätten, Wohnangeboten und Kontaktstellen genutzt werden, damit noch mehr Menschen die Gelegenheit bekommen, ihre Konflikte selbstständig zu lösen.

Dr. Birgit Gunia-Hennecken
Diplom-Sozialarbeiterin; Master of Mediation,
FernUniversität Hagen 2009; Promotion mit einer
Dissertation zum Thema „Mediation und Menschen mit
Handicap – Geschäftsfähigkeit in der Mediation", 2014.

Redaktionskommentare

aus der Sitzung vom 24.10.2019

„Eigentlich der Prototyp einer Mediation!"

⁎⁎⁎

„Warum sollen gerade *diese* Verfahren *keine* Mediation sein? Fürchten die Vermittler Kritik vonseiten der herrschenden Mediationstheorie?"

⁎⁎⁎

„Wirklich eine schöne Sache, dass auch Menschen mit
Handicap Empowerment erfahren."

⁎⁎⁎

„Der Inklusionsgedanke wird hier ernst genommen,
echte Teilhabe ermöglicht!"

⁎⁎⁎

„Hier sieht man: Mediation ist keine Freizeitbeschäftigung für Akademiker,
sondern etwas, das jeder kann."

---

[1] *Christian Duve/Horst Eidenmüller/Andreas Hacke*, Mediation in der Wirtschaft, 2. Aufl.,
Köln 2011, S. 174 ff.

[2] *Hannelore Diez/Heiner Krabbe/C. Sabine Thomsen,* Familien-Mediation und Kinder,
3. Aufl., Köln 2009, Rn. 524 ff.; *Reiner Bastine*, Konflikte klären, Probleme lösen, die
Psychologie der Mediation, in: John M. Haynes/Axel Mecke/Reiner Bastine/Larry S.
Fong, Mediation – Vom Konflikt zur Lösung, Stuttgart 2012, S. 25; *Anja Köstler*, Mediation, München/Basel 2010, S. 25.

[3] *Andreas Krenner*, Peer-Mediation, Hamburg 2011, S. 20 ff.; *Jörg Ennuschat*, Schulmediation, in: Fritjof Haft/Katharina von Schlieffen, Handbuch Mediation, 3. Aufl., München 2016, § 44 Rn. 3 ff.

[4] *Ulrich Hähner/Ulrich Niehoff/Rudi Sack/Helmuth Walther,* Vom Betreuer zum Begleiter,
5. Aufl., Marburg 2006, S. 53 ff.; *Georg Theunissen*, Behinderung und Empowerment,
Impulse – Newsletter zur Gesundheitsförderung, 3/2008, S. 3.

[5] *Gattus Hösl*, Mediation – die erfolgreiche Konfliktlösung, 6. Aufl., München 2002,
S. 72.

[6] *Suanne Weiß/Jutta Fuhr*, Mediation – Eine Chance für Menschen mit geistiger Behinderung ihre Konflikte selbstbestimmter zu lösen, Salzburger Beiträge zur Erziehungswis-
senschaft, Salzburg 2005, S. 94 ff.

[7] *Friedrich Glasl*, Konfliktmanagement: Ein Handbuch für Führungskräfte, Beraterinnen
und Berater, Bern 2013, S. 17.

8　*Ansgar Marx*, Mediation und Konfliktmanagement in der sozialen Arbeit, Stuttgart 2016, S. 15.

9　*Roland Schüler*, Mediation mit geistig behinderten Menschen, in: Infoblatt Mediation, Bundesverband Mediation e. V., 2002, S. 8 ff.

10　*Roland Schüler*, Menschen mit geistiger Behinderung lernen Mediation, in: perspektive mediation 2006/1, S. 26 ff.

11　*Sabine Manke/Roland Schüler/Engelbert Becker*, Streitschlichtung von und mit Menschen mit geistiger Behinderung, Köln 2006, S. 2; *Sabine Manke*, Streitschlichtung in der Werkstatt, in: Spektrum der Mediation, Nr. 26/2007, S. 38.

12　*Schüler*, Anm. 9.

13　*Bärbel Durach/Thomas Grüner/Nadine Napast*, Das mach ich wieder gut. Mediation, Täter-Opfer-Ausgleich, Lichtenau 2002, S. 8, S. 46.

14　*Manke/Schüler/Becker*, Anm. 11; *Gerrit Horstmeier*, Das neue Mediationsgesetz, München 2013, Rn. 15 ff.; *Arthur Trossen*, Das Mediationsgesetz, in: Haft/Schlieffen, Handbuch Mediation, München 2016, § 26 Rn. 4 ff.

15　*Schüler*, Anm. 10.

16　*Schüler*, Anm. 9, S. 8 ff.

17　*Manke/Schüler/Becker*, Anm. 11, S. 2 - 4; *Schüler*, Anm. 9.

18　*Schüler*, Anm. 9; *Köstler*, Anm. 2, S. 79; *Manke/Schüler/Becker*, Anm. 11, S. 1 ff.

19　*Roland Schüler*, Mediation bei Menschen mit geistiger Behinderung, in: Impulse – Newsletter zur Gesundheitsförderung 3/2008, S. 13.

20　*Engelbert Becker*, Streitschlichtung – rechnet sich das?, in: Spektrum der Mediation, Nr. 26/2007, S. 15.

Bildnachweise

Kanzler, Künstler, Kirchenfenster

Schröders Geschenk und Wirbel in Hannover[1]

Hannovers Marktkirche ist ein traditionsreiches Gebäude mit bewegter Geschichte. Erstmals 1238 urkundlich erwähnt, geht ihre Historie bis ins 12. Jahrhundert zurück, in dem an ihrer Stelle ein romanischer Vorgängerbau stand. Nachdem im Jahre 1533 in der backsteingotischen Hallenkirche die Kirchengemeinde ihr Bekenntnis zu Luthers reformatorischen Lehren abgelegt hatte, wurde sie 1536 evangelisch.[2]

Im Bombenregen des Zweiten Weltkriegs wurde sie bis auf die Grundmauern zerstört. Ihr Wiederaufbau in der Nachkriegszeit war eines der ersten Projekte des Architekten *Dieter Oesterlen*, dessen Werke noch heute das Stadtbild der niedersächsischen Metropole prägen.

Anlässlich des 500. Jubiläums der Reformation im Jahre 2017 besuchte der frühere Bundeskanzler und Hannoveraner Ehrenbürger *Gerhard Schröder* die Marktkirche. Wie er berichtet, steht links des Eingangs ein Luther-Standbild mit ernster Miene, rechts, so dachte sich er sich, sei aber doch noch ein Platz frei. Spontan entschloss sich *Schröder*, seinen Künstlerfreund und ehemaligen Rektor der Kunstakademie Düsseldorf, *Markus Lüpertz*, zu bitten, für diesen freien Platz „einen Luther" zu fertigen, den *Schröder* der Kirche spenden wollte.

Nun haben Hannover und Skulpturen eine Vorgeschichte – manch einer sagt, die Stadt habe zu viele davon –, weshalb sich das Projekt im Gespräch mit der Kirchengemeinde zu einem „Reformationsfenster" wandelte. Das Glaskunstwerk sollte, passend zur Einführung des Reformationstags als gesetzlichen Feiertags in Niedersachsen, fortan die Kirche zieren.

Lüpertz fertigte sodann einen Entwurf an. Das dreizehn Meter hohe Spitzbogenfenster aus Buntglas soll einen weißgewandeten Luther zeigen; den Entwurf zieren allerdings auch fünf Fleischfliegen, wohl als Symbol für den Herrn der Fliegen und als Anspielung auf einen angeblichen Vorfall auf der Wartburg, wonach *Luther*, während er die Bibel übersetzt, eine störende Fliege als Inkarnation des Leibhaftigen wahrnimmt und ihr durch einen gezielten Wurf mit dem Tintenfass (der Fleck sei bis heute sichtbar und werde regelmäßig restauriert) den Garaus machen will.

Kaum war der *Lüpertz*-Entwurf an die Öffentlichkeit gelangt, regte sich Widerstand, und zwar aus gleich zwei Lagern: Einigen Bürgern waren die Fliegen – überdimensionierte, blauschwarze Insekten – ein Dorn im Auge. Viele fanden sie eklig, man wollte kein Teufelssymbol in der Kirche, einige sahen darin auch eine Verunglimpfung der Reformation, wieder andere „die fünf Ehefrauen Gerhard Schröders".[3]

Abb. 1 Entwurf des Marktkirchenfensters

Zudem hinterfragten einige, woher die rund € 150.000 stammten, die der Auftrag insgesamt kosten sollte. Auf die Frage, ob es sich um „russisches Geld" handele, antwortete *Schröder*, die Finanzierung werde zur Gänze aus deutschen Spenden bestritten, die anstelle von Vortragshonoraren für den ehemaligen Kanzler eingegangen seien.

Außerdem meldete sich der Stiefsohn und Erbe des Architekten *Oesterlen*, Rechtsanwalt *Georg Bissen*, aus seiner Wahlheimat Tokio zu Wort. *Bissen*, der auch die Urheberrechte seines Stiefvaters verwaltet, sperrte sich gegen den Einbau des Fensters, weil es sich nicht mit dem architektonischen Konzept der Kirche vereinbaren lasse. *Oesterlen* habe mit der Freilegung des Backsteingemäuers „schmucklose Wucht und ruppige Großartigkeit" erreichen wollen; das Fenster zerstöre die „großartige Einfachheit und Geschlossenheit des Raumes".

Nachdem *Bissen* sein Veto verkündet hatte, bot ihm der Kirchenvorstand eine Mediation zur Klärung des Konflikts an; *Bissen* lehnte dies ab. In Juristenkreisen hatte sich mittlerweile die Meinung herausgebildet, dass

Oesterlen durch seine eigenwillige Umgestaltung der Kirche ein Urheberrecht an dem Sakralbau erworben haben könnte. Damit bliebe aber die Frage offen, ob ein solches Urheberrecht schwerer wiege als das Recht einer Kirchengemeinde, ihren Religionsausübungsort nach den eigenen und den Wünschen der Glaubensgemeinde zu gestalten. In dieser Lage schlug der Präsident des Staatsgerichtshofs die frühere Justizministerin *Antje Niewisch-Lennartz* als Mediatorin vor, die auch Kontakt zu *Bissen* aufnahm. *Der* Anwalt lehnte abermals ab, den Streit auf diese Weise beizulegen.

Im März 2019 beschloss der Kirchenvorstand, trotz des Einspruchs aus Tokio, das Fenster in Auftrag zu geben. Die Entscheidung sei, so Pastorin *Kreisel-Liebermann,* nach einer intensiven Debatte zustande gekommen; man habe alle zustimmenden und ablehnenden Positionen gewürdigt. Zwar sei man weiterhin an einer Mediation interessiert, aber „angesichts der bereits langen Dauer der Verhandlungen und mehrfachen Angebote konsensorientierter Beilegung des Konflikts" werde man nun einen „Rechtsstreit in Kauf nehmen". *Bissen* reagierte sofort und schickte dem Kirchenvorstand Anfang April ein ausführlich begründetes Unterlassungsverlangen, dessen Frist die Kirchengemeinde – inzwischen gestützt vom Stadtkirchenverband und von einer spezialisierten Kanzlei vertreten – verstreichen ließ. Darauf reichte *Bissen* beim Landgericht Hannover Klage ein.[4]

Dr. Lewis Johnston/Prof. Dr. Katharina von Schlieffen

Kanzler, Künstler, Kirchenfenster
Kommentar zu einem Lehrstück und zum Begriff der
„Mediation ohne Konflikt"

I. Der Fall ist ein Lehrstück

Wer sich für Mediation interessiert und wissen möchte, *wie* und *wo* sie tatsächlich passiert, studiert am besten die Praxis. „Kanzler, Künstler, Kirchenfenster" ist ein Fall, der sich tatsächlich – jedenfalls „so oder so ähnlich"[5] – ereignet hat und, während ich diesen Kommentar verfasse, vermutlich noch immer nicht zu den Akten gelegt wurde. Sie lesen also (wieder einmal) über ein Verfahren, das nicht in die Erfolgsstatistik der Mediation eingehen wird. Im ganzen Gegenteil: Bislang haben die Streitparteien, die nun auf das Landgericht Hannover hoffen, noch nicht einmal an einem Tisch gesessen. Mediation ist hier nicht gescheitert, sondern kam erst gar nicht zustande; das Verhandlungsangebot der einen Seite wurde von der anderen abgelehnt. Deshalb zeigt der Fall, was Mediatorinnen und Rechtsanwälte schon zur Genüge wissen: wie schwer es ist, eine echte Mediation in Gang zu bringen.

Aber immerhin, Dinge *kommen* in Gang, und das vermittelt uns wertvolle Erfahrungen, auf die man nicht allein deshalb verzichten sollte, weil der Prozess vielleicht auf halbem Weg stecken geblieben ist. Der Fall kann deshalb zeigen, (und das ist keine Ironie!)

- wie man es *nicht* machen sollte,
- aber auch, wie man es vermutlich hätte machen *können*.
- Er belegt zudem, dass mediatives Denken viel verbreiteter ist, als man so meint – jedenfalls wenn wir lernen, Mediation dort zu erkennen, wo sie praktiziert wird,
- und dafür unser Mediationsverständnis stärker als bisher an der Praxis anlehnen statt an einer Theorie oder der derzeitigen Gesetzeslage.

Mit dem letzten Punkt möchte ich in diesem Beitrag fragen, ob unser gegenwärtiger Mediationsbegriff nicht allzu sehr von ökonomischen Vor-

stellungen („Harvard-Modell", „Konflikttheorie") dominiert bzw. allzu juristisch („Mediationsgesetz") ausgerichtet ist. Wenn dies so wäre, würden
der Mediation nicht nur die Medianden fehlen, sondern auch die passende,
auf die Medianden zugeschnittene Theorie. Dies würde verhindern, dass
wir Mediation *wahrnehmen*, wo sie tatsächlich *stattfindet*, und Mediation *ver-*
suchen, wo sie *möglich* wäre.

Dramatis Personae

Martin Luther, Begründer des Protestantismus

Dieter Oesterlen, Architekt der Marktkirche in Hannover

Gerard Schröder, ehem. Bundeskanzler

Markus Lüpertz, Bildhauer und Maler

Hanna Kreisel-Liebermann, Pfarrerin der Marktkirche

Georg Bissen, Rechtsanwalt in Tokio, Stiefsohn von Oesterlen

Antje Niewisch-Lennartz, ehem. Justizministerin Niedersachsens

Sowie: Der Vorstand der Marktkirchengemeinde, weitere Gemeindemitglieder, Journalisten, Volk

---

II. Methodisches

„Kanzler, Künstler, Kirchenfenster" wird trotz dieser Überlegungen nicht
zu einem theoretischen Beitrag. Ein bisschen Theorie fällt zwar ab, aber in
erster Linie geht es hier um einen praktischen Fall. Was wir aus den Medien
über die Ereignisse rund um *Schröder*, *Lüpertz* und die Marktkirchengemeinde erfahren, enthält alle Merkmale einer guten Geschichte. Die Story
hat Dynamik, eine Reihe fesselnder Begebenheiten und auffällige Figuren,
sie spinnt Bezüge zwischen Individuen, Kollektiven und Institutionen, sie
berührt die Höhen und die Tiefen unserer kulturellen Welt und führt uns
wieder auf die flache Ebene des menschlichen Zusammenlebens. Da die
Geschichte vom wirklichen Leben geschrieben wurde, ist sie etwas verwi-
ckelt. Wir wollen sie deshalb etwas gliedern, wobei wir nicht den Hinweis
vergessen, dass diese Einteilung – wie die gesamte Geschichte – ein *erzäh-*
lerischer Eingriff ist und keine objektive Eigenart der Ereignisse. Wie Sie
gleich sehen, schlage ich vor, die Ereignisse in fünf Akte zu teilen. Aus der

Perspektive einer Juristin würde die Geschichte wahrscheinlich keine fünf Abschnitte aufweisen, sondern in einem einzigen Akt zusammenschnurren. Das ganze Gewicht läge auf dem letzten Teil, in dem der Architektenerbe *Bissen* Klage erhebt. Alles andere wäre nur Vorgeplänkel, das im Rechtsstreit für die Schilderung des Sachverhalts und die jeweiligen Begründungen von Nutzen ist. Meine Perspektive ist vorliegend aber keine juristische, sondern eine analytisch-rhetorische, kombiniert mit einem Interesse für die Bedingungen und Chancen mediativen Vermittelns.

1. Stück in fünf Akten

Lassen Sie uns also die Geschichte in etwa gliedern.

Akt 1: Die Stiftungsidee. Der ehemalige Bundeskanzler *Schröder* möchte der Hannoverschen Marktkirche und „seiner Stadt" ein spezielles Geschenk machen: ein Werk seines Künstlerfreundes *Markus Lüpertz*.[6]

Akt 2: Die interne Debatte. Kirchengemeinde und lokales Umfeld diskutieren *Lüpertz'* Entwurf.

Akt 3: Breitenwirkung. Der Disput gelangt in die überregionalen Medien; Rechtsanwalt *Bissen*, der Erbe des Kirchenarchitekten, schaltet sich ein.

Akt. 4: Beruhigung des Konflikts innerhalb der Kirchengemeinde. Man beschließt mehrheitlich den Einbau des Fensters – gegen das Veto des Erben.

Akt 5: Eskalation des Streits zwischen der Kirchengemeinde und Bissen. Der Erbe bricht die Kommunikation ab und klagt.

2. Ein Danaergeschenk?

Abb. 2 Die Prozession des Trojanischen Pferdes nach Troja, Tiepolo

Ein verlockendes Präsent, das sich zur bitteren Überraschung der Beschenkten als nachteilig erweist, nennt der belesene Mensch ein *Danaergeschenk*. Die Danaer waren die Griechen in *Homers* Ilias. Nachdem sie zehn Jahre lang vergeblich versucht hatten, Troja zu erobern, griffen sie zu einer List. Sie täuschten ihren Rückzug vor und hinterließen dem Feind zum Schein ein gar prächtiges Objekt: das sprichwörtliche trojanische Pferd. In der Annahme, dass ihnen mit diesem Kunstwerk auf Kosten des Gegners ein nützliches Ritualobjekt in die Hände gefallen war, schleppten die Trojaner die Tierattrappe dummerweise mitsamt den darin versteckten Griechenkriegern in ihre Mauern und besiegelten damit ihren Untergang.

Hannover ist nicht Troja. In dem Kirchenfensterstreit rund um die Marktkirche drohte zu keinem Zeitpunkt Gewalt oder gar der Untergang einer Gemeinde. Genauso wenig gab es List und Hinterhalt. Niemand, schon gar nicht der Kanzler a. D., der Initiator der Geschenkaktion, war bösen Willens. Vielmehr, um das vorwegzuschicken, wollte ein geachteter und umgänglicher Ehrenbürger, der sich der Stadt verbunden fühlt, dieser Beziehung durch ein Geschenk Ausdruck geben. Die Danaer wollten täuschen und schaden, die Akteure von Hannover waren guten Willens. Dass Art und Umstände der Geschenkaktion Unruhe stifteten und dies vielleicht aus Unbedachtheit übersehen oder sogar manchmal „in Kauf genommen" wurde, steht auf einem anderen Blatt.

Der Pferde- und Fensterfall dürfen also nicht gleichgesetzt werden. Der Unterschied muss auch im Zuge der weiteren Betrachtung der geschätzten Leserschaft vor Augen bleiben. Nach diesem ausführlichen Disclaimer dürfte aber endlich auch der Hinweis fällig sein, dass das Wort vom Danaergeschenk für die Fensterstiftung zumindest in *einem* Punkt nicht ganz abwegig ist: Troja und Marktkirche lassen sich in einigen Aspekten vergleichen, was über die Art der hannoverschen Turbulenzen und die Chancen einer Befriedung Aufschluss geben kann.

III. Hannover, Akt eins und zwei

In Troja wie Hannover: Im Mittelpunkt steht ein verlockendes Artefakt. Hier das hölzerne Reittier, dort das gläserne Buntfenster. Beide Objekte haben dem ersten Anschein nach vor allem sakrale Bedeutung. Trojaner und Hannoveraner glauben, der Gegenstand sei für die kultische Verehrung geeignet, ob nun als Götteropfer oder Gotteshaus-Dekor.

1. Fromm oder Fake?

Hinter dieser sakralen Widmung stehen aber noch andere, eher profane Zwecke. Die Bewohner Iliums hofften, durch die Heimbringung des Holzpferds nicht nur den Göttern zu huldigen, sondern auch sinnfällig über ihre Feinde zu triumphieren. Ein Doppelmotiv bewegt auch die hannoversche Gemeinde. Sie denkt nicht nur an Luther und die Reformation, sondern auch an die Publicity für ihre Kirche: eine „große kulturelle Attraktion", so die Pfarrerin,[7] ein „Hingucker" und „Tourismusmagnet".[8] Als Vorbild hat man das *Richter*-Fenster im Kölner Dom vor Augen, mit dem das Wahrzeichen des deutschen Katholizismus zu einer Pilgerstätte der Kunstinteressierten wurde.[9] Auch der damalige Oberbürgermeister

Hannovers, *Stefan Schostok* (SPD), begrüßt das Projekt. Die Marktkirche nutze „im Hinblick auf die Bewerbung als Kulturhauptstadt … eine große Chance, ihren Anteil an der kulturpolitischen Entwicklung der Stadt deutlich zu machen"[10].

So artikuliert sich eine seltsam anmutende Mischung aus Beweggründen. Frommes und Irdisches bilden ein Gemenge, über das nicht deutlich gesprochen wird. Diese Mixtur hat den strengen Betrachter, wie (weil der Name hier naheliegt) etwa den Reformator *Luther*, schon immer irritiert. Geht es nun tatsächlich um den Glauben, Gott, die kirchliche Gemeinde, das gemeinsame spirituelle Ziel? Oder wird die

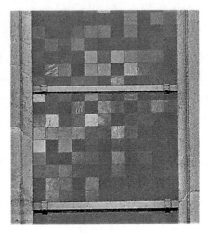

Abb. 3 Richter-Fenster, Detail

Religion zum Vorwand für andere Interessen? Das trojanische Pferd wurde in unserer Kultur zum Inbegriff eines Täuschungsmanövers; in Hannover schwingt zumindest ein leichter, ungeäußerter Zweifel an der Wahrhaftigkeit des Unterfangens in vielen Reaktionen mit. Was ist jetzt ehrenhaft und echt – und was nur vorgeschoben, „fake", gar ein Trug?

2. Fliegen, Teufel und Verstörung

Die Irritation verstärkt sich im zweiten Akt unseres Falles, als in Hannover zum ersten Mal der Entwurf für das geplante Fenster präsentiert wird. Der Kirchenvorstand hat dem Projekt bereits 2017 zugestimmt,[11] aber offenbar keine Vorstellung, was damit formal und inhaltlich in die Gemeinde hineingetragen würde. Simon Benne von der Hannoverschen Allgemeinen hat die Ereignisse in einer Reihe kurzer Beiträge recht unparteiisch, wenn auch an manchen Stellen mit unverhohlenem Humor, dokumentiert.[12] Vielfach berichtet er als anwesender Zeuge der Ereignisse, so auch von der ersten Konfrontation zwischen *Lüpertz'* Kunst und der Kirchengemeinde. Er schreibt: „Als dann aber der erste Entwurf in Hannover ankam, runzelten einige Kirchenvorsteher doch die Stirn: *Lüpertz' Fenster* wirkt in Teilen düster. Eine Collage, die neben Kreuzmustern, einer angedeuteten Engelsfigur und bunten Mosaikflächen auch eine große, weißgewandete Gestalt zeigt: Luther? Eine alttestamentliche Figur? Der segnende Christus? Verstörend wirken auch mehrere große Fliegen, die über das Fenster zu krabbeln scheinen. Als theologisches Symbol haben Fliegen nie eine große Karriere gemacht. Allerdings kommen sie in einer Variante jener Legende vor, in der Luther auf der Wartburg mit dem Tintenfass nach dem Teufel wirft: Dabei zielt der Reformator auf eine Fliege, um dem Symbol des Bösen den Garaus zu machen."

Benne berichtet, der Entwurf habe befremdlich und dunkel gewirkt, sowohl atmosphärisch wie in seinen Bedeutungen. Vergeblich bleibt die Suche nach der gewohnten protestantischen Ikonografie. Stattdessen begegnet man einem gewaltigen Tableau, auf dem ein Mensch, ein Gott, ein Toter oder Leichentuch, Tiere und rätselhafte Symbole ranken.

Wie Pfarrerin *Kreisel-Liebermann* einräumt, empören sich einige Mitglieder der Gemeinde und Kirche besonders über die fünf Schmeißfliegen, die ein Symbol des Bösen sein sollen. Der Name des Teufels bedeute im Hebräischen auch „Herr der Fliegen": „Das stößt manche ab."[13]

Dem wird entgegnet, dass die Präsenz des Satans in der christlichen Kunst ein durchaus übliches Motiv sei. *Kreisel-Liebermann* meint, wenn man in einer Kirche das Kreuz oder Folterszenen sehe, sei dies ja auch abstoßend, aber „wir sind daran gewöhnt". Außerdem müsse Kunst ja „irritieren".[14]

3. Der Inhalt ist kein Inhalt

Erkennbar möchte diese Aussage die Ablehnung nicht noch vertiefen. Sie geht über Teile der Kritik hinweg. So ist die Präsenz des Teufels in einem Gotteshaus die eine Sache, ein andere aber, warum der Entwurf in Verkehrung der üblichen Bildlichkeit die kot- und aasfressenden Insekten übergroß proportioniert und so anordnet, dass sie in räumlicher Darstellung das übrige zweidimensionale Tableau überlagern und damit die anderen Inhalte – eben wie Insekten – zu befallen scheinen. Speziell die wenigen hellen Partien, wie die weißgewandete, mutmaßliche Hauptfigur, werden überlagert.

Zweifelhaft bleibt auch, ob die historisch umstrittene *Luther*-Anekdote als Begründung für den Fliegenbefall der Komposition taugt. Selbst wenn der Reformator einst – in seinem geistigen Ringen auf der Wartburg – den leibhaftigen Luzifer in der ihn belästigenden Fleischfliege (calliphorida)[15] gewähnt haben sollte, erklärt dies vielleicht, warum der Künstler dieses Insekt als Element einer religiösen Allegorie auf die luthersche Reformation dargestellt, aber nicht, warum es die gesamte Komposition beherrscht. Als einzig schlüssige Erklärung bleibt, dass *Lüpertz* die zweidimensionale Darstellung der sakralen Inhalte in der dritten Dimension aufhebt: durch den Teufel, den Geist, der stets verneint. Das Thema Reformation wird dargestellt, und gleichzeitig wird die Darstellung aufgehoben. Wir erkennen die exemplarische Durchführung eines grundlegenden rhetorischen Mittels: eines Paradoxons.

Paradoxa sind ein sehr altes Mittel zumal bedeutender, ewig faszinierender Kunst. Allzu Eindeutiges rutscht in die Nähe von Kitsch oder Werbung. Botschaften politischer oder

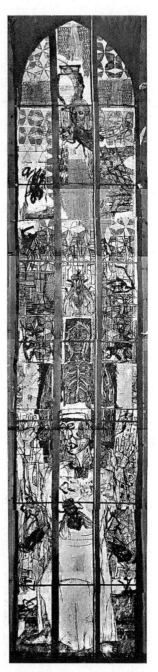

Abb. 4 Entwurf Kirchenfenster

auch religiöser Art sollen dagegen klar sein und ihre Adressaten unmissverständlich erreichen. Natürlich gibt es unzählige Beispiele für Doppelsinn in der Kirchenkunst; die Blüten dieses Stils sind in Museen, dem Vatikan oder italienischen Kirchen zu bewundern. Ob Paradoxa ein Kennzeichen protestantischer Bildsprache waren, dürfte zumindest fraglich sein. Insofern ist nachvollziehbar, wenn *Benne* in *Lüpertz'* Entwurf Konfliktpotenzial erkennt: „Man muss kein Prophet sein, um zu ahnen, dass dieses Fenster eine Kunstdebatte auslösen kann". Das schließt nicht aus, dass sich Sehgewohnheiten ändern. *Benne* erinnert an einen befriedeten Bilderstreit aus der Vergangenheit und „die Installation von *Gerhard Richters* Fenster im Kölner Dom, das aus lauter farbigen Quadraten besteht – und dem damaligen Kardinal *Joachim Meisner* so gar nicht gefiel"[16] ... das aber, wie man weiß, inzwischen für alle Kölner selbstverständlich ist.

4. Doppelter Boden

So weit ist aber in Hannover noch niemand. Die Gemeinde wird jetzt erst wach, die Sache zieht Kreise, das Interesse steigt stetig. Offenbar geht es um die Fliegen. Noch fern davon, als „Hingucker" die Touristenscharen anzuziehen, sind sie zunächst einmal ein „Aufreger". Wir erleben eine interne Debatte in der Kirchengemeinde und eine öffentliche Auseinandersetzung, die im Weiteren sogar die Stadtgrenzen überschreitet.

Eine Debatte ist kein Konflikt – und eine Fliege, ob auf *Luthers* Schreibpult oder als Glaskunst in der Kirche, nicht der Teufel. Aber es sind Zeichen. Manche übersehen sie, andere lesen sie und interpretieren sie als Indiz: als Hinweis auf einen Bruch im normalen Gang der Dinge. Sie sind die Vorboten der Unruhe. Die Gespräche und Nachrichten häufen sich. Es sind nur Beiläufigkeiten, Klatsch, Kopfschütteln, Stirnrunzeln. Man spricht über „das Fenster", „die Fliegen", über bestimmte Leute, man wertet, vermutet, versichert sich, aber für die eigentlichen Spannungen gibt es keine Worte; über die *menschlichen Beziehungen* wird nicht gesprochen. Allmählich spüren es aber immer mehr: Unterhalb des ausdrücklich Gesagten braut sich etwas zusammen; an der Oberfläche sieht man nur ein Kräuseln.

Spätestens im Übergang zum dritten Akt („Breitenwirkung"), mit der anschwellenden Menge der Medienberichte und dem vielsagenden, ironischen oder sogar leicht anzüglichen Ton des öffentlichen Echos merkt man: Da zieht soziales Wetter auf.

IV. Immerhin ein Durchblick

Die Insekten haben also provoziert. Die gesamte Gemeinde, die Stadt, ja das Land redet schließlich über eine anstößige Ikonografie. Die Fliegen werden zum Gegenstand von Deutungen. Was passiert da? Immerhin ein Fortschritt. Nach dem Befremden und dem stummen Wider-

Abb. 5 Die Fliege

willen gelingt kollektiv eine Verstandesleistung. Man verständigt sich über einen rhetorischen Status: Die Fliegen stehen für etwas, sie sind Metaphern.

Dies ist eine erste Einsicht. Sie wirkt blass, aber bringt doch eine Klärung, die in manchem Konflikt unmöglich scheint. Die Debatte geht nicht um etwas Reales, sondern um die *Bedeutung* eines *Zeichens*. Der Andachtsraum wird also nicht durch die Präsenz von Ungeziefer entweiht, sondern man muss, wenn überhaupt, über die Auswahl, Gestaltung und Bedeutung eines Zeichens sprechen. Ist eine Metapher, die traditionell für den Teufel steht, an diesem Ort angemessen? Passt eine so dominante, gegenständliche Verbildlichung des Satans in eine protestantische Kirche? Diese Fragen sind sachlicher, ja teils gelehrter Natur und veranlassen eine Reihe spekulativer Ausflüge, ob theologischer, kulturwissenschaftlicher oder trivialer Art.

1. Mehr oder weniger absurd

In dieser Phase, im Juni 2018, erscheint der Künstler persönlich, um seinen Entwurf mit etwa zweihundert Gemeindemitgliedern zu diskutieren.[17] Er kommt zwar nicht als Vermittler, aber als eine „distinguierte Erscheinung", die auf die Gemeinde zugeht. Er „findet freundliche Worte über die Marktkirche: *„ein großartiges Bauwerk"*. Allerdings sei es offensichtlich noch nicht fertiggestellt: *„Die Fenster sind noch alle frei"*.[18] Nach dieser Bedarfsanalyse erläutert er seinen Entwurf, wobei sich die Debatte erwartungsgemäß bald den Schmeißfliegen zuwendet. Hier schildert *Lüpertz* die „sehr liebenswürdige Szene", in der *Luther* sein Tintenfass nach dem Satan in Fliegengestalt wirft[19] – eine Geschichte, die Fachleuten übrigens so nicht bekannt ist.[20] Sodann dürfen die Gemeindemitglieder ihre Interpretationen einzubringen.

Diese Diskussion verläuft „munter". *Benne* kommentiert: „Die Fliegen kommen an diesem Abend ganz groß raus".[21] Das Deutungsspektrum reicht vom „Epitaph auf das klimawandelbedingte Insektensterben" über die „fünf Ehefrauen Schröders" bis zur „Verunglimpfung des Reformators". *Lüpertz* lässt die Deutungsangebote über sich ergehen. Einmal murmelt er so etwas wie „absurd".[22]

Hat die Aussprache Frieden gestiftet? Urteilt man rigoros, dann nein. Der Beobachter *Benne* konstatiert, die Fliegen seien zwar noch gar nicht da, aber man ahne schon, dass man sie so schnell nicht wieder loswerde. „Die Debatte geht weiter".[23]

2. Eine Frage des Glaubens

Im Vergleich zu den verbissenen Konflikten, bei denen keine Partei mehr mit der anderen redet, ist die „muntere" Debatte in der Marktkirche ein spürbarer Erfolg. Es kommt natürlich auf den Maßstab an. Man muss bedenken: Das Thema hat Gefühlsgehalt, es rührt an Glaubens- und Gesinnungsfragen. Der alte Kirchenbau wird als Zentrum und Wahrzeichen der Heimatstadt empfunden; ein neues Fenster ist daher wie ein Eingriff mitten in das Herz Hannovers und eine Veränderung der eigenen Identität.

Noch schwerer wiegen religiöse Überzeugungen, die *Lüpertz'* Werk nicht nur stilistisch, sondern auch durch seine inhaltlichen Aussagen berührt. Im Unterschied zum Kölner *Richter*-Fenster, einer abstrakten Farbkomposition, wendet sich der Widerstand daher nicht einfach gegen „die moderne Kunst". Während der Einbruch des „Modernen" nur als Kontrast zu einer altehrwürdigen Umgebung stört und dieses Missgefühl zwangsläufig mit Gewöhnung abflaut, protestiert man hier gegen „die Fliegen", und damit gegen eine – zumeist nur unbestimmt erahnte – inhaltliche Stellungnahme, die man im kirchlichen Kontext als unpassend empfindet. Insofern geht es auch um eine zentrale theologische Frage: Was passt dazu, was nicht? Was ist noch protestantisch, orthodox, was eine unumgängliche Entwicklung und was widerspricht dem Inhalt des Bekenntnisses? Wie konflikthaltig gerade derartige Auseinandersetzungen sind, braucht angesichts der blutigen, ewigen Abfolge von Religionskriegen nicht betont zu werden.

Im öffentlichen Leben der meisten deutschen Großstädte werden diese Sensibilitäten durch ein pluralistisches Klima gedämpft. Hannover hingegen trägt noch immer den heimlichen Titel „evangelisches Rom" und „Welthauptstadt des Protestantismus" (*Bingener*).[24] Dies erklärt einmal mehr das Ausmaß der öffentlichen Anteilnahme und die Tiefe der Wurzeln, aus denen sich der Widerstand nährt.

3. „Mir persönlich gefällt das Fenster nicht"

Unter diesen Voraussetzungen war im Kirchenfensterfall nicht zu erwarten, dass die Aussprache mit dem Künstler *Lüpertz* genügen würde, um die Spannungen beizulegen. Das Treffen wird als hierarchisch gegliederte Gruppenanhörung organisiert. Es gibt zwar eine Moderatorin und einen offenherzigen Austausch, aber es wird deutlich, dass sowohl die Pfarrerin, die das Gespräch organisiert, als auch der Künstler das Projekt nur erläutern, aber nicht infrage stellen möchten. Ihre Strategie ist asymmetrisch, sie möchten für das Vorhaben die Zustimmung des Auditoriums gewinnen. Insofern besteht so gut wie keine Ähnlichkeit mit einem Mediationsverfahren:

– Es fehlt an einem neutralen Mittler.

– Das Verfahren ist nicht ergebnisoffen.

– Die Beteiligten sollen hören und gehört werden, aber nicht mitbestimmen.

– Insgesamt bleibt die Kommunikation auf der sog. Inhaltsebene, man spricht vor allem über die Bedeutung des Entwurfs.

Menschliche Verhältnisse werden allenfalls gestreift. *Benne* erwähnt ein paar ungelenke Verbalattacken auf den Künstler, es gibt wohl Zuhörer, die sich durch ihn provoziert fühlen. Am Rand erwähnt er auch, dass nach Ansicht eines Anwesenden der „Sponsor Schröder durch seine Nähe zu Putin doch diskreditiert"[25] sei.

Dennoch bewirkt der Austausch auf der Inhaltsebene eine Annäherung. Aus den anstößigen Fliegen werden Symbole, über die man reden kann. Die Empörung wandelt sich in eine einigermaßen sachbezogene Debatte.

Wenn sich der Streit auch insgesamt nicht beruhigt und die Diskussion im Folgejahr weiter „tobt"[26], ist es möglich, dass diese Leute in diesem Stadium miteinander reden. Hier noch gelingt es aber, in öffentlicher Diskussion verschiedene Meinungen aufzufächern. Die Lokalpresse wird mit einer attraktiven, aber auch mäßigenden Berichterstattung zum Forum der widerstreitenden Auffassungen. Die Meinungsströme ergießen sich nicht unkontrolliert, sondern werden redaktionell eingedämmt. So wird der CDU-Vorsitzende in einer Schlagzeile zitiert: „Mir persönlich gefällt das Fenster nicht", es folgt aber die Maßgabe, dass sich ein Kirchenbau auch im Lauf der Zeit verändern dürfe: „Kirche und Religion sind einem steten Wandel unterworfen, warum sollte das nicht baulich zum Ausdruck gebracht werden?[27]" Ein Hotelier bekommt ebenfalls Raum, um differenziert zu sagen, er habe „prinzipiell nichts gegen bauliche Veränderungen", nur das *Lüpertz*-Fenster halte er für „wenig erbaulich" und glaube, es würde „wie ein Fremdkörper in der Kirche wirken"[28].

4. Zur Besinnung kommen

Die anfängliche Lage in Hannover erlaubt es also zu differenzieren: zwischen dem eigenem Gefühl, der persönlichen Meinung und allgemeinen Gesichtspunkten. Damit wird die Existenz unterschiedlicher Meinungen anerkannt. Grundlage dieses Denkens ist, altmodisch gesagt, die Tugend der Besonnenheit, man kann auch zeitgenössisch sagen: eine *Kompetenz zur Reflexion der sozialen Kommunikation aus der Distanz einer Metaebene.*

Damit passiert in Hannover, was wir als eine elementare Aufgabe der Mediation kennen: Streitende zusammenzubringen, eine beruhigte, sachliche Kommunikation in Gang zu setzen und konstruktive Reflexionsprozesse anzuregen. Eine Spannungslage, die wie der Kirchenfensterstreit religiöse und sittliche Fragen berührt, fordert bekanntlich eine besondere Anstrengung. Insofern erfüllt der Fensterstreit ein wichtiges Merkmal mediativen Umgangs.

Von eigenem Interesse ist, dass dies ohne Mediator und außerhalb eines Mediationsverfahrens gelingt, aber doch eine wichtige Voraussetzung für Mediation erfüllt ist: die Mitwirkung einer „dritten Seite". Diese Funktion wird durch zwei soziale Systeme übernommen: durch die Kunst und durch die öffentliche Berichterstattung. Beiden gelingt es auf ihre Art, kommunikative Prozesse anzustoßen, zu spiegeln und fruchtbar zu gestalten. Dies mag vor Augen führen, wie bedeutend der Anteil überkommener kultureller Institutionen für den Erhalt einer Meinungspluralität ist. Weder unmoderierte Netzbotschaften noch Produkte im Stil der Werbeästhetik können diese Funktion erfüllen.

V. Die Beziehungsebene: Was eigentlich so läuft

Was die Pastorin als „mehrjährige intensive Debatte" lobt, reicht aus, damit der Gemeindevorstand einen Mehrheitsentschluss zugunsten des inzwischen als „Jahrhundert-Projekt" apostrophierten „Reformationsfensters" fasst.[29] Eine umfassende und nachhaltige Befriedung wird dadurch nicht erreicht. Mit den fünf fetten Fleischfliegen, die für viele Gegner das

Gesamtvorhaben verkörpern, verbindet sich ein Überschuss an Anstößigkeit, den auch die beste theologische Begründung nicht aus der Welt schafft. Dieses Problem ist hartnäckig – nicht weil es so kompliziert ist, sondern weil es auf einer „anderen Ebene liegt". Es betrifft nicht die Sachdimension, sondern die Akteure: ihre tiefer liegenden, ungesagten Anliegen, Gefühle, Vorstellungen und sozialen Verbindungen, die nie oder bislang nicht in die rhetorischen Interaktionen einbezogen wurden.

Mit dieser Erkenntnis betreten wir den dunklen, verworrenen Teil der Geschichte, die Beziehungsebene. Sie betrifft uns Menschen als Lebe- und Gemeinschaftswesen, und zwar nicht als feste Größen, sondern gleichsam im Fluss, als entstehend und vergehend, in einem fortwährenden Austausch miteinander und mit allen unseren Konstruktionen.[30] Mediation greift aus diesem Kontinuum etwas heraus, zum Beispiel einen „Familienstreit", also etwas, das positiv verändert werden soll, und zwar nach Maßgabe der Beteiligten.

1. Wir geben der Handlung einen Rahmen

Die Begriffe für das, was dieses Etwas ist, das unrund läuft, sind perspektivisch. Deshalb gibt es keine objektiven Kategorien für eine Mediation, allenfalls den vorläufigen Versuch einer vergleichenden Generalisierung. Diese Einschränkungen geben auch diesem Kommentar den Rahmen.[31]

Die Auseinandersetzung um das hannoversche Kirchenfenster verläuft über fast drei Jahre mit wechselnden Akteuren. Seit März 2019 konzentriert sich die Spannung auf die Achse Hannover-Tokio, also die Beziehung zwischen der Marktkirchengemeinde, für die in der Presse die Pfarrerin *Hanna Kreisel-Liebermann,* später auch der Vorsitzende des Kirchenvorstands, *Reinhard Scheibe,* das Wort ergreifen, und *Dr. Bissen,* dem Stiefsohn und Erben des Marktkirchenarchitekten *Oesterlen.* Daneben stehen weitere Beteiligte im Rampenlicht, der frühere Bundeskanzler Gerhart *Schröder* und Markus *Lüpertz,* Maler, Bildhauer und Entwurfsgestalter des Fliegenfensters. Im Sinne bloßer Ursächlichkeit lässt sich behaupten, dass die Geschichte[32] von *Schröder* angestoßen wurde.

2. Schröder: Lass den Lüpertz einen Luther bauen

Abb. 6 Gerhard Schröder

So weit man weiß, ist *Schröder*s Geschenkidee spontan entstanden. Im Jahr 2017 besucht er die Reformationsgedenkfeier in der Marktkirche. Dem Journalisten *Bingener* erzählt er, wie ihm damals auffällt, dass rechts von der Eingangstüre „ein Lutherstandbild" stehe, „im Schadow-Stil, mit heroisch-ernstem Blick und Bibel in der Hand." Aber links von der Eingangstür sei ja noch ein Platz frei. *Bingener* berichtet: „Da sei ihm der Gedanke gekommen. *Mensch, lass doch den Lüpertz da einen Luther hinbauen.*"[33]

Schröder hat noch keinen Plan, sondern will erstmal zwei Dinge: die Marktkirche als Location und ein Werk von seinem Freund *Lüpertz,* einem der „prominentesten Künstler Deutschlands".[34] *Schröder* sagt es immer wieder gerne, wie sehr er *Lüpertz* schätzt[35], womit auch klar wird, was *er* nicht will:

Abb. 7 Luther Denkmal vor Marktkirche

die übliche protestantische Kirchendekoration. *Lüpertz* ist seit Jahrzehnten eine Art Antiheld der Szene und schafft es offenbar, trotz Ruhms und Marktwerts, noch immer, die Leute vor den Kopf zu stoßen.

Warum *Schröder* das Rad ins Rollen bringt? Man kann vermuten: Er liebt Hannover und hat seine Freude an Freigiebigkeit. Dazu kommt die angenehme Gewohnheit eines Staatenlenkers, in großen Zügen den öffentlichen Raum zu gestalten und Zeichen zu setzen. Dann entspringt der Einfall seiner ästhetischen

Neigung: Er schätzt die Gegenwartskunst und hegt eine Vorliebe speziell für *Markus Lüpertz*. Man darf aber auch annehmen, dass er, der Staatsmann, an die kulturelle Bereicherung und Erhellung der Bürger und der Bürgerinnen denkt:

– Das Buntglasfenster öffnet die Kirche für einen Dialog mit der aktuellen Kunst.

– Das Kunstwerk und seine Botschaft gewinnen Strahlkraft durch den sakralen Ort und über ihn hinaus.

Wie bei derartigen Vorhaben kaum zu vermeiden, könnte davon auch ein Funke auf die Person des Stifters überspringen.

3. Lüpertz: Lächerlicher Ekel, erhabenes Entsetzen

Schröder und *Lüpertz* kennen sich schon länger. Im Jahr 2001 schuf *Lüpertz* für das Bundeskanzleramt ein Wandbild („Die sechs Tugenden") und 2006 ein Porträt des ehemaligen Kanzlers; *Schröder* übernahm 2009 die Laudatio für die Aufstellung einer Skulptur des Künstlers („Apoll").[36] Für ihn ist *Lüpertz* einer der „bedeutendsten lebenden Künstler in Deutschland". Tatsächlich rangiert der Maler, Bildhauer und gelegentliche Dichter seit fünf Jahrzehnten bei Sammlern, Ausstellern und Auftraggebern in der obersten Liga. Vielfach geehrt und ausgezeichnet, wirkt er erfolgreich über zwanzig Jahre lang als Rektor der Düsseldorfer Kunstakademie.[37] Seit einem Klosteraufenthalt in jungen Jahren beschäftigt er sich immer wieder mit religiösen Motiven. Als besonders „beglückend" empfindet es der zum Katholizismus konvertierte Künstler, Glaskunst für Gotteshäuser zu entwerfen.[38] So schuf er unter anderem Fenster für die Kölner Pfarrkirche St. Andreas[39], die Evangelische Marienkirche in Lippstadt und ein Tympanonfenster in

Abb. 8 Markus Lüpertz

der Totentanzkapelle der Lübecker Marienkirche.[40]

Lüpertz' Werk ist, wie es regelmäßig heißt, „gefeiert und umstritten". Dem einen imponiert die expressive, „archaische Monumentalität" seiner Arbeiten[41], andere befürchten, dass diese Kunst „gleichsam die Büchse der Pandora öffnen"[42] könnte, und damit die alte, böse Existenz des Menschen, die unser moderner Diskurs so sorgsam unter Verschluss halte, wieder ans Tageslicht kröche und uns vergiften würde.

Abb. 9 Lüpertz, Das Urteil des Paris   *Abb. 10 Lüpertz, Der gestürzte Krieger*

Lüpertz, so glauben viele Publizisten zur Zeit der Bonner Republik, liege „eigentümlich quer"[43] zum anerkannten Geist der Zeit.[44] Noch heute schafft er es, die Leute aufzuregen.[45] Er liebt die Gesten[46] und Kostüme.[47] Sein Herren-Habitus und die „getanzten Sprüche"[48] provozieren.[49] Die Presse nennt ihn „Malerfürst",[50] er stilisiert sich selbstironisch als Genie.[51]

Die Kunstkritik hat seinen Ruhm inzwischen widerstrebend akzeptiert, nur einige opponieren noch immer. Man weiß nicht, was sie mehr entrüstet: seine akzentuierte Persönlichkeit oder die Botschaften, die er mit Aphorismen inszeniert verkündet. Er sagt, was eigentlich kaum einer wissen will: Sieh hin, so ist der Mensch – so niedrig, so erhaben und so vollkommen lächerlich.[52] Sein Werk verströmt die Gegenwart von Willkür und Gewalt, Lust, Wahnsinn, todgeweihter Pracht. Der Betrachter stößt sich an diesen „penetranten Motiven", an dem ewigen „Soldatenrock und Stahlhelm"[53], der Pornographie und den ekelhaften, bläulich-schwarzen

Fliegen. Mehr aber noch verwirrt ihn, wenn *Lüpertz'* Kunst versucht – inspiriert von *Nietzsches* Huldigung an das altgriechische Theater[54], im Ekel und Absurden des Menschlichen die Posse und das Erhabene zu sehen. Das ist verquer, paradox, die Gegenwelt zur klaren Klassik, zur aufgeklärten Rationalität. *Lüpertz'* Symboltheater erschüttert, woran die moderne, kritische Gesellschaft glaubt: das vernünftige Subjekt, den rationalen Intellekt.

In *Lüpertz'* Kunst erkennen seine Gegner die Übel der Vergangenheit. „Dieses Werk ist von Anfang an auf hochmütige Opposition gegen das kritische Paradigma gerichtet gewesen, wie es die 1960er- und 1970erjahre bestimmt hat," urteilt *Hans-Joachim Müller*. Darin liege seine wahre Bedeutung. *Lüpertz* sei „der Anti-68er, der mitten im minimalistischen Mainstream [...] mit donnernder Stimme ausrief: *Erhebt euch und seid wieder wer!*"[55]

Nietzsche über die Kunst der Griechen

„Vor allem galt es jene Ekelgedanken über das Entsetzliche und das Absurde des Daseins in Vorstellungen *umzuwandeln*, mit denen sich leben läßt:

...das *Erhabene* als die künstlerische Bändigung des *Entsetzlichen*

und das *Lächerliche* als die künstlerische Entladung vom *Ekel des Absurden*."

eKGWB/DW-3

---

4. Erster Widerstand

Als *Schröder* sich entschließt, der Marktkirchengemeinde ein Werk von *Lüpertz* zu schenken, denkt er mit Sicherheit nicht an alle weltanschaulichen Implikationen. Aber er weiß, dass der Künstler, der bekanntlich in Lebens- und Stilfragen bewusst altzeitlich denkt, eher auf der Seite mythologischer Kulte oder der katholischen Kirche als einer neuzeitlichen Reformation steht. Genauso ist ihm bekannt, dass *Lüpertz'* Kunst mit ihrer grotesken, rätselvollen Opulenz schon im letzten Jahrhundert gegen die abstrakten Gebote des Mainstreams verstoßen hat und auch nicht dem reinen Ernst und der Bescheidenheit eines protestantischen Sakralbaus entspricht.

Andererseits ist *Gerhard Schröder* jemand, den Widerspruch nicht schreckt. Man kann deshalb vermuten, dass er nach seinem Einfall zügig mit Vertretern der Kirchengemeinde gesprochen hat. Dort war die Resonanz verhalten. In Erinnerung an einen über Jahre nicht vernarbten Streit um ein paar auffällige Skulpturen – es ging um die drei „Nanas"[56] – änderte man den Plan und einigte sich auf ein „Reformationsfenster", das *Lüpertz* für die Marktkirche anfertigen solle. „Na, gut, dann machen wir ein Kirchenfenster", sagte sich *Schröder*, und auch *Lüpertz* war von der Idee sogleich angetan."[57] Insofern, so sieht es *Reinhard Scheibe*, der Vorsitzende des Kirchenvorstands, sei man sozusagen an der Projektentwicklung beteiligt gewesen, weshalb niemand behaupten könne, „Schröder habe der Gemeinde das Kunstwerk gleichsam aufgeschwatzt"[58].

5. Der Fluch der guten Tat – Schröder als Mäzen

Dennoch sind es die Geburtsumstände der Spende, die offenbar auch die wesentlichen Ursachen für die späteren Konflikte in sich tragen. Die Idee des ehemaligen Kanzlers, der Kirche einen *Lüpertz* zu verschaffen, induziert eine Reihe sozialer Spannungen. Im Lauf der folgenden zwei Jahre trägt die Presse dazu einiges zusammen. Im Focus stehen die Fliegen: der kontroverse Glaskunstentwurf von *Lüpertz*. Während halb Hannover erschöpfend über Ästhetik diskutiert, wuchern die übrigen Probleme im Halbschatten und werden, wie typisch für Beziehungsfragen, nur flüchtig angesprochen.

– *Dubioses Geld* – Eines dieser Nebenthemen ist die unklare Finanzierung der Dotation. *Schröders* Spende wird, wie sich am Rande herausstellt, über Dritte bezahlt. Lange herrscht Unklarheit über die Herkunft und die Wege des Geldes. Die Hannoveraner befürchten zunächst, dass es „aus Russland" käme. Erst Ende 2018 erklärt *Schröder* genau, wie die Mittel organisiert werden sollen.[59]

– *Filz* – Eine weitere Sache, die hinter vorgehaltener Hand diskutiert wird, ist die Nähe zwischen dem Mäzen und dem Vorsitzenden des kirchlichen Entscheidungsgremiums, *Reinhard Scheibe*, der früher

*Schröder*s Staatssekretär war. In diesem Zusammenhang wird auch an-
gemerkt, dass das Projekt, das in der technischen Herstellung bereits
auf € 150.000 geschätzt wird, hätte ausgeschrieben werden müssen.

– *Ego* – Begleitend stellt sich das alte Problem aller Philanthropen. Der
Mäzen möchte die Welt ein wenig besser machen und wird als Dank
dafür kritisiert und persönlich angefeindet. So wird nun auch *Schröder*
nachgesagt, es gehe ihm „vor allem darum, sich selbst ein Denkmal
zu setzen. Ein Kirchenfenster sei dafür geradezu optimal geeignet:
zentraler Ort, lange Nutzungsdauer, vergleichsweise geringe Kosten."[60]

– *Am Volk vorbei* – Schließlich sind alle unzufrieden, die nicht einbezogen wurden. Ein Bürger wird von der Hannoverschen Allgemeinen
zitiert, er hätte sich eine Befragung der Gemeindemitglieder gewünscht, „nun aber hat sich der Kirchenvorstand das Votum
Schröders zu eigen gemacht". *„Das Verfahren ist undemokratisch".*[61]

Immanuel Kant,
rigoros wie üblich, hat kein Mitleid mit enttäuschten Stiftern.

Mit jeder Wohltat riskiere der Menschenfreund, dass sich der andere
„erniedrigt" fühle. Wenn man etwas spende, müsse man den Anschein
erwecken, dass man damit eine Schuld begliche. Wer etwas ver-
schenke, was sein Eigenbedürfnis übersteigt, leiste ohnehin kein echtes
Opfer, sondern mache sich nur ein „Vergnügen", um „in moralischen
Gefühlen zu schwelgen". Kant rät dem Wohltäter deshalb, am besten
anonym zu bleiben und seinen „Wohltätigkeitsakt ganz im Verborge-
nen" auszuüben.

Metaphysik der Sitten, Zweiter Teil, II. 1.1. A. § 31

---

6. Dürfen sich gute Menschen streiten?

Theoretisch und für sich genommen ist jedes dieser Themen geeignet, diskutiert und geklärt zu werden. In der Summe – und zumal in Verbindung
mit dem Restprotest gegen *Lüpertz*' Gestaltung – werden die einzelnen
Kritikpunkte zu einem ungreifbaren Widerstand.

Dissens im Glaubens- und Gesinnungsverband

Erschwerend kommt hinzu: Wir bewegen uns im Umfeld einer religiösen Vereinigung. Hier – wie auch bei anderen konfessionsgebundenen Einrichtungen, Gesinnungsverbänden oder Weltanschauungsinitiativen – unterliegt damit der Austausch auf der Beziehungsebene besonderen kommunikativen Bedingungen. Einige davon begünstigen, andere erschweren einen mediativen Umgang, was im zweiten Fall gerade dann paradox wirkt, wenn sich die Glaubensgemeinschaft den Ideen der Mediation verschrieben hat.

Konkret: Glaubens- und Gesinnungsgemeinschaften verfolgen ihre idealistische Inhalte nicht nur nach außen, sondern versuchen auch im Innenverhältnis, ihre Prinzipien zu leben (Christen wollen miteinander christlich umgehen, Pazifisten friedlich, Wissenschaftler überlegt usw.). Da dies in der Praxis nicht einfach durchzuhalten ist, bemüht sich der Gesinnungsverband zumindest darum, dass eine subtile, idealisierte Rhetorik das Menschlich-Allzumenschliche von der kommunikativen Oberfläche fernhält.

Was man nicht bespricht…

Dies erschwert es, den Gesinnungsgenossen Einblick in seine weniger idealen, „niederen" Wünsche, Motive und Bedenken zu geben, aber auch generell, sich persönlich im Verhältnis zum Gegenüber zu öffnen. Es fehlen Wege, sich vorbehaltlos auszusprechen. Im schlechten Fall blockiert sich die gesamte Gruppe: Jeder hat diesen Vorbehalt, dieses ungute Gefühl, aber niemand wagt, ein Wort zu sagen. Ohne Gespräch bleibt aber der berühmte „Elefant im Raum". Erst wenn man ihn beim Namen nennt und aus verschiedenen Richtungen betrachtet, löst er sich auf.

Abb. 11 Elefant im Raum

…ist auch nicht vom Tisch

Wie es die Pastorin betont, hat der Kirchenvorstand zwar lang und ausgiebig debattiert, von einer mediativen Verhandlung ist allerdings nicht die Rede. Vielmehr wird der Streit schließlich durch eine Mehrheitsentscheidung beendet.[62] Dieses Vorgehen hat insofern Erfolg, als anschließend die Kirchengemeinde nach außen geschlossen hinter den Befürwortern des Projekts steht (4. Akt). *Lüpertz* zeigt sich „begeistert" von diesem Verhalten. „Es ist gut, wenn die Kirche sich hinter meine Arbeit und hinter das Kunstwerk stellt". Darin liege „auch ein Signal gegen die Unterdrückung der Kunst"[63].

Dafür reißt ein veritabler Konflikt im Außenverhältnis auf. Der Stiefsohn des Architekten, der Anwalt *Dr. Bissen*, wendet sich energisch gegen die Veränderung des kirchlichen Innenraums.

VI. Tokio und Hannover, Akt drei bis fünf

Mit *Georg Bissen* lernen wir einen juristisch versierten Gegner des Vorhabens kennen. Als international tätiger Wirtschaftsanwalt („banking and finance"), seit einigen Jahren in Tokio,[64] ist er ein streitbarer Widersacher. Sein erklärtes Anliegen gilt dem Schutz des geistigen Werks seines Stiefvaters *Dieter Oesterlen*.

1. Oesterlen und Hannover

Abb. 12 Marktkirche Innenraum

Ausweislich eines regionalen Nachschlagwerks war *Oesterlen* (1911 – 1994) einer der „einflussreichsten und meist beschäftigten Architekten" im Hannover der Nachkriegszeit[65]. Vielfach gelobt und ausgezeichnet, reichte sein Wirken über die niedersächsische Hauptstadt hinaus, sodass er zu einer der prägenden Gestalten der nordwestdeutschen Nachkriegsarchitektur gerechnet wird. Zu den Bauwerken, die man bis heute mit seinem Namen verbindet, zählt die hannoversche Marktkirche. Im Krieg weitgehend zerstört, wird sie nach seinen Plänen zwischen 1946 und 1952 wieder aufgebaut.[66] Kennzeichnend für diese Arbeit ist die Bewahrung der ursprünglichen Konstruktionsidee bei einer puristischen Gestaltung des Innenraums, in dem *Oesterlen* die Ziegelsteinmauern freilegen ließ.[67]

2. Brut: Der ehrliche Stil

Oesterlen begreift seinen Baustil, den er einmal als „abstrakten Kubismus" bezeichnete,[68] als eine „Befreiung" von der „realistischen Blut- und Bodentümelei" und dem „fadenscheinigen Klassizismus" der nationalsozialistischen Zeit. Nicht-gegenständliche Kunst empfindet er als „Befreiung von dem bisher verordneten, verschwommenen Realismus" der Nazis.[69] Trotz seiner Präferenz für die moderne, reduzierte Formensprache bemühe er sich bei Restaurierungs- oder Ergänzungsarbeiten um einen „respektvollen" Dialog mit den Baumeistern der Vergangenheit.[70] Insofern trifft die für die Nachkriegsarchitektur geläufige Stilbezeichnung „Brutalismus" auf *Oesterlen*s Schaffensideal lediglich in dem französischen Wortsinn *brut* gleich „roh", „herb", „unverfälscht" oder „ehrlich", etwa im Umgang mit dem Material zu, während sein Werk wenig Ähnlichkeit mit den grobgegliederten, gewalttätig wirkenden Betonbergen etwa eines *Corbusier*s aufweist.

Bis auf eine Ausnahme sind alle Gebäude *Oesterlen*s erhalten geblieben, eine Vielzahl wurde unter Denkmalschutz gestellt.[71] In der Kontroverse über den Erhaltungswert brutalistischer Nachkriegsarchitektur, die, zumal im Falle der Sakralbauten, weniger von ästhetischen als vor allem finanziellen Argumenten bestimmt wurde, war er deshalb nie eine bevorzugte Zielscheibe. Inzwischen erlebt diese bauhistorische Phase ohnehin wieder eine Renaissance.[72]

3. Die Mission des Erben

Der Erbe *Oesterlen*s, Rechtsanwalt Dr. *Bissen*, fühlt sich nach eigenem Bekunden aufgerufen, das Werk seines Stiefvaters vor einer Gefährdung zu schützen. Der Einbau des geplanten Fensters würde das Kirchengebäude in seiner ursprünglichen Gestalt entstellen. Das Vorhaben des Künstlers *Lüpertz* kollidiere „bewusst" mit der „schöpferischen" Grundidee seines Stiefvaters.[73] Es zerstöre die „großartige Einfachheit und Geschlossenheit des Raumes".[74] Gefragt, ob es ihm um Geld gehe, antwortete er: „Ich habe mir in dieser Sache schon viele Beleidigungen anhören müssen – auch von Herrn *Lüpertz*. Dass er jetzt meint, es würde mir um Geld gehen, liegt nun völlig neben der Sache und spiegelt vielleicht seine Gedankenwelt wider. Ich werde – wenn die Kirche ein Gerichtsverfahren haben will – Kosten für Gutachten und Gerichtsverfahren gerne aus eigener Tasche bezahlen, um das Werk meines Stiefvaters zu bewahren."[75]

4. Die Replik der Kirche

Die Pastorin der Marktkirche, *Kreisel-Liebermann*, tritt dem Vorwurf der „Entstellung" des geistigen Werks *Oesterlen*s entgegen: „Natürlich verändert ein solches Fenster die Kirche, aber wir im Kirchenvorstand sind nicht der Meinung, dass es die Atmosphäre der Kirche zerstört."[76] Wichtig sei, das die „Gestalt des Innenraums im Wesentlichen erhalten" bleibe. Die „Gesamtatmosphäre wird nicht verändert" und die Helligkeit „nicht wesentlich eingeschränkt".[77] Der Architekt habe selbst noch Anfang der 1960erjahre ein Buntglasfenster in die Kirche einbauen lassen. „Wir können ihn nun nicht mehr fragen", äußert sie in einem Gespräch mit dem Online-Magazin *Focus*. Aber sie sei überzeugt, dass der Architekt nichts dagegen habe, mit dem Fenster eine „zeitgenössische Form der Verkündigung" in die Kirche zu bringen. Letztlich liege die Entscheidung aber in der Hand der Kirche.

5. Eskalation, der letzte Akt

Nachdem bekannt wird, dass *Bissen* Widerstand leistet, beginnt der Streit öffentliche Wellen zu schlagen. Die Medien spüren in der Neuauflage des Streits ein komisches Moment. *Martin Zips* betitelt seinen Beitrag zum Fliegenfenster in der Süddeutschen: „Es ist schon ärgerlich, wenn man ein bisschen Freude machen möchte, und dann kommt einem so etwas dazwischen"[78]. Der Kirchenvorstand schlägt *Bissen* zweimal eine Mediation vor. Die Landesjustizministerin *Niewisch-Lennartz* erklärt sich bereit, die Vermittlung zu unterstützen. Beide Male lehnt der Anwalt ab. Er erklärt, er diskutiere nicht mehr.

6. Juristische Aufrüstung

Juristisch scheint er jedenfalls ein ordentliches Blatt in der Hand zu haben. Wenn auch einige außerrechtliche Pluspunkte für die Hannoveraner sprechen, ist es doch ausgemacht, dass dem Änderungswillen eines Eigentümers durch das Urheberrecht des Künstlers Grenzen gesetzt werden. Unstreitig scheint, dass auch der Innenraum von Kirchen, zumal wenn er von einem namhaften Architekten wie *Oesterlen* neu geschaffen wurde, als ein urheberrechtlich geschütztes Werk anzusehen ist (§§ 1, 2 Abs. 1 Nr. 4, Abs. 2 UrhG[79]).[80] Deshalb könnte den Erben des Baumeisters ein Anspruch auf Rechtsschutz zustehen, wenn die geplante bauliche Änderung rechtswidrig wäre (§§ 14, 97 UrhG).[81] Ob dies so ist, würde das Gericht – mit offenem Ausgang – anhand der konkreten Interessenlage bewerten.

Pastorin *Kreisel-Liebermann* zeigt sich von den juristischen Ungewissheiten nicht beirrt. Im Namen des Gemeindevorstands erklärte sie schon im Vorfeld, man lasse es auf eine Klage ankommen. „Unserer Auffassung nach hat eine Kirchengemeinde das Recht, über die Gestaltung ihres Kirchenraums zu entscheiden und ihren Gestaltungswillen durchzusetzen. Eine Kirche dient der Religionsausübung und ist kein Museum". [82] *Scheibe*, der Vorsitzende des Gemeindevorstands, ist vorsichtiger. Ihm gefiel bereits nicht, dass die Kirche vor der Klärung den Einbau des Fensters angekündigt hatte. Das könne man auch „negativ sehen, als eine Art Nötigung"[83]. Der Altkanzler *Schröder* tritt jedoch entschieden auf und verkündet: „Das Fenster wird gebaut"[84]. Die Antwort *Bissens* folgt prompt: Er klagt.

VII. Lebt hier die Mediation?

Die starken Worte auf beiden Seiten stimmen wenig optimistisch. Nach bisherigem Stand endet die beschriebene Geschichte in einem scheinbar ausweglosen Streit, den nun das Landgericht Hannover entscheiden soll. Die Frage nach der Mediation – heimisch in Hannover? In Tokio? Zwischen den Beteiligten? – will man kaum noch stellen.

1. Auch kleine Schritte führen weiter

Es stimmt: Die Sache ist unaufhaltsam eskaliert. Dennoch kann man fragen, ob das pauschal ein „Scheitern der Mediation" bedeutet. Kann nur dann von Mediation die Rede sein, wenn eine perfekte, vollendete Vermittlung Frieden gebracht hat? Das große Ziel rückt auch näher, wenn die Kontrahenten Teilstrecken zurücklegen. Aus Etappensiegen und Niederlagen lässt sich am besten für die Zukunft lernen.

–   *Bekanntheit und Verbreitung* Der Kirchenfensterfall bestätigt den ermutigenden Gesamteindruck, dass Mediation *immer bekannter* wird. Wie hier in Niedersachsen ist die Idee im Bereich der Bildung, Kultur, Gesundheit und sozialer Unterstützung inzwischen gut verwurzelt. Dasselbe kann man über einige Teile der Rechtspraxis sagen. Ein Anwalt vom Zuschnitt *Bissen*s, der außerdem in Japan lebt, kennt selbstverständlich neben anderen ADR-Verfahren auch den Begriff der Mediation und dürfte sich sogar selbst schon in seinen Verhandlungen mediativer Elemente bedient haben.

– *Anerkennung durch den Staat* Positiv kann auch vermerkt werden, dass sich hochrangige Repräsentanten der Staatsgewalt für eine mediative Lösung des Disputs eingesetzt haben. Dies unterstreicht die Anerkennung, welche die Mediation in der heutigen Öffentlichkeit genießt. Für ein dubioses Verfahren hätte sich kein Verfassungsrichter und keine ehemalige Ministerin eingesetzt.

– *Versuch: Der erste Schritt zum Erfolg* Hervorzuheben ist schließlich, dass die Marktkirchengemeinde nach der Verhärtung des Dialogs zweimal auf Rechtsanwalt *Bissen* mit dem konkreten Angebot einer Mediation zugegangen ist. Damit wurde zwar kein Mediationsverfahren durchgeführt, aber doch unverkennbar von einer Seite eine versöhnliche Initiative ergriffen und Schritte zur Verfahrenseinleitung unternommen.

2. Mediationseignung

Wenn die Versuche auch im Ergebnis scheiterten, kann man sie doch nicht als „untauglich" bezeichnen. Der Fall war – und ist es noch immer – auf signifikante Weise für eine Mediation geeignet.

– *Dauerhafte Beziehung:* Der Kirchenfensterfall betrifft viele Personen und Einrichtungen, die im Laufe der Geschichte, genannt und ungenannt, zu unterschiedlichen Zeiten in Erscheinung treten. Für einen ersten Überblick mag es aber reichen, auf drei Knotenpunkte hinzuweisen, über die sich dauerhafte Verbindungen ergeben. Dies sind die Kirchengemeinde, in der viele Beteiligte in verschiedener Funktion Mitglied sind, des Weiteren die Stadt Hannover, für deren Repräsentanz sich ein Personenkreis verantwortlich fühlt, und zudem das Kirchengebäude, über das sich eine Beteiligung als Nutzer, Eigentümer und Bauherr oder eben als Rechtsnachfolger eines Baumeisters ergibt.

– *Interessen:* Die Vorgeschichte des Konflikts Hannover–Tokio und der kurze Blick auf die Beziehungsebene lassen vermuten, dass aus fast jeder gewählten Perspektive Bedürfnisse, Absichten oder Überzeugungen zutage treten, die verdeckt und sozusagen unterhalb der ausgesprochenen Positionen liegen.

3. Zur Interessenlage des Erben Bissen

- Rechtsanwalt *Bissen* hat geäußert, dass sein Widerstand nicht materiell motiviert sei, sondern dem Schutz des geistigen Erbes seines Stiefvaters gelte. Gegenteilige Unterstellungen, besonders aus dem Mund des Künstlers *Lüpertz,* hat er als „beleidigend" bezeichnet.
- Das gesamte Fensterprojekt muss er wie eine Abfolge von Überraschungsangriffen erlebt haben. Obwohl Rechteinhaber, wurde er zu keinem Zeitpunkt in den Prozess eingebunden.
- Die Entscheidungsvorgänge in Hannover, insbesondere die Einflussnahmen des ehemaligen Bundeskanzler *Schröder,* fand er kritikwürdig. So vermochten es weder das Verfahren noch die Willensbildung, das Vorhaben für ihn zu legitimieren.
- Der Entschluss, das Fenster trotz seines Widerspruchs einbauen zu lassen und damit vollendete Tatsachen zu schaffen, muss ihn empört haben. *Bissen* selbst hat sein Anliegen stets sachlich, anerkanntermaßen „fair" und nach dem Prinzip der gestuften Abwehr verfolgt.
- Die Rechtfertigungen für *Lüpertz'* eingreifende Gestaltung dürfte *Bissen* als unaufrichtig empfinden. Das geplante Fenster ist nicht irgendeine zeitgemäße, bunte Kunst, und damit nur als solche und „atmosphärisch" ein Widerspruch zu *Oesterlen*s Ästhetik, sondern auch inhaltlich aussagestark: Seine Programmatik, expliziert vom Künstler selbst, dürfte die bestehende Differenz zu einem ideellen Konflikt verstärken.

4. Zur Interessenlage der Kirchengemeinde

Die Pfarrerin, der Vorsitzende des Gemeindevorstands, die Mehrheit seiner Mitglieder sowie ein wachsender Teil der Gemeinde und der Stadtbevölkerung sind für den Einbau eines Kirchenfensters, das *Schröder* gestiftet und der berühmte Künstler *Markus Lüpertz* entworfen hat. Ein Teil hat

Vorbehalte, die mit der inhaltlichen Gestaltung, der ästhetischen Wirkung oder auch dem Entscheidungsprozess zugunsten des Projekts zusammenhängen. Über den Zeitablauf verlieren die Gegner aber stetig das Interesse und ihre kritische Energie, zumal man sich an einen vergleichbaren Disput erinnert, der sich nach ein paar Jahrzehnten in allgemeines Wohlgefallen aufgelöst hat. Außerdem hat mit *Bissen* ein „Externer" die Rolle des Opponenten übernommen, was die Hannoveraner wahrscheinlich zusammenbringt.

Ob die Kirche ideelle Anliegen verfolgt, kann nicht beurteilt werden. Die Gemeindemitglieder wollten die Fliegenfrage klären, sind aber inzwischen verstummt. Hinter der Fliegendebatte stand ein ernstes inhaltliches Problem: Verträgt der sakrale Raum eine paradoxe Botschaft?

Die Aussagen der Kirchenvertreter, eine Kirche müsse kontroverse Kunst „aushalten", sie sei „kein Museum", sondern diene der Religionsausübung, lässt die Inhaltsfrage offen.

Deutlich wird die Pfarrerin aber in einem anderen Punkt: Die Gemeinde habe das „Recht, über die Gestaltung ihres Kirchenraums zu entscheiden und ihren Gestaltungswillen durchzusetzen". Der unbedingte Rechtsanspruch führt freilich auf unsicheres Pflaster. Die rechtliche Bewertung ist offen.[85] Ob Sieg oder Niederlage, Vergleich oder Verzicht: Das Verfahren ist mit Kosten, Zeitaufwand und keiner guten Presse verbunden.

5. Aussicht

Die Standpunkte, die im letzten Akt aufeinanderprallen, sind unterkomplex. Die Alternative „Fenstereinbau: erlaubt oder nicht" spielt dem Streben nach einer vermittelnden, interessenbezogenen Lösung geradezu in die Hände. Käme es zu einem Urteil, wird es einen Verlierer geben. Stellen wir uns vor, *Bissen* trüge den Sieg davon: Am Ort des Erbes, für das er nun in die Arena steigt, bliebe er ewig der schädliche Verhinderer. Da er gerade für den „*spirit*" eines konkreten Gebäudes kämpft, kann es ihm nicht gleichgültig sein, was dort gefühlt und gedacht wird. Nach seinen Äußerungen geht es ihm nicht um Geld, sondern eine Sache, die ihn mit seinem

Stiefvater verbindet. Wie viel mehr könnte er gewinnen, wenn er schließlich, statt einer Dissoziation, eine *Assoziation* mit dessen Werk erreichte.

Gewönne die Kirchengemeinde den Rechtsstreit, hätte sie sich durchgesetzt – aber um welchen Preis? Das Vorhaben war bereits intern umstritten; extern könnte es offenbar auch nur im Streit und mithilfe eines staatlichen Gerichts erzwungen werden. Selbst unter Verzicht auf die einschlägigen Topoi des Evangeliums leuchtet es ein, dass einer christlichen Kirche ein versöhnender Ausgleich besser anstehen würde.

6. Und was könnte man besser machen?

Bevor man überlegt, was die Beteiligten hätten besser machen können, sollte man noch einmal betonen, dass sich die Kirchengemeinde durchaus um Vermittlung bemüht hat. Allerdings: Die Versuche kamen sehr spät. Die Kirchengemeinde signalisiert ihre Bereitschaft zur Mediation erst, nachdem sie den harten Widerstand des Anwalts *Bissen* kennengelernt hat – und sich die Differenzen mit Tokio zu einem rechtsförmigen Konflikt ausgewachsen haben.

VIII. Chancen für eine frühere Mediation?

Aber bestand eine reelle Möglichkeit, schon *vor* dem Zerwürfnis mit *Bissen* innerhalb Hannovers oder auch unter Einbeziehung des Architektenerben zu vermitteln? Der Konflikt entwickelte sich aus einem über zweijährigen Prozess – wann hätte man eine Mediation vorschlagen sollen?

– Zu Beginn (Akt 1) liegt das Gesetz des Handelns beim Kirchenvorstand und der Pastorin der Marktkirche, die „von dem Geschenk auch gleich sehr angetan" waren.[86] Bedenken und Missstimmungen konnten wahrscheinlich noch gar nicht aufkommen.

– Als die Stimmung trüber wird (Akt 2), greift der Grundsatz vom geschenkten Gaul. Man schaut ihm nicht ins Maul, auch dann nicht, wenn einen das Gefühl beschleicht, es könne sich vielleicht um ein trojanisches Pferd handeln.

–   Als der Disput anschwillt, stehen die Sachfragen im Mittelpunkt: Schmeißfliegen in einer Kirche? *Luther* mit dem Teufel? *Lüpertz'* Genie und die erhabene Maskerade? – Sachfragen muss man *diskutieren*, das ist kein Fall für eine Mediation.

–   Die Mediationslehre setzt voraus, dass sich Streitparteien gegenüberstehen, sie müssen einen *Konflikt* haben. Wer könnte oder möchte dies aber in diesem Stadium feststellen?

–   Ja, es gibt ungute Gefühle und Andeutungen. Aber wer hätte es gewollt und vermocht, die Situation als Konflikt zu deuten? Der Altkanzler? Die Pfarrerin? Der Kirchenvorstand? Jeder von ihnen wünschte eine möglichst reibungslose Abwicklung der Dotation; aus welchem Grund hätten sie einen Konflikt wahrnehmen sollen – es sei denn, man hätte ihnen diese Sicht aufgedrängt?

–   Aber wer hätte das tun sollen? Wer hätte auf einen einzelnen Akteur gezeigt und diesen zum Urheber einer Differenz ausgerufen? Wen hätte man nennen sollen: den wohlwollenden und wohlgelittenen Ehrenbürger, den prominenten Künstler, die Pfarrerin oder einen Kirchenvorstand?

Die Lage ändert sich freilich schlagartig, als Anwalt *Dr. Bissen* aus Tokio seine Ansprüche anmeldet (Akt 3). Nun gibt es einen ausgemachten Störenfried und eine klare Front. Spätestens im vierten Akt sieht jeder: Das ist ein Konflikt. Aber erst, als man sich in diesen Dissens tief verrannt hat, kommt man auf die Idee mit der Mediation.

1. Nichts ist so unpraktisch wie eine schlechte Theorie

Nach der gängigen Lehrmeinung ist es nie zu spät, eine Mediation zu versuchen, und selbst der Gerichtssaal gilt noch als geeigneter Startplatz, um zerstrittene Parteien zu versöhnen. Während man insofern den Anwendungsbereich der Mediation „nach oben offenhält", bestimmt man „nach unten" eine Grenze. Mediation setzt der Lehre nach einen „Konflikt" voraus, denn das Ziel der Mediation – wir können auch sagen: Sinn, Zweck, Funktion – soll eben die Beilegung (Bearbeitung, Lösung) eines Konflikts sein. Nachdem diese Auffassung von einem – insgesamt vorsichtigen, aber in inhaltlichen Fragen zu vorschnellen – Bundesgesetzgeber durch die Legaldefinition in § 1 Abs. 1 im deutschen MediationsG zementiert worden ist,[87] hängt die hiesige Mediationslehre darin fest.

Theorieentwicklung im Ausbildungskorsett

Erschwerend kommt hinzu, dass das Wissen über Mediation in Deutschland stagniert. Der Grund dafür ist, dass es mit wenigen Ausnahmen im Rahmen der sog. Mediationsausbildungen und einer darauf zugeschnittenen Literatur vermittelt wird. Diese Ausbildungen folgen den aktuellen rechtlichen Vorgaben[88] und kondensieren den Lehrstoff auf die Erfordernisse einer Kurzzeit-Schulung (120 oder 200 Stunden). Die Träger der Programme sind überwiegend nichtwissenschaftliche Einrichtungen, die sich untereinander bzw. über ihre Organisationen auf einen Ausbildungsstandard verständigen (sog. QVM), aber keinen Anschluss an die für die Wissensentwicklung zuständige Community haben; die Universitäten sind von den Standardisierungsversuchen ausgeschlossen. Damit fehlt es an Qualitäts- und Korrekturmechanismen, die man von einem akademischen Studium gewöhnt ist. Dies hat zur Folge, dass mehrheitlich das Wissen über Mediation, auf Schlagworte und Merksätze reduziert, in den Seminaren kritiklos wie ein Katechismus eingehämmert und unreflektiert wiedergegeben wird.

Unhinterfragte Dogmen

Zu diesen unhinterfragten Voraussetzungen zählen auch das Verhandlungsmodell und das Junktim zwischen Konflikt und Mediation. Am vorliegenden Fall kann man die Konsequenzen dieses Denkens sichtbar machen: Weil die Spannungen in den ersten Akten diffus sind, weitgehend unter der sozialen Oberfläche bleiben, nicht wahrgenommen werden *können*, vielleicht sogar nicht *dürfen* und – im Interesse der kollektiven Harmonie – auch gar nicht *sollen*, fehlt der Ansatzpunkt für eine – konfliktbezogene – Mediation.

Eine Einordnung gestaltet sich besonders schwierig, wenn die Situationsanalyse eine Verhandlungskonstellation vor Augen hat – also zwei Seiten, die mit divergierenden Interessen gegeneinander antreten – und „den Konfliktbegriff nach *Glasl*" zugrunde legt.

Der Konfliktbegriff „nach Glasl"

Friedrich Glasl ist ein von der Anthroposophie und ökonomischen Fragestellungen geprägter Denker, Berater und Lehrer. Seine legendär verschachtelte Begriffsbestimmung[89] ist, wofür ihn keine Schuld trifft, einer der Lehrsätze, die gedankenlos von Seminar zu Seminar weitergereicht und über die ZMediatAusbV indirekt rechtlich zum Dogma erklärt werden.[90] Stark vereinfacht besagt die Definition „nach Glasl": Ein Konflikt besteht, wenn sich von zwei interagierenden Aktoren wenigstens einer bei der Verwirklichung seiner Angelegenheiten vom anderen „beeinträchtigt" fühlt.[91] Dieser Ansatz ist eine Theorie, also ein unhistorischer und nicht-empirischer Entwurf, der, wie *Dauner* bemerkt, grundsätzlich dem Typus des Verhandlungskonzepts folgt.[92] Das Setting eines Konflikts bewegt sich daher um wenigstens zwei autonome, zielbewusste Individuen. Wenigstens einer von ihnen verfolgt ein Etwas, das er „verwirklichen" will. Dank *Glasl*s synthetischer Tendenz kann dieses Etwas auch ein Gefühl oder eine Idee sein. Der Konflikt entsteht dann, wenn Aktor 1 meint, dass ihm Aktor 2 bei der Verwirklichung seines Etwas in die Quere kommt. Ob das tatsächlich so ist, spielt keine Rolle. Der Konflikt findet im „Erleben" der Subjekte statt.

Ein Konflikt ist nach Glasl

„eine Interaktion zwischen Aktoren (Individuen, Gruppen, Organisationen usw.), wobei wenigstens ein Aktor eine Differenz bzw. Unvereinbarkeit im Wahrnehmen und im Denken und im Fühlen und im Wollen mit dem anderen Aktor (den anderen Aktoren) in der Art erlebt, dass bei Verwirklichen dessen, was der Aktor denkt, fühlt und will, eine Beeinträchtigung durch einen anderen Aktor (die anderen Aktoren) erfolge".

Auf ewig Harvard: Das rationalistische Verhandlungsmodell

Trotz des psychologischen Einschlags steht das Konzept – genauso wie das „*Harvard*-Modell" – in der Tradition eines ökonomisch und spieltheoretisch inspirierten Rationalismus.[93] Der Konflikt erscheint als ein grundsätzlich verhandelbarer, rationaler Streit zwischen selbstbestimmten, isolierten Individuen, die sich wie zwei – leider zunehmend emotionalisierte – Schachspieler aufführen.[94] Dieses Konzept nennen wir insofern rationalistisch, als es annimmt, dass wir autonome Herren unserer Projekte sind, d. h., wir wollen immer als Selbst ein Etwas erreichen und dabei unsere Beziehungen zu den anderen, die im Prinzip genauso vernünftig funktionieren, am besten durch Regeln und Verträge gestalten. Wenn wir das nicht tun, greift die Mechanik der Eskalation und wir enden im Abgrund der Unvernunft.

Ohne Zweifel hat ein solches Modell seine Berechtigung. Es kann zum Verständnis sozialer Interaktion und als Anregung für Formen des Zusammenlebens dienen. Als *der* Tatbestand, der für die (Rechts-)Folge „Mediation" *die* notwendige Voraussetzung ist, sollte es aber keine Verwendung finden.

2. Krisen ohne Konflikt

In Hannover sehen wir wenigsten zwei Situationen, auf die der rational-ökonomische Konfliktbegriff nicht passt – in denen aber eine mediative Unterstützung hätte helfen und sich positiv auf das Verhältnis Hannover–Tokio auswirken können. Gemeint ist

- zum einen das Unbehagen, das sich angesichts der mäzenatischen Geste Gerhard *Schröders* zusammenbraut,
- zum anderen die innergemeindliche Kommunikation, die letztlich mit dem Beschluss abbricht, das Kirchenfenster einzubauen.

In beiden Situationen hätte sich vermutlich kein Beteiligter bereit erklärt, einen Konflikt auszumachen. Insbesondere fehlte es an der eindrücklichen „Gegenspieler-Konstellation". Der frühere Bundeskanzler ist ein geschätzter Ehrenbürger, der Gutes will, und kein Gegner. Genauso erschweren es die vom christlichen Glauben – dem Gebot der Nächstenliebe und gegenseitigen Wertschätzung – geprägten Umgangsformen in einer Kirchengemeinde, im internen Beziehungsnetz Differenzen wahrzunehmen oder gar zu thematisieren.

Nun könnte man einwenden, dass hier möglicherweise zwar das „Konfliktbewusstsein" fehle, „latent" jedoch Konflikte „vorhanden" seien. Mit diesem Ansatz würde man allerdings seine Perspektive über die Sicht der Beteiligten stellen oder behaupten, dass eine objektive Wahrheit über das Sein menschlicher Beziehungen existiert. Dieser Standpunkt wird hier nicht vertreten und passt auch nicht in den Kontext des übrigen mediativen Denkens. Demnach muss es den Medianden überlassen bleiben, wie sie ihre Angelegenheiten bewerten. (Davon ist die Frage zu unterscheiden, wer wen konkret hören sollte, wenn man über die Voraussetzungen einer Mediation berät.)

Einig dürfte man sich sein, dass es niemandem, schon gar nicht einem Mediator, zukäme, Personen oder Gruppen in einem fehlverstandenen Aufklärungsimpetus „Konflikte" einzureden, die sie nicht empfinden … erst recht nicht mit dem Ziel, sich selbst als Auftragnehmer für eine Konfliktbearbeitung anzubieten. Dagegen könnte man überlegen, ob es überhaupt sinnvoll ist, Mediation zwingend an einen vorgängigen Konflikt zu knüpfen – oder ob es nicht auch möglich sein muss, das Junktim zwischen Mediation und Konflikt zu zerbrechen.

3. Konfliktprävention

In diesem Sinne sind auch andere Versuche zu verstehen, die seit Längerem über eine begriffliche Erweiterung des Konfliktbegriffs das Anwendungsfeld der Mediation auszudehnen suchen. Eine der Varianten behält den gewohnten „Konflikt"-Fokus bei, ergänzt diesen aber um den Gedanken der *Prävention*. Mediation soll nicht nur Konflikte beilegen, sondern auch vermeiden.

Dieser Ansatz passt überall da zur Mediation, wo sich in einer bestehenden Beziehung bereits konkret Konfliktpotenzial abzeichnet, z. B. bei der Nachfolgeregelung für ein Familienunternehmen. Außerdem betrifft der Präventionsgedanke jede erfolgreiche Mediation, sofern man erwartet, dass das Ergebnis auch nachhaltig sein sollte.

Wenig oder keine Berührung zur Mediation besteht, wenn der Konflikt noch gar nicht konkretisiert ist. Für diese Konstellationen werden *generelle* Kriterien entwickelt, mit denen man versucht, das *wahrscheinliche* Konfliktpotenzial von Situationen zu erfassen, z. B. in einem Unternehmen mit hoher Mitarbeiterfluktuation. Auf dieser Basis entstehen Verhaltenssteuerungsprogramme, die auch mediative Elemente enthalten können. Die Konfliktexpertin arbeitet aber nicht als Mediatorin, sondern als Beraterin für die Errichtung von „Konfliktmanagementsystemen".[95]

4. Erweiterung des Konfliktbegriffs

Als weitere Lösung bietet sich an, den Konfliktbegriff zu modifizieren. In diese Richtung gehen z. B. *Montada* und *Kals* mit ihrem wertorientierten Konfliktverständnis. Anstelle der zwei interessengesteuerten Schachspieler sehen wir nun Menschen mit Wertbewusstsein und normativer Orientierung: die Gerechten, die Wahrheitsliebenden, die Frommen oder Verlässlichen, die empört sind, wenn jemand ihre Erwartungen enttäuscht.[96] Solche Gefühle zeigen im vorliegenden Fall die Hannoveraner, die an den Schmeißfliegen des Künstlers *Lüpertz* Anstoß nehmen, oder *Dr. Bissen*, der die architektonische Idee seines Vaters gefährdet sieht. Das wertorientierte sozial-psychologische Konfliktkonzept zeigt uns die ideelle Tiefendimension von sozialen Spannungen.[97] Wir sehen sozusagen nun auch einen Teil des Eisbergs unterhalb der Wasserlinie. Das heißt freilich noch nicht, dass wir damit bereits *alles* überschauen würden, was die Medianden sehen und was für sie vielleicht Anlass oder Gegenstand einer mediativen Vermittlung sein könnte.

5. Mediationsbegriffe sind aus der Mediation zu entwickeln

Aus den letzten Abschnitten kann man mitnehmen, dass das Junktim zwischen „Mediation" und „Konflikt" auch eine praktische Bedeutung hat. Je enger wir den Konfliktbegriff fassen, umso kleiner wird der Anwendungsbereich für Mediation. Umgekehrt würde ein weiter Konfliktbegriff die Chancen erhöhen, dass die Beteiligten eine Situation als mediationsfähig einschätzen. Wenn z. B. die Kirchengemeinde zur Auffassung gelangt wäre, dass – wie es Rechtsanwalt *Bissen* unterstellte – *Schröder* ihr den *Lüpertz* gegen ihren Willen „aufschwatzen" wollte und dass daraus ein Konflikt mit dem Altkanzler folge, hätte sich der Vorstand vielleicht zu einem Vermittlungsgespräch entschlossen. Ohne Konfliktbewusstsein konnte aber auch niemand auf die Idee kommen, ein Verfahren zur Konfliktbeilegung anzustoßen. Dieser einfache Zusammenhang macht hellhörig. Ist es sinnvoll, dass das Konfliktkonzept entscheidet, was unter Mediation fällt und was nicht?

Der Konfliktbegriff sollte nicht entscheidend sein

Mediation ist eines der ältesten Sozialsysteme – älter als etwa Ökonomie und Recht, ja sogar mit prähumanen Vorläufern – und hat in der historischen und interkulturellen Entwicklung einige durchgehende Muster herausgebildet.[98] Die Voraussetzung „Konflikt" gehört nicht dazu. Sie wurde durch eine junge Theorie in eine unvordenkliche Praxis hineingedacht. In unserem Sprachraum kam der Begriff überhaupt erst im letzten Jahrhundert in häufigeren Gebrauch.[99] Durch seinen hohen Abstraktionsgrad passt er zu einer wissenschaftlichen und objektivierenden Sprechweise. Ob Krieg, Besatzung, Drohung oder Scheidung: alles Konflikte. Dies ist die Sprache des Forschers oder des weit entfernten Mitakteurs. Sie spricht von einer Perspektive, aus der sich der „Konflikt" unschwer als Gegenstand betrachten oder zum Gegenstand einer Behandlung machen lässt.

Der abstrakte Begriff „Konflikt" wird meist negativ konnotiert; dem Negativen Ist-Zustand (Konflikt) entspricht ein positives Gegenstück, der

Soll-Zustand des Nicht-Konflikts. In diesem dualen System steht die Mediation gewissermaßen zwischen Ist und Soll. Sie ist das *Mittel zum Zweck* für den gewünschten Steuerungserfolg vom Ist zum Soll.

Fraglich ist aber, ob diese mechanistische Betrachtung dem Potenzial der Mediation gerecht wird. In vielen mediativen Kulturen und Lehren wird die Struktur einer mediativen Vermittlung komplexer gesehen. Eine Form, mit dieser Komplexität umzugehen, ist die Beschreibung durch Geschichten, wie es *Ed Watzke* praktiziert,[100] Bildern („the magic of mediation"[101]) oder eine transzendente Herleitung („Versöhnungsopfer"). Werden Denkmodelle als Alternativen zu dem dualen Konzept („Konflikt/Konfliktbeilegung") herangezogen, haben sie meist dialektische Struktur. Mediation ist demnach kein Mittel, sondern der offene, kommunikative Prozess, in der die besonderen Sichtweisen der Medianden wie These und Antithese aufeinandertreffen, um in der Kooperation zur Synthese zu verschmelzen.

Was sich *vor* der Mediation zwischen den Medianden ereignet hat, sieht jeder Beteiligte auf seine Weise. Eine objektive Sicht auf diese Ereignisse gibt es ohnehin nicht, eine Verständigung darüber kann sich erst *während* der Mediation entwickeln. Wenn es aus späterer Sicht einen Konflikt „gibt", fließt das genauso wie das übrige Umfeld, Fühlen und Denken der Medianden in den dialektischen Prozess ein, erscheint aber nicht vorweg als Status.

Desgleichen ist der Erfolg der mediativen Vermittlung nicht einfach die Umkehrung eines negativen Anfangs, sondern eine neuartige Entwicklung, wie man sagt, „auf höherer Stufe", z. B. nachhaltige Befriedung, Versöhnung, Konsens, Harmonie, Gnade u. v. m.[102]

Mediation sollte vor allem Sache der Medianden sein

Der eindrucksvollste Vertreter dieses Denkens war der schweizerische Mediationsphilosoph und Mediator, Psychologe und Theologe *Joseph Duss-von Werdt*.[103] Mit seiner systemisch-konstruktivistischen Sicht und als persönliches Vorbild hat er nicht zuletzt für uns in Hagen während vieler Jahre dankbar erfahrener Zusammenarbeit die Richtung vorgegeben.[104] Zu ganz ähnlichen Einsichten wie *Duss-von Werdt* kommen auch erfahrene Mediatorinnen und Mediatoren, die sich im Lauf der Zeit vom Lehrkanon lösen und mit viel Intuition und wenig Definitionen zu ihren eigenen Kriterien finden. Sinngemäß sind dies meist die folgenden Essentialia:

- Die Selbstbestimmung der Medianden (Eigenverantwortlichkeit, Freiwilligkeit),
- Neutralität und Verschwiegenheit des Mittlers und
- eine interessengeleitete, möglichst sachlich gehaltene Kommunikation,
- die sich auf die „Mitte" der Beteiligten im Sinne ihres *gemeinsamen Guten* bezieht.[105]

Das „gemeinsame Gute" ist natürlich ein sehr alter Ausdruck, an dessen Stelle man ebenso das „faire Ergebnis", „Frieden", „Zufriedenheit", das „gute Arbeitsklima" oder die „Optimierung aller Faktoren" setzen kann. Wichtig ist, dass über diese Zielvorstellung in den Abschluss des mediativen Prozesses nicht nur rationale Faktoren, sondern alles einfließen kann, was den Mediationsbeteiligten wichtig sein könnte, kurz: Logos, Ethos und Pathos.

Logos	Ethos	Pathos
Ergebnis wird gestützt durch:		
Klarheit, Verständlichkeit, Nachvollziehbarkeit, Vergleichbarkeit, Regeln, sonstige Gründe, Verbindlichkeit …	Familie, Freunde, regionales Umfeld, anerkannte Meinungen, staatl. Autorität, Gesetze, Institutionen, Tradition, Tugend, Ehre, Anstand, Moral, Werte, Kultur …	Affekte wie Angst, (Für-)Sorge, Neid, Enttäuschung, Empathie, Zuversicht, Solidarität; Gefühl für Stimmigkeit, Schönheit, Gerechtigkeit, das Angemessene…

Ob hingegen vor einer Mediation der „Konflikt" als Voraussetzung erfüllt ist, dürfte in der Praxis meist gar nicht explizit gefragt werden.

Im Auftrag S. M. des Medianden

Meist dürfte der Fall insofern ohnehin ganz unproblematisch liegen. Dazu gehören alle diejenigen Verfahren, in denen ein professioneller Mediator *auf Ersuchen* der Medianden tätig wird. Hier gilt: Niemand ist besser geeignet als die angefragte Mediatorin bzw. der Mediator zu beurteilen, ob die Situation den Voraussetzungen einer Mediation genügt. Ihre Kompetenz überwiegt die Vorgaben einer umstrittenen Theorie, auch wenn sie in einem Gesetz sanktioniert wurde.

Kurz gesagt:

— Ob mit oder ohne Konflikt: Es ist grundsätzlich „Mediation", wenn Medianden einem Mediator den *Auftrag* geben, in ihrem Verhältnis mediativ tätig zu werden.

Medianden allein mit der Mediation

Schwerer fällt die Einschätzung, wenn die Situation durch keinen professionellen oder zumindest geschulten und erfahrenen Mediator begleitet wird. Grundsätzlich muss aber auch hier gelten, dass die Vorstellung der Medianden Vorzug genießt. Aus ihrer Perspektive wäre zu urteilen, ob die elementaren Voraussetzungen einer Mediation erfüllt sind. Dabei kann wiederum nicht verlangt werden, dass ein vorgängiger Konflikt konstatiert wird. Mediation lebt auch da, wo die Beteiligten eine Mediation wünschen, aber nicht wahrnehmen können oder wollen, dass ein Konflikt besteht.

— Die Voraussetzungen einer Mediation können damit selbst dann erfüllt sein, wenn es nach Ansicht der Beteiligten keinen Konflikt gab oder gibt.

Deshalb sollten auch diejenigen Verfahren als Mediation gelten, die nicht schulmäßig bzw. „ohne Konflikt" in Gang kommen, aber sinnvollerweise mediativ bearbeitet werden; darunter fallen z. B. die Einigung in *Wenn zwei sich nicht streiten* (*Anke Stein-Remmert*) das hawaiianische *Ho'oponopono* (*Marc Hermann*), das Vergebungsritual in der *Restorative Justice* (*Gabriela Stibbe*) und Mediation unter Menschen mit Handicap (*Birgit Gunnia-Henneken*).

Zwischenergebnis: Ob mit oder ohne Konflikt, Mediation ist Mediation. Insofern wäre es sinnvoll,

- sich von der Vorstellung zu lösen, dass eine Mediation immer einen Konflikt voraussetzt,

und sich in dieser Frage stattdessen

- ausschließlich nach den *Bedürfnissen der Medianden* zu richten.

IX. Mediation ohne Konflikt in Hannover

Die beiden ersten Akte der Geschichte „Kanzler, Künstler, Kirchenfenster" geben ein gutes Beispiel für die Art von Situation, die für eine „Mediation ohne Konflikt" infrage kommen könnte. Wesentliche Voraussetzung wäre, dass die Betroffenen bereit sind, an einer mediativen Vermittlung teilzunehmen.

1. Bereitschaft

Wenn sich ein allseits verheerender Krieg über die Jahre festgefahren hat, werden die Parteien irgendwann Verhandlungsbereitschaft zeigen. Wenn hingegen die Überzeugung vorherrscht, dass eigentlich alles in Ordnung ist und die querulatorischen Einwände und Eintrübungen schon bald der Vergangenheit angehören werden, dürfte es eher unwahrscheinlich sein, dass die Wortführer das Bedürfnis nach einer mediativen Vermittlung äußern. Da allein die Vorstellung der Beteiligten maßgeblich ist, bleibt es auch ohne Belang, ob bestimmte Mediationsmerkmale *objektiv* vorliegen oder nicht. Dagegen spielt es sehr wohl eine Rolle, ob aus dem Kreis der Beteiligten, die zunächst einmal festgestellt werden müssten, nicht doch einige bereit sein könnten, sich auf eine Mediation einzulassen (Mediationsbereitschaft). Eine wesentliche Voraussetzung dafür ist das Bedürfnis, die Situation zum Besseren zu wenden. Änderungswünsche sind in den Jahren seit *Schröder*s Einfall aber durchaus laut geworden. Erwähnt seien nur die Gemeindemitglieder, die sich von den *lüpertzschen* Fliegen befremdet fühlten, oder der Künstler selbst, der vermutlich Widerstand gegen sein Werk verspürt hat und deshalb im Juni 2018 in die Marktkirche kam, um seinen Entwurf zu erläutern. Aber kommt das dem quälenden Konflikt gleich, dessentwegen man typischerweise eine Mediation anstrebt?

2. So geht es nicht weiter

Nachdem die erste Freude über *Schröder*s Stiftungsidee verflogen ist und die Gemeinde den *Lüpertz*-Entwurf in Augenschein genommen hat, ziehen Wolken über der Marktkirche auf. Einige Akteure sind sich einig und wollen das Projekt umsetzen (*Schröder, Lüpertz,* die Pastorin, der Vorsitzende des Kirchenvorstands, der damalige Bürgermeister), andere äußern Bedenken. Die skeptischen Mitglieder des Kirchenvorstands äußern sich wohl nur hinter verschlossenen Türen, offener sprechen etliche Gemeindemitglieder und ein – zunächst in Hannover, schließlich sogar bundesweit – anwachsendes Publikum, das die Medienberichte über das Kirchenfenster verfolgt. Wenn es auch niemand „Konflikt" nennt, herrscht doch eine Spannung in der und um die Kirchengemeinde, die *Martin Zips* mit der Bemerkung einfängt: „Man kann es vielleicht so sagen: Wenn *Lüpertz* und *Schröder* mit einem Geschenk auftauchen, kann man nicht einfach ‚nein' sagen. Das wäre ja Wahnsinn."[106]

3. Der Wahnsinn!

Es gibt also Widerstand. Vermutlich denkt niemand entschieden „nein", aber viele: „Muss das denn sein?". Wenn etwas kritisiert wird, bleibt es undeutlich. Die Gegengründe verschwinden unter dem einzig Anstößigen, was man benennen kann: den Fliegen. Darunter sammeln sich diffuse Aspekte, die mit Religion, Tradition, Takt und Sitte zusammenhängen; dazu kommt das Unwohlsein angesichts der mäzenatischen Geste, der Auswahl des Künstlers, so ganz ohne Ausschreibung und Wettbewerb, durch eine einzige außenstehende Person...

Aber so *richtig* dagegen ist man auch nicht. Jedenfalls nicht vor der großen Öffentlichkeit. Die Aussicht auf ein Geschenk, die wohlmeinende Haltung des hochgestellten Spenders, die Achtung vor zwei prominenten Persönlichkeiten und die Vorstellung, dass Stadt und Kirche um eine Attraktion reicher werden könnten, verursachen in Verbindung mit dem gemeindlichen Konsensdruck eine Art Beißhemmung.

4. Beißhemmung

In den Sitzungen des Kirchengemeindevorstands mit der Kirchenvertretung wird wohl, zumal vor Beschlussfassung im März 2019, auch offen gestritten. Näheres ist aus den zugänglichen Medien nicht zu erfahren, aber alles spricht dafür, dass diese internen Diskussionen auch zu Konflikten geführt haben. Die Pastorin *Kreisel-Liebermann* nennt diese Auseinandersetzung später eine „mehrjährige intensive Debatte", die dem Gewicht dieses „Jahrhundert-Projekts" nur entsprochen habe.[107] Spätestens mit dem Mehrheitsbeschluss im März 2019 müssen die Kritiker aber Disziplin zeigen. Der äußere Gegner, *Georg Bissen*, eint die Gruppe; der Vorstand spricht von nun an mit einer Stimme.

In dem äußeren Verhältnis zwischen Marktkirchen-Akteuren und Kanzler bzw. Künstler ist damit Entspannung eingetreten. Der sichtbare Wegfall der Opposition innerhalb der Marktkirchengemeinde, befeuert durch den Feind aus Übersee, unterstreicht, was schon immer behauptet wurde: Bis auf etwas „Diskussionsbedarf" herrsche in Hannover Eintracht zwischen den bisherigen Akteuren. Dies führt zu der Frage, ob man in einer Situation „ohne Konflikt" überhaupt den Weg in eine Mediation finden kann.

5. Der Schlüssel liegt bei den Beteiligten

Vorweg gesagt: Vermutlich gab es ein zweijähriges Zeitfenster, in dem eine Mediation hätte zustande kommen können. Nach dem Votum des Vorstands für den Einbau des Fensters hat sich die Mehrheit mit den „Fliegen" arrangiert; das Kollektiv steht nun hinter den Befürwortern und will wie diese das Vorhaben realisieren. In den Jahren davor, seit *Schröders* Idee im Jahr 2017, hätte jedoch eine Vermittlungsmöglichkeit bestanden. Es gab eine reelle Chance,

- eine mediative Vermittlung auch „ohne Konflikt" in Gang zu bringen und auf diese Weise

- Veränderungen zu bewirken, die nicht nur das Verhältnis unter den Beteiligten nachhaltig verbessert hätten, sondern auch den Konflikt mit *Georg Bissen* gemildert oder sogar verhindert hätten.

Der Schlüssel zu diesem Prozess liegt in den Händen der Beteiligten. Um ihn zu finden, braucht es eine kurze Analyse.

Beteiligte

Als Beteiligten kann man grundsätzlich jede und jeden ansehen, der in der fraglichen Angelegenheit als Erwartungsträger gilt und die Sache beeinflusst. Im wirtschaftlichen Kontext spricht man bekanntlich von den *Stakeholdern* und untersucht mit diesem Begriff, wie ein Unternehmen in wechselwirksamer Abhängigkeit mit teils sehr unterschiedlichen Personen, Gruppen und Institutionen innerhalb und außerhalb der eigenen Organisation verflochten ist.[108] Der Kreis der Beteiligten ist meist weiter gefasst als die Gruppe der Medianden, die eventuell am Tisch gemeinsam über die Angelegenheit verhandeln werden.

Wer hat hier überhaupt das Sagen?

Der Blick auf die Beteiligten zeigt uns in diesem Fall ein nahezu unüberschaubares Netzwerk von Personen, die für sich selbst oder auch als Vertreter von organisierten Einheiten auftreten. Beteiligte entwickeln in Anknüpfung an ihren gemeinsamen Bezugspunkt, hier die Angelegenheit „Marktkirchenfenster", ein eigenes Kommunikationssystem, in dem Meinungen entstehen, geteilt und gemeinsam geformt werden.[109] Dazu zählen auch die selbstbezüglichen Vorstellungen, mit denen die Rollen, die Macht und die Fertigkeiten der Beteiligten festgelegt werden. Eine Mediatorin, die den Vermittlungsauftrag annimmt, wird diese Dogmatik als Ausgangspunkt eines selbstverantwortlichen Prozesses akzeptieren.[110] So wäre es z. B. verfehlt, wenn sie als Neutrale die aus der Beteiligtenkommunikation fließende Autorität einer Person wegen abweichender Standards infrage stellte.

Aufgrund der Schlüsselstellung der Beteiligten wird sich jeder Vermittler in der Planungsphase einer Mediation mit ihrem Kommunikationssystem vertraut machen. So muss vor allem geklärt werden,

- wer als Mediand infrage kommt und
- wem die Rolle der sog. Dritten Seite zukommt.

Damit wird der Kreis der Beteiligten in eine gewisse Ordnung gebracht. Im Unterschied zum binären Verhandlungsmodell, bei dem der Dritte von extern hinzukommt, wird hier die „Dritte Seite" aus der Realität des Beteiligt-Seins entwickelt. Die Beteiligung des Mediators ist also kein Unfall, sondern die Regel, mit der er durch besonderen Aufwand (Haltung) umgehen muss.

6. Exkurs: Die Dritte Seite

Soziale Interaktion hat bis in ihre Randzonen – Intimität, Heimlichkeit, Automation – immer ein Publikum. Das Schauspiel des Menschlichen vollzieht sich wie vor einem griechischen Chor, der in jede Szene hinein applaudiert oder wehklagt, nickt oder nörgelt, wegschaut oder lacht.

Nie allein

Sobald also zwei Personen kultiviert, d. h., in einem kulturellen Zusammenhang miteinander umgehen (z. B. im System Familie, Religion, Wirtschaft, Politik), agieren sie *vor anderen*. In der Idealtypik dieses Streits kämpfen „zwei" vor Publikum,[111] nach *William Ury* der „Dritten" Seite.[112]

Abb. 12 Griechische Arena

Die Dritte Seite ist nicht neutral wie ein rechtsstaatlicher Richter, aber auch nicht parteiisch wie die Anwälte und Lobbyisten, die sich am Rand des Spielfelds einfinden. Die Dritten sitzen leicht erhöht auf ihrer Tribüne und begnügen sich damit, die Vorgänge in der Arena zu spiegeln, nicht objektiv, sondern auf ihre Weise: in der Regel erfahren, aber von Emotionen durchtränkt, unstet. Sie sind nicht die Stimme des Guten, manchmal führen sie in die Irre, dann wieder hilft ihr Lob und ihr Wissen.

Publikum raus! Die Vernunft braucht Ruhe

Der überzeugte Rationalist hält diese „Dritte Seite" für einen Störenfried. Überspitzt: Am liebsten würde er sie verbannen und die menschliche Beziehung auf zwei vernünftige Subjekte reduzieren.[113] Gäbe es Streit, würden sich die beiden am besten auf ein exaktes Regelwerk beziehen (Vertrag, Gesetz).

Das ist fraglos eine wunderbare Idee und das ideelle Fundament moderner Zivilisation. In vielen Lebensbereichen zeigt sich allerdings, dass diese Konstruktion nicht ausreicht. Regelwerke sind abstrakt und starr. Das Leben ist veränderlich. Die Dritte Seite wird immerhin durch Menschen verkörpert: durch eine Respektsperson, eine bestimmte Gruppe oder eine ganze Community. Sie ist kein reines Gedankenerzeugnis, sondern kann, wenigstens in Teilen, auch sinnlich wahrgenommen werden. Die Medianden können mit ihr interagieren.

Das Dritte verbindet

Die Dritte Seite ist in vielem den Medianden gleich. Hier steht nicht ein Gott, eine Schrift oder der Staat dem Bürger gegenüber. Gleichzeitig sehen wir den entscheidenden Unterschied: ihr Standort, die Tribüne,[114] verleiht ihr eine Sonderstellung. Als Publikum steckt sie nicht mitten in der fraglichen Angelegenheit, sondern kann aus relativer Ferne das Geschehen im Licht eines breiteren Wissens und Fühlens spiegeln.

Wie und ob die Dritte Seite dann auch Stellung bezieht, die Angelegenheit im Einzelnen bewertet, Sympathien zeigt oder gar verurteilt, ist letztlich nicht wichtig; erheblich ist, dass sie, ohne Partei zu sein, interveniert und dank ihrer Eingriffe einen gemeinsamen kulturellen Hintergrund beschwört. Die Gemeinsamkeiten können sich auf geteilte Werte, Bilder, Begriffe oder Erfahrungen beziehen. Die konkrete Bewertung zeigt den zwei Akteuren, dass diese Gemeinsamkeiten gelten. Dies hilft ihnen, von sich aus zu entdecken, was sie im konkreten Fall verbinden könnte.

7. Die Dritte Seite in der Mediation

Mediation ist nicht gleich Mediation. Wenn wir uns die Dritte Seite als reales Publikum vorstellen, denken wir eher charakteristisch an einen nichtprofessionellen Kontext oder Vermittlung in indigenen Kulturen. Soll zwischen Unternehmen mediativ verhandelt werden, wird in aller Regel die moderne Variante praktiziert, d. h., aufgeklärte Medianden werden höchst vertraulich mit einem Dritten tagen und dessen Rolle im Einzelnen bestimmen. Mediation in dieser Form zeigt bereits starke Ähnlichkeit mit dem Modell des modernen Richters, der vorgibt, neutraler Sprecher eines objektiven Textes zu sein, und damit das reflektierende Publikum auf den Gang zur Wahlurne beschränkt. Tatsächlich wird eine Wirtschaftsmediation aber auch durch eine Vielzahl von *Stakeholdern* beeinflusst. Nicht die isolierte Konstellation Richter, Kläger und Beklagter ist der Grundtypus, sondern der Einigungsprozess vor einem entfernten Publikum.

Professionelle Mediation

In einer professionell begleiteten Mediation übernehmen die Mediatorin und der Mediator die Rolle der Dritten Seite. Durch ihren Auftrag vereinbaren die umfänglich informierten Medianden vorweg, wie diese Rolle auszufüllen ist. Dies schließt die Möglichkeit ein, weitere Beteiligte zur Verstärkung der „Dritten Seite" einzubeziehen. In bestimmten Konstellationen wie der innerbetrieblichen Mediation wirken distante Beteiligte schon vor dem Verfahren – etwa die Unternehmensleitung, der Vertreter des Betriebsrats, die Betriebsärztin, die für die Gewinnung der Mediatorin zuständige Person usw. – auf die Vermittlung ein. Dies ist keine unangenehme Abweichung, sondern entspricht dem Grundtypus von Mediation, wobei freilich die allseitige Aufklärung über diese Einwirkungen Voraussetzung ist.

Andere Mediationen

Wird ohne professionelle Hilfe vermittelt, bedarf die Rollenklärung besonderer Aufmerksamkeit. Eine exakte Trennung zwischen den Mediatoren, den entfernt Beteiligten im Sinne der Dritten Seite und den engagierten Beteiligten, die aber nicht als Medianden teilnehmen wollen oder sollen, lässt sich oft nicht herstellen. Auch hier ist es hilfreich, sich von dem vermeintlichen Ideal der Richterkonstellation zu verabschieden und anzuerkennen, dass die Dritte Seite genuin eine Pluralität darstellt.

So kann eine Streitbeilegung unter Schülern durchaus den Voraussetzungen einer Mediation genügen, wenn allen bewusst ist, wie die mittelbar beteiligten Lehrer, Eltern und Mitschüler auf das Verfahren einwirken. Selbstverständlich findet dieser Einfluss statt. Wenn auch die Auslotung des Mediationsraums für die mediative Interaktion unerlässlich ist, es bleibt eine heilsame Fiktion, und dies hat genauso sein Gutes.

Mediation ohne Konflikt

Beabsichtigen die Akteure, ohne Anerkennung eines Konflikts (z. B. präventiv oder wegen Spannungen unterhalb der Konfliktschwelle) eine Mediation durchzuführen, kommt der Dritten Seite ein besonderes Gewicht zu. Da der Konflikt bzw. die Konflikteinsicht fehlt, kommt eine Vermittlung häufig nur aufgrund von äußeren Impulsen zustande. Dies gilt etwa für streng harmonische Zwangs- oder Überzeugungsgemeinschaften (Konfessionsbetrieb, Weltanschauungsverband, die nette Nachbarschaft) oder Verhältnisse wechselseitiger Liebe und Aufopferung (Eltern/Kind, Krankenpflege unter Angehörigen). *Gute Dienste: Kinder, vertragt Euch wieder*

Die Akteure in Hannover erhielten in den angespannten zwei Jahren aus dem Kreis der „Stakeholder" mehrfach Impulse, sich dem Vorhaben Kirchenfenster über den Weg einer Mediation zu nähern.

Intervention von Respektspersonen

Zunächst wird bekannt, dass der Vorsitzende des Staatsgerichtshofs eine Vermittlung anregt und sich eine ehemalige Justizministerin des Landes Niedersachsen als Mediatorin zur Verfügung stellen würde. Diese geradezu klassische Intervention von „höherer Stelle" kommt allerdings, wie gesehen, sehr spät. Die Spannung zieht sich bereits auf der Linie des späteren Konflikts Hannover-Tokio zusammen.

Die Rolle der Presse oder: Ein erfreuliches Ego im Adlon

Als eine weitere dritte Kraft, die von Beginn an die Akteure begleitet, sind die Presse und die Online-Berichterstattung zu nennen. Wie erwähnt, wird zwischen Frühjahr 2018 und Sommer 2019 rege über den Fall publiziert.

Die Artikel zeichnen sie sich durch eine beachtliche Unparteilichkeit aus. Zwar werden die Vorgänge laufend durch stilistische Mittel, etwa Ironie und Persiflage, bewertet[115]; Witz und Moral werden aber nicht einseitig ausgeteilt, sondern drängen sich in diesem Fall den Journalisten offensichtlich durch die Story und das Verhalten der Protagonisten auf. Damit bieten die Beiträge einen relativ unabhängig wirkenden, leicht moralisierenden aber auch unterhaltsamen Spiegel, der das Geschehen mit *common sense* reflektiert.

Diese Art Gesellschaftsporträt greift nicht direkt an, aber amüsiert sich mit Seitenhieben und mahnt bisweilen unverhohlen, die eigene Position zu überdenken. Hierzu drei Beispiele:

- Nach dem FAZ-Net-Redakteur *Bingener* zeichnen sich die Hannoveraner generell durch einen problematischen Kommunikationsstil aus, den er als „Betonschädeligkeit" bezeichnet. Man neige dazu, den eigenen Standpunkt gleich zu einer Frage der öffentlichen Ordnung hochzumauern und dies durch „wechselseitige Maßregelungen" zu bekräftigen – vielleicht eine Folge der „religiösen Prägung der Stadt".[116]
- In der Regionalpresse fällt auf, wie sich die sachlichen Reportagen von *Benne* beleben, wenn der Kunststar *Markus Lüpertz* auftritt: „Sein

Selbstwertgefühl ist ganz offensichtlich in einem erfreulich guten Zustand und sein Talent, zu sich selbst aufzuschauen, hat einen hohen Unterhaltungswert"[117].

– *Martin Zips* spickt seinen Artikel in der Süddeutschen (SZ.de) mit einer Menge Anspielungen, u. a. über die geplanten Mittel der Stiftung: „Die 100 000 Euro jedenfalls [...] Ist es Geld aus Russland? ‚Ich bitte Sie', stöhnt *Lüpertz*, der gerade im Berliner Hotel Adlon unter *Schröders* Hochzeitsgästen weilte. ‚Was soll ich denn darauf antworten?' Auch *Schröders* Büro bleibt eine Antwort schuldig."

X. So lagen die Chancen

Eine mediative Vermittlung zwischen den Vertretern des Kirchenvorstands und der Kirche, der Gemeinde und der Stadt sowie dem Stifter und dem Künstler hätte wahrscheinlich die bisherigen Beziehungsmuster um ein paar entscheidende Nuancen verändert. Man kann annehmen, dass die Beteiligten über die mediative Beschäftigung mit ihren Interessen und die Diskussion anderer Handlungsoptionen in die Lage versetzt worden wären, über ihre Einstellungen und Verhaltensweisen zu sprechen.

Wenn auch jede Aussage über den mutmaßlichen Gang solcher Gespräche spekulativ ist, wird man bestimmte Verläufe doch eher ausschließen als andere. So hätte man wohl auszuschließen können, dass sich die Hannoveraner im Ergebnis gegen das Geschenk *Schröders* ausgesprochen hätten. Wenn nicht *Schröder* seinerseits, aus welchen Motiven auch immer, von seinen Plänen Abstand genommen hätte, ist zu vermuten, dass Gemeinde und Stadt am Ende zusammen hinter dem Projekt gestanden hätten. Eine bedeutende Änderung wäre jedoch denkbar gewesen: Die *Haltung* einiger Akteure hätte einen Wandel erlebt. Wirkungen dieser Transformation wären zum einen eine nachhaltige Einigkeit innerhalb der Kirchengemeinde, zum anderen die Verhinderung oder Milderung des Konflikts mit *Georg Bissen* gewesen. Auch wenn der in Tokio ansässige Rechtsanwalt zunächst nicht an den Gesprächen teilgenommen hätte, wären doch die Chancen gewachsen, ihn später in einen Vermittlungsprozess einzubeziehen.

Hätte das Projekt mit einer Mediation begonnen, wäre wahrscheinlich Folgendes geschehen:

- Der verbale Umgang zwischen *Lüpertz*, Anwalt *Bissen* und der hannoverschen Seite wäre höflicher und sachlicher verlaufen. Die teils kriegerischen Ansagen und gezielt kränkenden Unterstellungen wären unterblieben.

- Mithilfe eines vermittelnden Dritten hätten sich die Besorgten, Zweifelnden und Widerstrebenden besser artikulieren können. Ihre Bedenken wären ernst genommen worden und hätten bei den Projektbefürwortern mehr Verständnis gefunden.

- Statt unterschwelliger Diskreditierung hätten sie Wertschätzung erfahren,

- umgekehrt aber auch das Projekt und ihre Einstellung überdenken können. Mediation vermittelt nicht nur interindividuell, sondern überbrückt auch die Differenzen im zeitlichen Wandel.

- Die Stiftungsidee, so spontan sie kam, ist immer etwas unausgereift geblieben. In der Mediation hätte sie an Kontur gewonnen.

- Angesichts dessen wäre Rechtsanwalt *Bissen* nicht auf den Gedanken gekommen, die Gegner des *Lüpertz*-Fensters seien überfahren („beschwatzt") worden.

- Der Architektensohn *Bissen* wäre rechtzeitig ins Blickfeld gerückt. Er hätte mit seinen Interessen gehört, respektiert und berücksichtigt werden können.

Insoweit hätte eine mediative Begleitung die ablehnende Haltung und letztendliche Klage *Bissen*s vermeiden können.

1. Geschenk mit Nebenwirkungen

Wie beschrieben, sind nach der Schenkungserklärung des früheren Kanzlers Spannungen aufgetreten, die in der sozialen Interaktion nicht als Konflikt dargestellt und ausgetragen wurden.

Damit ist nicht auszuschließen, dass dem künftigen Mäzen die kontroverse Gefühlslage in ihrem ganzen Umfang entgangen ist und er sich gerade in den kritischen Teilen seines Vorhabens auf einer Art sozialen Blindflug befand. In einem mediativen Austausch hätte sich ihm erschließen können, was im Eifer des Einfalls und in der späteren höflichen Verhüllung verborgen blieb: das Dilemma des Schenkens. Sicher ist es übertrieben, mit *Kant* gleich von einer „Erniedrigung" der Beschenkten zu reden; „Verunsicherung" dürfte aber passen. Die Eigenmächtigkeit des Vorschlags hatte die Kirchengemeinde wie aus dem Nichts getroffen. Was kam da auf sie zu? Wie sah die Gegenleistung aus? Was wurde von ihr erwartet? War das auch legal? Musste man das überhaupt ernst nehmen oder spielten zwei hohe Herren Patronat wie auf einem Mittelalterfestival?

Der besondere Gewinn durch eine Mediation, der zu Recht stets hervorgehoben wird, liegt in der Gelegenheit zur Reflexion. Nicht unterschätzt werden sollte aber auch das Element der Partizipation. Durch eine vielfältige Beteiligung, die sich konzentrisch um die Vermittlungsgespräche ordnet (von den Akteuren bis zum letzten Zuschauerrang auf der Dritten Seite), können unterschiedliche Gesichtspunkte mit verschiedenem Gewicht in die Lösungssuche einfließen. Im Kirchenfensterfall wären vermutlich folgende, bisher noch nicht bedachte Aspekte zur Sprache gekommen.

2. Fun und Frevel?

*Schröder*s Vorhaben, ob aus Absicht oder unbedacht, ist darauf angelegt, ein Wahrzeichen Hannovers zu verändern. Die Marktkirche St. Georgii et Jacobi ist die älteste Pfarrkirche der Stadt und das Gotteshaus der kirchlichen und der weltlichen Obrigkeit von Stadt und Land. Zielsicher wählte der Kanzler a. D. einen Ort mit Ewigkeitscharakter und entschied sich für eine Dotation, die dem Gebäude einen dauerhaften Stempel aufdrücken sollte. Vielleicht trieb ihn nur eine kreative Laune: der Spaß an einem so speziellen Setting für das Werk seines Freundes *Lüpertz*. Vielleicht war er naiv und wollte nur spielen. Vielleicht war seine Absicht aber auch weniger harmlos und er wusste, was er tat. Ein Indiz für die zweite Version bietet die Beauftragung des wortstarken Künstlers und Kunstprofessors *Lüpertz*, der sehr bewusst mit historischen, mythologischen und religiösen Bezügen arbeitet und sein Werk regelmäßig mit programmatischen Aperçus unterlegt.

Frevel m.

'bewußter schwerer Verstoß gegen eine Ordnung, ein Gesetz, Missetat', ahd. frevil m. 'Verwegenheit, Frechheit, Übeltat, Vergehen', mhd. vrevel(e) m. f. 'Mut, Unerschrockenheit, Verwegenheit' …

Frevel, DWDS

Ob der Einbau eines „Reformationsfensters" mit fünf gigantischen Schmeißfliegen das geeignetste Mittel ist, wenn man Personenkult betreiben möchte, hätte man freilich diskutieren können. Andererseits hätte eine Mediation dem Altkanzler vielleicht auch eröffnet, dass einige Hannoveraner den Einbau des bunten Glasgeschenks als einen Zugriff auf ihr Kollektivsymbol Marktkirche empfinden könnten.

Natürlich ist die Stiftung eines Buntglasfensters keine Selbstkrönung und niemand hätte, wenn es nicht auf *Lüpertz*, die Fliegen und den Streit mit *Bissen* hinausgelaufen wäre, eine volldemokratische Prozedur oder eine Ausschreibung nach Vergaberecht erwartet. Dennoch dürfte zutage treten, dass einige Hannoveraner, wie nicht zuletzt auch der Rechteerbe *Bissen*, irritiert waren, dass ein Einzelner in derart bestimmter Weise auf den Kirchenbau Einfluss zu nehmen gedachte. Die Autonomie des selbstbewussten Künstlers – den schon seine Nähe zum Spender unantastbar macht –, gepaart mit dem Druck des Geldes und den politischen Beziehungen des Stifters, nehmen der Kirchengemeinde jeden Spielraum, auf die Art der Stiftung Einfluss zu nehmen. Wenn *Schröder* einen anderen Künstler favorisiert hätte und dieser den Kirchenraum statt mit den Schmeißfliegen mit tausend goldenen Barockengeln oder allen Heiligen der Katholischen Kirche hätte bestücken wollen (als interessante paradoxe Botschaft, versteht sich), hätte man eben die Umsetzung *dieses* Werks diskutiert. Nach meiner

Auffassung hatten die Hannoveraner insofern noch richtig Glück mit dem Kunstsinn des Kanzlers, aber darüber lässt sich bekanntlich nicht streiten.

Dies könnte daran gemahnen, dass sich die Gestaltung markanter Bauwerke, die dem Denkmalschutz unterliegen und sich in der Hand nichtprivater Träger befinden, eigentlich nach rechtlich geregelten Zuständigkeiten und Verfahren richtet. So übel es ist, gute Impulse durch Vorschriften zu ersticken, so unzulässig und Frieden störend wirkt Selbstherrlichkeit. Der bloße Umstand, dass jemand eine Idee, das Geld und den sozialen Einfluss hat, sollte nicht zu dem Eindruck führen, dass sein eigenwilliges Projekt vorgeht und man sich erst nachher der lästigen Legalisierung widmen muss.

Vielleicht hätte eine Mediation *Schröder* und seinen Unterstützern verständlich machen können, dass ein Teil der Öffentlichkeit mit der großzügigen Geste auch einen Verfügungsanspruch verband, den man als „nonchalant", wenn nicht sogar als „regelwidrig" empfinden konnte. Ein Einzelner greift kurzerhand nach dem Ganzen: In heroischer Zeit eine Tugend, von *Lüpertz* ambivalent illustriert, in der Gegenwart schwer zu vermitteln. Nebenbei sei erwähnt, dass der Zugriff keinen Profanbau betrifft; nach den alten, vom Künstlerfreund *Lüpertz* beschworenen Denkmustern beanspruchen die Herren in gewissem Sinn auch noch Verfügungsmacht über eine Kultstätte, die einem Gott gewidmet ist. Für den, der das so sieht, würde ein unzulässiger Eingriff sogar zur Freveltat.

3. Wer den Beelzebub an die Wand malt …

Neben der Beleuchtung dieser Fragen hätte sich eine Mediation mit *Lüpertz*'Werk befassen müssen. Die Kirchengemeinde hätte verstehen lernen können, wie sie ihr Präsent in einem mehr oder weniger ungewollten Doppelpack erhalten hat. Ein Ja zum Glaskunstwerk bedeutete die Zustimmung zur *lüpertz*schen Kunst, seinem Fenster-Konzept, dessen paradoxem Inhalt und irgendwie auch zu bestimmten Eigenheiten seiner nicht unauffälligen Person. In der Auseinandersetzung mit diesem Vorgang hätte man sich vermutlich einbringen und schließlich damit anfreunden können.

Statt der Vermittlungsarbeit folgte jedoch ein politischer Prozess. Die Skeptiker konnten in einem gewissen Rahmen ihre Meinung äußern, dann folgte das satzungsmäßige Verfahren. Dort dominierten die Protagonisten der Stiftungsidee, besonders die von Beginn an begeisterte Pastorin, der Vorsitzende des Kirchenvorstands, einst ein Staatssekretär von *Schröder,* oder auch der damalige Oberbürgermeister, ebenfalls ein Parteigenosse. Ohne die Vorzüge dieses Vorgehens zu bezweifeln, liegt auf der Hand, dass die Interessen der Minderheit nicht wirklich zum Tragen kamen. Was zunächst schnell und effizient erschien, stellte sich später als problematisch heraus. Die komplexen Fragen wären besser nicht durch Mehrheitsentschluss, sondern außerhalb des Beschlussverfahrens durch ein mediatives Vermitteln gelöst worden.

Dabei wäre vermutlich deutlich geworden, dass – neben der fehlenden Innovationsfreude, gegen die jedes Projekt zu kämpfen hat – auch *inhaltliche* Einwände zu bedenken waren. Dieses Unbehagen hätte geklärt werden können. Wie einzelne Stellungnahmen zeigten, war kaum ein Hannoveraner in der Lage, sein Missfallen in Worte zu fassen. Die assistierende Presse nannte an erster Stelle, dass die Insekten als eklig empfunden würden.

Den weiteren Hinweisen hätte man gemeinsam nachgehen können. Dabei wäre aufgefallen, dass Künstler *Lüpertz* zwar nicht gegen die protestantische Bildtradition opponiert hat – darauf hat er Wert gelegt –, aber innerhalb dieses Systems durchaus auf allen Wirkungsebenen verstörende Signale setzt. Das vorgegebene Sujet Reformation wurde zweilagig entfaltet: Auf der unteren Schicht zwar ungewohnt, aber mit Mustern und Metaphern, die man verstehen lernen kann, auf der Oberfläche hingegen schockierend die Fliegen, die als Symbol des Teufels das Begreifbare im Untergrund wie Aas und Kot befallen.

Abb. 13 Entwurf für Marktkirchenfenster

Der Künstler nennt diese Darstellung „ornamental, aufregend und spannend"[118] und verwendet tatsächlich formal außerordentliche Mittel wie Hyperbel, Bruchstück, Abdruck, Skizze, Collage. Wie in einem Paradoxon widersprechen sich die Ebenen: Von oben vernichtet das Satanische die religiös-kultivierten Motive auf dem grundierenden Gewebe, von unten leuchtet es hervor im Kontrast zum blauschwarzen Insektenbefall.

Paradoxe Ansätze sind ein Merkmal der zeitgenössischen Kunst. Sie finden sich auch am Rand anderer Epochen, vorherrschend in der Zeit des Manierismus, und werden heute wieder hoch gehandelt … in den evangelischen Kirchen Niedersachsens und auch anderswo sind sie bislang weniger vertreten.

Dies kann sich ändern, ohne Frage, auch Kirchenkunst geht mit der Zeit. Ein Beispiel ist das erwähnte Dom-Fenster von *Gerhard Richter*, das sich allerdings wegen seiner abstrakten, kleinteiligen Formen so einfügt, dass es nicht als Fremdkörper wahrgenommen wird.

Alles in allem hätten es wohl auch *Lüpertz*-Liebhaber schließlich verstanden, wenn Gläubige in der geplanten Änderung einen erheblichen Bruch mit der bisherigen Sinngebung verspüren. Auch wenn man selber den Fenster-Entwurf für überaus gelungen hält, könnte man doch konzedieren, dass Besucher, die in einer Kirche Stärkung und Trost im Glauben finden sollen, nicht gerade auf Fleischfliegen schauen wollen.

4. Kunst und Kirche

Kurzum: Ein mediativer Austausch hätte es allen erleichtert, die unterschiedlichen Sehweisen und Bedürfnisse aller Beteiligten nachzuvollziehen. Der Perspektivenwechsel hätte zu Einblicken geführt, die manche Basta-Reaktion unterbunden hätte. *Gerhard Schröders* Ausspruch „Das Fenster wird gebaut" hat vielleicht in Hannover beeindruckt, beim Erben *Bissen* aber nur für Verhärtung gesorgt. Eine rechtzeitige Vermittlung hätte zudem erreicht, dass sich nicht nur *Schröder*, sondern auch *Lüpertz* und die Pfarrerin mit abgrenzenden Äußerungen zurückgehalten hätten.

Frau *Kreisel-Liebermann* etwa verwendete mehrfach das Diktum: „Kunst muss ja irritieren" oder auch „Kirche muss kontroverse Kunst aushalten". Hier hätte man sich in mediativer Reflexion fragen können: Wie würden derartige Formeln wohl auf einen frommen, von den Fliegen verunsicherten Hannoveraner wirken? Sollte er tatsächlich denken: Gerade weil *ihn* die Darstellung „irritiert", sei sie gut – denn gute Kunst „muss" ihm ja missfallen? Wollte man ihm damit sagen, dass sich *gute* Kunst gerade dadurch auszeichnet, dass er, ein normales Gemeindemitglied, sie nicht „aushält"? Dass umgekehrt alles, was dem durchschnittlichen Hannoveraner zusagt, *schlechte* Kunst ist? Dass ihm kein Urteil in Kunstfragen zusteht – außer als Hinweis auf das Gegenteil?

In solchem Denken mögen manche das sympathische Plädoyer für eine kritische, provokante Kunst erkennen; auf andere wirken diese Sprüche abschätzig; sie fühlen sich nicht ernst genommen.

5. Väter und Söhne

Die denkbare Vermittlung unter den Hannoveranern „ohne Konflikt" wäre vor allem im Hinblick auf den Konflikt mit *Bissen* ein Gewinn gewesen.

Eine Mediation, begonnen, noch bevor *Bissen* überhaupt seinen Widerstand aufgebaut hatte, hätte den hannoverschen Akteuren geholfen, ihre Beziehungen nach innen und außen mit etwas mehr Feingefühl zu entwickeln. Die energischen Auftritte der beiden älteren Herren wären wohl etwas leiser ausgefallen. Die zuversichtlichen Äußerungen der Pastorin und *Schröder*s („Das Fenster wird gebaut") wie auch die Unterstellungen *Lüpertz'* in Richtung des Rechtsinhabers *Bissen* (es würde ihm doch nur „um Geld gehen") wären vielleicht unterblieben. Auch *Lüpertz* hätte sich möglicherweise zurückgenommen und auf seine Selbstdarstellung als durch *Bissen*s Veto unterdrückten Künstler[119] verzichtet.

Von besonderem Vorteil wäre gewesen, wenn eine Mediation den hannoverschen Akteuren Gelegenheit gegeben hätte, den erhabenen Status der Marktkirche stärker herauszustellen. Durch die Äußerungen *Schröder*s und anderer zog sich der Eindruck, das Bauwerk sei ausgewählt worden, weil es ein adäquater Platz für des Altkanzlers Stiftungsprojekt sei. Wenn man es übertreiben darf: Dies reduzierte die Qualität der Kirche auf die eines Objekts, an dem *Schröder* seine patriotische Verbundenheit demonstrieren wollte und das beide Männer mit dem Einverständnis von Stadt und Kirche ästhetisch markieren durften. Die freundliche Bemerkung *Lüpertz'* zu Beginn der Fragestunde im Juni 2018, „ein großartiges Bauwerk", aber die Fenster seien ja „noch alle frei",[120] machte bestimmt nichts besser.

Da nimmt es nicht wunder, wenn sich *Georg Bissen* als Erbe *Oesterlen*s tangiert fühlte. Jeder konnte sich denken, dass dieser Ort auch für ihn besondere Bedeutung besaß. Er sah und sieht sich als Hüter des dortigen Raumes, in gewisser Weise des baulichen Geistes, der nun durch Eigenmacht und Machenschaften gefährdet werden sollte. *Schröder* und sein Freund *Lü*-

pertz handeln wider eine geschützte Atmosphäre und setzen gewissermaßen dazu an, das Werk *Oesterlen*s, *Bissen*s Vaters, spektakulär zu überschreiben.

Ob Kanzler, Künstler oder Kirche diese Kränkung gesehen haben, scheint fraglich. Für sie ist *Oesterlen* ein längst verstorbener Architekt aus vergessener Nachkriegsvergangenheit. *Bissen* dagegen sieht seinen Vater in der Riege der unsterblichen hannoverschen Baumeister, dessen kunstgleiche Gestaltung vor dem Ansturm eines konkurrierenden Künstlers bewahrt werden muss.

Fazit

Mit einer gewissen Wahrscheinlichkeit hätte eine frühe „Mediation ohne Konflikt" geholfen, die Kontaktpunkte dieser Kollisionen zu erfassen. Hannover hätte Gelegenheit zur Besinnung bekommen und in der Beziehung zum Kläger und Erben der Rechte hätte man sich auf die Suche nach kreativen Lösungen begeben können.

Prof. Dr. Katharina von Schlieffen
Inhaberin des Lehrstuhls für Öffentliches Recht,
Juristische Rhetorik und Rechtsphilosophie an der
FernUniversität in Hagen; Direktorin des Contarini-
Instituts für Mediation; Wiss. Leitung der
Hagen Law School.

Leserkommentare

auf der Web-Seite des NRD unter dem Bericht „Lüpertz-Fenster - jetzt geht's vor Gericht"[121]

D-A. schrieb am 26.07.2019 09:24 Uhr:

Ich wäre froh, wenn die Kirche so einen "Kunst"-Schrott kostenlos entsorgt.

DBS. schrieb am 26.07.2019 09:24 Uhr:

Na, gut, dass ich damals OHNE Architekt mein Haus gebaut habe. So kann ich mir wenigstens auch noch in 100 Jahren meine Fenster selber aussuchen.

Fg. schrieb am 26.07.2019 12:07 Uhr:

Ist für solche Fragen nicht der Denkmalschutz da? Was sagen die denn dazu? Dass die Nachfahren von Architekten bei jeder Baumaßnahme noch ihren Senf dazugeben dürfen, ist ja totaler Blödsinn.

I. schrieb am 26.07.2019 17:05 Uhr:

Da war doch was mit den vielen Kirchenaustritten in letzter Zeit. Bei diesem Kirchenvorstand, der das widerliche Fenster akzeptiert und schön redet, sollten wesentlich mehr Menschen die Kirche verlassen. Hoffentlich.

Eh. schrieb am 26.07.2019 17:08 Uhr:

Wo wird die Einfachheit und die Geschlossenheit des Kirchenraums denn eigentlich angetastet. Das ist einfach eine dumme Begründung, weil man das Fenster nicht mag und will. Die Denkmalpflege hat übrigens schon grünes Licht gegeben, so die Information. Obige Kommentare zum Thema Glaskunst sollten zuerst verschrottet werden, da mistet Mancher seinen geistigen Mist aus.

Ja, hoffentlich scheitert der Kläger kostenpflichtig vor Gericht. Bisschen Farbigkeit tut der Marktkirche gut. Nicht nur beim Fenster, auch mehr Buntheit werden im Denken.

Et. schrieb am 26.07.2019 21:13 Uhr:

> Die Kirchenaustritte haben sicherlich nichts mit dem Fenster zu tun, wenn das! ein Grund wäre, na dann, Amen. Um solch eine Kirchemitgliedschaft wäre es dann auch nicht schade.
>
> Und: Was zum Teufel ist denn so schlimm an Fliegen. Diese Phobie gegen das Fenster ist ja geradezu neurotischer Ursache. Es sieht nach dogmatisch geführtem Machtkampf aus, vorbei an der Sache.

W. schrieb am 26.07.2019 22:42 Uhr:

> Ich hoffe, dass die zuständigen Richter im Sinne des Urheberrechts handeln und sich gegen den massiven Eingriff entscheiden. Das Urheberrecht und die damit verbundene relativ kurze Zeit, unter der ein geistig wertvolles Werk unter Schutz steht, hat seine guten Gründe.
>
> Gerade jetzt im 100. Jahr des Bauhaus sollte man meinen, dass eine gewisse Sensibilität in der Luft liegt. Es geht hierbei nicht um Geschmack. Wenige Menschen scheinen sich der komplexen Prozesse bewusst zu sein, welche einen Gestalter in der Konzeption und Kreation von harmonischer sowie geistig befreiender Einfachheit reizen und fordern.
>
> Die Sprache des Innenraums der Marktkirche ist meiner Meinung nach so qualitativ lesbar und sinnierbar, dass ich mich über so viel Unverständnis und kirchlichem Kampfgeist wundere. Herr Oesterlein hat meinen Respekt. Eines dieser weißen Seitenfenster zu ersetzen durch ein narratives, aber wenig transzendentales Buntglasfenster, würde meiner Meinung nach die Kirche erst zum Museum machen.

I. schrieb am 27.07.2019 12:06 Uhr:

> Das Fenster verändert doch nicht die Geschlossenheit des Raumes insgesamt. Selbst die Einfachheit wird dabei nicht wesentlich berührt und bleibt erhalten. Schön aber, wenn darüber sachlich diskutiert wird.

Eg. schrieb am 27.07.2019 12:34 Uhr:

Warum nicht narrative Elemente aufnehmen, das ist Realität und Entwicklung, die Marktkirche wird dadurch nicht "umgebaut". Übrigens beeindruckt mich das angeblich von Luther geworfene Tintenfass dabei viel mehr als die schönen Fliegen selbst, sagt es doch einiges über den Reformator aus.

F. A. schrieb am 27.07.2019 14:29 Uhr:

Der bisherige mediale Auftritt des Kirchenvorstandes pro Prominentenkunst erschien mir etwas zu fanatisch, zu lauthalsig, zu desinteressiert am Gesetz. Das lässt mich ein wenig zweifeln, um es vorsichtig zu formulieren.

R. schrieb am 27.07.2019 20:40 Uhr:

Alle Beteiligten sollten sich lieber um die wichtigen Themen und Fragestellungen des 21. Jahrhunderts kümmern. Wegen eines Buntglasfensters vor Gericht zu ziehen, ist schon ziemlich weit weg von der Realität.

Schade um das Geld, aber hierauf scheint es nicht anzukommen, das hat man als reicher Anwalt und Erbe Oesterlens schon.

N. schrieb am 27.07.2019 20:45 Uhr:

Noch wichtiger als ein neues Fenster, wäre doch ein neuer Baum, als Ersatz für die gefällte Linde. Oder ist die etwas wegen des neuen Fensters weggenommen worden? Baumschutz ist Klimaschutz.

E. D. schrieb am 28.07.2019 12:59 Uhr:

Wer oder was soll denn bitte der Eyecatcher sein? Der ewig Gestrige am Kreuz vielleicht? Oder gar die Pastorin/der Pastor? Wie auch immer: Es wird nunmehr um die Anwendung und Auslegung des Urheberrechts gehen. Da wird das Gericht sich auf Fachleute berufen müssen. Wird die Einfachheit und die Geschlossenheit des Kirchenraums im Wesentlichen durch ein Buntglasfenster beeinträchtigt? Mit gesundem Menschenempfinden würde ich jetzt schon sagen, nein, soweit kann das architektonische Urheberrecht nicht gehen.

K. schrieb am 29.07.2019 12:14 Uhr:

Die Geschlossenheit der schlichten Fensterreihen in der Marktkirche strahlten für mich immer sehr viel Frieden aus. Es hatte etwas immens Natürliches und Befreiendes. Ein Bruch in Form des einzelnen Buntglasfensters in diesen Reihen stört die besonders angenehme visuelle Ruhe sehr. Das fände ich sehr schade.

F. schrieb am 29.07.2019 17:15 Uhr:

Frieden ist ebenso durchaus mit dem Buntglasfenster verbunden, und möglich. Es kommt auf die Sichtweise und Betrachtungsweise und der Wahrnehmung, an.

Schön ist auch, dass diese Diskussion so sachlich und friedlich ist.

M. K. schrieb am 07.08.2019 13:27 Uhr:

Die Namenliste derer, die eine Urheberrechtsverletzung planen und dafür ein intaktes Fenster zerstören wollen, ist lang. Christlich ist an deren Tun rein gar nichts mehr.

M. K. schrieb am 07.08.2019 20:58 Uhr:

Ganz sachlich und friedlich würde ich es begrüßen, wenn einige der Herrschaften, gegen die Georg Bissen sich jetzt wehren muss, für einige Zeit ins Gefängnis kommen.

1 Quellen: www.ndr.de; *Reinhard Bingener*, in: FAZ v. 20. Dezember 2018; *Martin Zips*, Marktkirche in Hannover: Das Fliegenfenster, in: Süddeutsche Zeitung, SZ.de, v. 13. Oktober 2018; Süddeutsche Zeitung v. 23. April 2018; *Simon Benne*, in: Hannoversche Allgemeine Zeitung v. 8. April 2019 sowie v. 21. Juni 2018; *Ulrich Exner*, Schröders Kirchenfenster mit den riesigen Schmeißfliegen, in: Die Welt v. 22. Dezember 2018.

2 S. zu vorstehenden Informationen http://marktkirche-hannover.de/?page_id=9 (zuletzt aufgerufen am 13. November 2019).

3 *Ulrich Exner*, Anm. 1.

4 *Simon Benne*, Fenster-Streit in Hannover: Erbe klagt gegen Marktkirchengemeinde, in: Hannoversche Allgemeine v. 25. Juli 2019, https://www.haz.de/Hannover/Aus-der-Stadt/Hannover-Erbe-klagt-im-Fenster-Streit-gegen-Marktkirchengemeinde.

5 Der „Fall" ist, wie schon im Vorwort erklärt, eine aus der öffentlichen Berichterstattung zusammengestellte Erzählung, die wir zum Ausgangspunkt unserer Analyse nehmen, ohne Anspruch auf Objektivität, Wahrheit oder eine interessengerechte Darstellung.

6 *Simon Benne*, Das wird der Hingucker in der Marktkirche, in: Hannoversche Allgemeine, 23. April 2018.

7 *Benne*, Anm. 4.

8 *Benne*, Anm. 6.

9 Wikipedia: Richter-Fenster, https://de.wikipedia.org/wiki/Richter-Fenster.

10 *Andreas Schinkel/ Simon Benne*, Rechtsstreit droht um Einbau des Lüpertz-Fensters, in: Schaumburger Nachrichten v. 21. März 2019, https://www.sn-online.de/Aus-der-Region/Stadt-Hannover/Uebersicht/Marktkirche-in-Hannover-Rechtsstreit-droht-um-Einbau-des-Luepertz-Fensters.

11 *Benne*, Anm. 6.

12 *Benne*, ebd.

13 *Vladimir Balzer*, Gottes Werk und Teufels Beitrag. Streit um Kirchenfenster in Hannover, in: Deutschlandfunk Kultur. Fazit/Archiv/Beitrag v. 7. Oktober 2018.

14 *Balzer*, ebd.

15 „Schmeißfliegen", Artikel in Wikipedia (https://de.wikipedia.org/wiki/Schmei%C3%9Ffliegen, zuletzt aufgerufen am 8. November 2019).

16 *Benne*, Anm. 6.

17 *Simon Benne*, Marktkirche: Lüpertz erklärt seinen Fensterentwurf, in: Schaumburger Nachrichten v. 21. Juni 2018, https://www.sn-online.de/Aus-der-Region/Stadt-Hannover/Uebersicht/Hannover-Luepertz-stellt-Fenster-fuer-Marktkirche-vor.

18 *Benne*, ebd.

19 *Benne*, ebd.

20 „Nun handelt es sich bei der Tintenfass-Legende um eine Überlieferung, die mal in Wittenberg, mal in Eisleben und mal auf der Wartburg spielt. Ursprünglich war es auch nicht Luther, der sein Tintenfass nach dem Teufel warf, sondern umgekehrt. Von einer Verknüpfung zwischen dem Tintenfass und irgendwelchen Fliegen weiß man bei der Stiftung Luthergedenkstätten, wo man es eigentlich wissen sollte, jedoch gar nichts.

„Uns ist keine Version der Tintenfassgeschichte bekannt, in der der Teufel die Gestalt einer Fliege gehabt hätte", schreibt der Historiker und Theologe *Benjamin Hasselhorn* aus Wittenberg."; *Reinhard Bingener*, Marktkirche in Hannover – Warum ein Geschenk Gerhard Schröders für Furore sorgt, in: FAZ.NET, 19. Dezember 2018.

21 *Benne*, Anm. 17.

22 *Benne*, 17.

23 *Benne*, Anm. 17.

24 *Reinhard Bingener*, Anm. 20.

25 *Benne*, Anm. 17.

26 *Schinkel/Benne*, Anm. 10.

27 *Schinkel/Benne*, ebd.

28 *Schinkel/Benne*, ebd.

29 *Christian Bohnenkamp*, Das Fliegen-Fenster kommt, Lüpertz-Kunstwerk Marktkirche Hannover, Meine Stadt, in: Neue Presse v. 20. März 2019, https://www.neue-presse.de/Hannover/Meine-Stadt/Marktkirche-Hannover-Das-Fliegen-Fenster-kommt.

30 Dazu der Schlüsseltext von *Friedrich Nietzsche*, Über Wahrheit und Lüge im außermoralischen Sinne, in: Colli, Giorgio/Montinari, Mazzino (Hg.): Sämtliche Werke. Kritische Studienausgabe. Band 1: Die Geburt der Tragödie. Unzeitgemäße Betrachtungen I-IV. München/New York/Berlin1988, S. 873-890.

31 Unsere Perspektive wiederum speist sich vor allem aus den Medien, der veröffentlichten Wahrnehmung. Dabei ist an dieser Stelle anzumerken, dass auch viele Publikationen über lebende Personen verwertet werden und hier auf dieser Grundlage Meinungen geäußert werden. Wenn dies auch das normale Geschäft des Journalismus ist und sich die Akteure aus freien Stücken der öffentlichen Wahrnehmung ausgesetzt haben (durch Interviews, Ämter oder öffentliche Auftritte), versuche ich doch, die Akteure vor allem in ihren Rollen anzusprechen und nicht in Bezug auf ihre Persönlichkeit, z. B. über Psyche oder Biografisches zu spekulieren. Die Vorgaben, denen ein Mediator innerhalb einer Mediation unterläge, bestehen für diese Analyse natürlich nicht.

32 Nochmals: das hier konstruierte Narrativ.

33 *Bingener*, 24.

34 *Benne*, Anm 6.

35 *Benne*, ebd.

36 *Benne*, Anm. 1.

37 Wikipedia: *Markus Lüpertz*, https://de.wikipedia.org/wiki/Markus_L%C3%BCpertz.

38 *Constantin Graf von Hoensbroech*, Mit Licht für die Ewigkeit gemalt, in: Die Tagespost v. 22. Juni 2010, gefunden im Artikel über Markus Lüpertz, Wikipedia.

39 Der Tagesspiegel, Köln – Markus Lüpertz enthüllt Kirchenfenster, v. 17. Dezember 2007, https://www.tagesspiegel.de/kultur/ausstellungen/koeln-markus-luepertz-enthuellt-kirchenfenster/1123726.html.

40 *Benne*, Anm. 1, //www.haz.de/Hannover/Aus-der-Stadt/Uebersicht/Hannover-Altkanzler-Schroeder-schenkt-der-Marktkirche-ein-Fenster.

41 Vgl. Anm. 37.

42 *Hans-JoachiMüller*, Und unterm Stahlhelm nichts als Leere: Das bekennerische Genie Markus Lüpertz in Bonn, in: MONOPOL 12/2009 (zitiert nach: Wikipedia, Art. Lüpertz).

43 Der SPIEGEL v. 27. August 1973.

44 Der SPIEGEL, Anm. 43.

45 Dazu im Einzelnen der Abschnitt „Kritik am Werk" bei wikipedia, Anm. 37

46 Der SPIEGEL, 27. August 1973.

47 *Benne*, Anm. 17.

48 Der SPIEGEL, Anm. 43.

49 Er gibt den Dandy – Gehstock mit Silberknauf – „altdeutsche Maskulinität", die „herrische Großmeistertravestie", dazu *Müller*, Anm. 42.

50 *Benne*, Anm. 1

51 Vgl. Anm. 37.

52 Vgl. *Durs Grünbein*, Lüpertz oder der Überfluss – Warum provozieren die realistischen Skulpturen von Markus Lüpertz mehr als alle anderen zeitgenössischen Kunstwerke?, in: Die ZEIT v. 10. Dezember 2009.

53 *Müller*, Anm. 42.

54 Dazu *Friedrich Nietzsche*, insbs.: eKGWB/GT-5 Die Geburt der Tragödie; eKGWB/DW Die dionysische Weltanschauung; eKGWB/GG-1 Die Geburt des tragischen Gedankens, in: Colli, Giorgio/Montinari, Mazzino (Hg.), Sämtliche Werke. Kritische Studienausgabe in 15 Bänden, 2. Auflage, Berlin/München 1988.

55 *Müller*, Anm. 42

56 Die fröhlich bunten Polyesterfiguren („Dralle Weiber") der Künstlerin *Niki de Saint Phalle* wurden im Jahre 1974 unter dem Protest vieler im hannoverschen Straßenraum aufgestellt.

57 *Bingener*, Anm. 24.

58 *Benne*, Anm. 4.

59 „Das Honorar für *Lüpertz* übernehme ein Sponsor, der den Künstler ebenso gut kenne wie er selbst, stellt Schröder klar. Und das Geld für die Herstellung des Fensters – rund 150.000 Euro – sei an den Kirchenvorstand von Firmen überwiesen worden, bei denen er als Redner aufgetreten sei.", *Bingener*, Anm. 24.

60 *Bingener*, Anm. 24.

61 *Schinkel/Benne*, Anm. 10.

62 *Bohnenkamp*, Anm. 29.

63 *Benne*, Anm. 4.

64 Vgl. zur Vita und Karriere: https://se1910.com/de/staff/georg-bissen.

65 *Helmut Knocke*, Dieter Oesterlen, in: Böttcher, Dirk/Mlynek, Klaus/Röhrbein, Waldemar/Thielen, Hugo (Hg.), Hannoversches Biographisches Lexikon, Hannover 2002, S. 273–274, S. 272, gefunden über Wikipedia: Artikel Dieter Oesterlen.

66 *Dieter Oesterlen*, Bauten und Texte 1946–1991, Tübingen 1992, S. 12–19.

67 *Oesterlen*, Anm. 66

68 *Oesterlen*, Zu einer Rede von Günter Grass. Diskussionsbeitrag in der Berliner Akademie der Künste am 8. Mai 1985, in: Oesterlen: Bauten und Texte. S. 25.

69 *Oesterlen*, s. Anm. 68, S. 250.

70 *Oesterlen*, Interview mit Herrn Stöckmann, in: Hannoversche Allgemeine Zeitung und „Kulturspiegel" des NDR, 1. Dezember 1990, in: Oesterlen, Anm. 66.

71 Wikipedia: Dieter Oesterlen, https://de.wikipedia.org/wiki/Dieter_Oesterlen.

72 *Nikolaus Bernau*, Brutalismus-Ausstellung in Frankfurt/Main. Verliebt in Betonmonster, in: Berliner Zeitung v. 3. Januar 2018.

73 *Zips*, Anm. 1.

74 *Henriette Jedicke*, Fenster in der Marktkirche in Hannover. Altkanzler Schröder will Heimat generöses Geschenk machen – und zieht Zorn auf sich, in: FOCUS v. 21. Dezember 2018, https://www.focus.de/politik/deutschland/fenster-in-der-marktkirche-in-hannover-altkanzler-schroeder-will-heimat-generoeses-geschenk-machen-und-zieht-zorn-auf-sich_id_10101962.html.

75 *Jedicke*, s. Anm. 74.

76 *Jedicke*, s. Anm. 74.

77 *Balzer*, Anm. 13.

78 *Martin Zips*, in: Süddeutsche Zeitung v. 13. Oktober 2018, Marktkirche in Hannover: Das Fliegenfenster.

79 Auszug aus dem Urheberrechtsgesetz (UrhG).

§ 14 *Entstellung des Werkes*. Der Urheber hat das Recht, eine Entstellung oder eine andere Beeinträchtigung seines Werkes zu verbieten, die geeignet ist, seine berechtigten geistigen oder persönlichen Interessen am Werk zu gefährden.

§ 97 Anspruch auf Unterlassung und Schadensersatz.

(1) ¹Wer das Urheberrecht oder ein anderes nach diesem Gesetz geschütztes Recht widerrechtlich verletzt, kann von dem Verletzten auf Beseitigung der Beeinträchtigung, bei Wiederholungsgefahr auf Unterlassung in Anspruch genommen werden. ²Der Anspruch auf Unterlassung besteht auch dann, wenn eine Zuwiderhandlung erstmalig droht.

(2) ¹Wer die Handlung vorsätzlich oder fahrlässig vornimmt, ist dem Verletzten zum Ersatz des daraus entstehenden Schadens verpflichtet. […]

80 Dazu BGH, Urt. v. 2. Oktober 1981, – I ZR 137/79 –, (zit. nach: juris).

81 Vgl. dazu das Urteil des OLG München vom 11. Dezember 1997, – 29 U 3919/97 –, (zit. nach: juris): Wenn die bauliche Änderung als Entstellung bzw. andere Beeinträchtigung des Bauwerks zu werten ist, bleibt fraglich, ob der Architekt dies hinnehmen musste oder die Interessen des Bauherrn überwiegen. In dem vom BGH (GRUR 2008, 984, 988) entschiedenen St.-Gottfried-Fall ging es, ähnlich wie hier, um den Entwurf eines kirchlichen Innenraums. Der Senat erklärte: Wenn dem Architekten bewusst sei, dass der Raum für religiöse Zwecken genutzt werden soll, „muss er damit rechnen, dass sich wandelnde Überzeugungen hinsichtlich der Gestaltung des Gottesdienstes das Bedürfnis nach einer entsprechenden Umgestaltung des Kircheninnenraums entstehen lassen", vgl. *Fromm/Nordemann*, Urheberrecht, 12. Auflage 2018, zu § 14 UrhG, Rn. 71. Denn „für den Bauherrn steht der Gebrauchszweck des zu errichtenden Gebäudes in aller Regel im Vordergrund". Eine Ausnahme bilde allerdings „überwiegend

künstlerische Gestaltungsarchitektur", wozu die Berliner Philharmonie oder ein öffentlich aufgestelltes Kunstwerk gerechnet wird (OLG Celle, ZUM 1994, 437, 438). Sonst müsse der Architekt „solche Änderungen nach Treu und Glauben dulden", die zur Erhaltung oder Verbesserung des Gebrauchszwecks erforderlich seien, z. B. die „Anpassung an neue Bauvorschriften, Materialien, veränderte Bedürfnisse oder technische Modernisierung", *Fromm/Nordemann*, Urheberrecht, 12. Auflage 2018 zu § 14 UrhG Rn. 71. – Ob demgemäß ein „verändertes Bedürfnis" im Sinne dieser Beispielsreihe vorliegt und deshalb das alte Fenster der Marktkirche dem neuen *Lüpertz*-Kunstwerk weichen muss, ist noch zu klären. Jedenfalls ist kein (sicherheits-)technisches, sondern eher ein weltanschaulich-ästhetisches Anliegen ersichtlich, mit dem der Eingriff in *Oesterlen*s Baukunst gerechtfertigt werden könnte. Sollte sich das ästhetische Bedürfnis lediglich auf die Anpassung des Innenraums an die Jetztzeit richten, wird allerdings fraglich, in welchem Umfang dieses Bedürfnis im Verhältnis zum auf Bewahrung ausgerichteten Schutzgut des UrhG beachtlich sein kann, stellt es doch schlicht die Negation der gesetzgeberischen Intention dar. Außerdem war hier dieser etwaige Bedürfniswandel – weg vom reinen Konzept *Oesterlens* hin zum Stilmix mit dem Werk von *Lüpertz* – nicht der Beweggrund der Kirchengemeinde für die bauliche Änderung; man hat sich vor allem für das Werk eines berühmten Künstlers entschieden.

82 *Bohnenkamp*, Anm. 29.

83 *Bingener*, Anm. 24.

84 *Jedicke*, Anm. 74.

85 Siehe Anm. 81.

86 *Zips*, Anm. 1.

87 Vgl. § 1 Abs. 1 MediationsG: „§ 1 Begriffsbestimmungen (1) Mediation ist ein … Verfahren, bei dem Parteien … eine einvernehmliche Beilegung ihres Konflikts anstreben."

88 Mediationsausbildungen zielen ausweislich ihrer Anbieter regelmäßig darauf, die Voraussetzungen für die Bezeichnung „Zertifizierter Mediator" gemäß § 5 MediationsG zu erwerben. Damit sind sie an die in § 5 und 6 MediationsG und der ZMediatAusbV vom 21. August 2016 normierten Vorgaben gebunden. In der Anlage der Verordnung unter Nr. 3 und 5 sind als bindender Unterrichtsstoff „Verhandlungstechniken und -kompetenz" sowie „Konfliktkompetenz" vorgesehen. Dies ist die Begriffswahl einer bestimmten Schule (vgl. namentl. Anhang 3b: „Verhandlungsführung und Verhandlungsmanagement: intuitives Verhandeln, Verhandlung nach dem Harvard-Konzept") die, zumal in einer Kurzausbildung, andere Zugänge zur Mediation (die in der Verordnung nicht genannt werden) erschwert.

89 Nach *Glasl* ist ein sozialer Konflikt „eine Interaktion zwischen Aktoren (Individuen, Gruppen, Organisationen usw.), wobei wenigstens ein Aktor eine Differenz bzw. Unvereinbarkeit im Wahrnehmen und im Denken und im Fühlen und im Wollen mit dem anderen Aktor (den anderen Aktoren) in der Art erlebt, dass bei Verwirklichen dessen, was der Aktor denkt, fühlt und will, eine Beeinträchtigung durch einen anderen Aktor

(die anderen Aktoren) erfolge", *Friedrich Glasl*, Konfliktmanagement. Ein Handbuch für Führungskräfte, Beraterinnen und Berater, Stuttgart 2013, S. 17.

[90] Dies ergibt sich aus Anm. 87.

[91] *Glasl*, Anm. 89.

[92] *Friedrich Dauner*, Qualitätssicherung der Mediation: Im Spannungsfeld von Markt und Regulierung, Diss. Hagen 2015, 2. Aufl. 2018, S. 64.

[93] *Dauner*, Qualitätssicherung, Anm. 92, S. 64.

[94] Dieser Konfliktbegriff ist vielleicht Juristen oder Wirtschaftsexperten sympathisch, weil sie Parallelen zu ihrem professionellen Denken erkennen, aber er greift trotzdem zu kurz.

[95] Europa-Universität Viadrina/PricewaterhouseCoopers (Hg.); Praxis des Konfliktmanagements deutscher Unternehmen – Ergebnisse einer qualitativen Folgestudie zu „Commercial Dispute Resolution – Konfliktbearbeitungsverfahren im Vergleich", 2007; *Troja, Markus/Stubbe, Christian*; Lehrmodul 5: Konfliktmanagementsysteme, in: ZKM 4/2006, S. 121–126; *Thomas Trenczek*, Mediation und Konfliktmanagement, in: ders./Berning, Detlev/Lenz, Cristina (Hg.), Mediation und Konfliktmanagement, Baden-Baden 2013; *Reinhard Greger*, Schiedsgutachten: Konfliktmanagement mit Sachverstand – ADR-Verfahren im Vergleich – Teil 6, in: ZKM 2/2013, S. 43-46; *ders.*, in: Trenczek/Berning/Lenz (Hg.), Mediation und Konfliktmanagement, Baden-Baden 2013; *Friedrich Glasl*, Anm. 89; zum Ganzen: *Dauner*, Anm. 92, S. 9 ff., m. w. N.

[96] Dazu *Dauner*, Anm. 92, S. 64, mit Verweis auf *Leo Montada*, Besondere Möglichkeiten der Konfliktbeilegung durch Mediation, in: Greger, Reinhard/Unberath, Hannes (Hg.), Die Zukunft der Mediation in Deutschland, Tagung vom 15./16. Februar 2008 in Jena (S. 5-26), München 2008, S. 5, 6 f.; *Leo Montada/Elisabeth Kals*, Mediation. Psychologische Grundlagen und Perspektiven, 3. Auflage, Weinheim 2013, S. 88-127.

[97] Dazu *Dauner*, Anm. 92, S. 64 f.

[98] Dazu *Joseph Duss-von Werdt*, homo mediator. Geschichte und Menschenbild der Mediation, Baltmannsweiler 2015, S. 17, 21, 27-176; *Katharina von Schlieffen*, Back to the Roots – Zu einem neuen Mediationsverständnis, in: dies. (Hg.), Jahrbuch Mediation 2018, Hagen 2019, S. 23-64, S. 50 ff., S. 61.

[99] DWDS – Digitales Wörterbuch der Deutschen Sprache, Wortverlaufskurve „Konflikt", Noch kein Vorkommen im Grimmschen Wörterbuch.

[100] *Ed Watzke*, Wahrscheinlich hat diese Geschichte gar nichts mit Ihnen zu tun...: Geschichten, Metaphern, Sprüche und Aphorismen in der Mediation, Bad Godesberg 2008.

[101] Name eines sehenswerten Schulfilms über Mediation, Regisseur: *Jean Counet*, Initiator des Filmprojekts und Mediator: *Arthur Trossen*, https://win-management.de/produkt/magic-of-mediation.

[102] In diesem Denken hat Mediation keine kausale oder tatbestandliche Voraussetzung. „These" und „Antithese" sind keine Voraussetzungen, sondern Teil des Systems Mediation und entstehen erst in der Kooperation der Medianden.

[103] *Duss-von Werdt*, Der systemisch-konstruktivistische Ansatz, in: Fritjof Haft/Katharina von Schlieffen (Hg.), Handbuch Mediation, 3. Aufl., München 2016, S. 251- 276; *ders.*, Einführung in die Mediation, Heidelberg 2008; *ders.*, homo mediator, Anm. 98.

[104] *Duss-von Werdt* war seit 1998 Dozent in den Mediationsstudiengängen an der FernUniversität in Hagen; der Lehrstuhl verdankt ihm die Mitwirkung an einer langen Reihe von Publikationen und Veranstaltungen; das letzte Jahrbuch würdigte ihn mit dem Beitrag von *Claudia Geldner*, Das Zwischen ist das Zentrum. Das Mediationsverständnis Joseph Duss-von Werdts, in: Katharina von Schlieffen (Hg.), Jahrbuch Mediation 2018, S. 20-22; im Handbuch Mediation wird er unter den theoretischen Ansätzen an erster Stelle angeführt (s. Anm. 98.)

[105] *Schlieffen*, Anm. 98, S. 23, 50 ff., 61, 64.

[106] *Zips*, Anm. 1.

[107] *Bohnenkamp*, Anm. 62.

[108] Eine bekannte Definition von "Stakeholder" lautet z. B.: "any group or individual who can affect or is affected by the achievement of the firm's objectives", *R. Edward. Freeman*, Strategic Management. A Stakeholder Approach. Pitman 1984, S. 25, zitiert nach Wikipedia.

[109] *Ottmar Ballweg*, Analytische Rhetorik. Rhetorik, Recht und Philosophie, in: Katharina von Schlieffen (Hg.), Recht und Rhetorik, 6 Bde., Frankfurt 2009.

[110] Im Gegenzug nehmen die Medianden die Veränderungen hin, die regelmäßig aus der strukturellen Dynamik der Mediation resultieren. Dazu der im Change-Management verwendete Begriff der „Auftauhase", erstmals: *Kurt Lewin*, Frontiers in group dynamics, in: Human Relations, 1, 1947, S. 5-41.

[111] Dazu: *Manfred Fuhrmann*, Die antike Rhetorik. Eine Einführung, 6. Aufl., Mannheim, 2011.

[112] *William L. Ury*, The Third Side: Why We Fight and How We Can Stop, New York/ London u. a., 2000.

[113] Das Adjektiv „vernünftig" zeigt, dass in diesem Modell der „Chor" in das innere Forum eines jeden Subjekts gezogen ist. Das kann zu denselben Ergebnissen führen, ersetzt aber die personalisierte Verbindung durch eine intellektuelle.

[114] Die „Tribüne" liegt nicht hierarchisch höher, sondern zeichnet sich durch zwei Merkmale aus: relative *Distanz* zur Primär-Interaktion (den Medianden) und Befähigung, diese reflexiv zu beobachten, d. h., wahrnehmend in einem anderen Zusammenhang zu repräsentieren.

[115] Persiflage in milder Form durch wortwörtliche Zitate ohne den Zusammenhang, Verkürzungen, auch schräge Bilder, z. B. *Zips*, Anm. 78: „Der sehr leidenschaftlich agierende Lüpertz jedenfalls sieht sich durch die Angelegenheit nur in seiner Ansicht bestätigt, in einer Welt zu leben, ‚die sich gegenseitig knechtet mit Politik und Pädagogik'. Jeder passe nur noch darauf auf, dass der andere das Richtige sage. ‚Eine Art Inquisition.' Da passe es nur zu gut, ‚dass jetzt der Stiefsohn eines längst verstorbenen Kirchenarchitekten mein Kirchenfenster verhindern will.' […] So bleibe ihm, dem Künstler, nur der Glauben. Sonst wäre das Leben doch ziemlich sinnlos. So sinnlos wie ein Fliegenleben."

116 *Bingener*, Anm. 24.

117 *Benne*, Anm. 17.

118 *Zips*, Anm. 1.

119 *Benne*, Anm. 58.

120 *Benne*, Anm. 17.

121 17 von 21 Kommentaren, z. T. gekürzt, andere Reihenfolge, vollständig unter: https://www.ndr.de/nachrichten/niedersachsen/hannover_weser-leinegebiet/Luepertz-Fenster-jetzt-gehts-vor-Gericht,marktkirche190.html

Bildnachweise

Abb. 1   Markus Lüpertz, Entwurf für das Marktkirchenfenster: Ausschnitt A; imago images, Bildnummer: 82986710.

Abb. 2   Die Prozession des Trojanischen Pferdes nach Troja, Detail. Giovanni Domenico Tiepolo, um 1760, fotografische Reproduktion von 1924, gemeinfrei.

Abb. 3   Gerhard Richter-Fenster im Kölner Dom, Detail. Foto: Von Geolina163 - Eigenes Werk, CC BY-SA 3.0, https://commons.wikimedia.org/w/index.php?curid=30966527.

Abb. 4   Markus Lüpertz, Entwurf für das Marktkirchenfenster; imago images, Bildnummer: 82986710.

Abb. 5   Blaue Schmeißfliege (Calliphora vicina) in Aachen. ℵ (Aleph) – Eigenes Werk, CC BY-SA 2.5 https://de.wikipedia.org/wiki/Schmei%C3%9Ffliegen, bearbeitet von HWV.

Abb. 6   Gerhard Schröder auf dem SPD-Bundesparteitag 2015 in Berlin, Foto: Olaf Kosinsky – Eigenes Werk, nicht gemeinfrei, frei benutzbar, https://de.wikipedia.org/wiki/Gerhard_Schr%C3%B6der#/media/Datei:2015-12_Gerhard_Schr%C3%B6der_SPD_Bundesparteitag_by_Olaf_Kosinsky-12.jpg.

Abb. 7   Martin-Luther-Denkmal, Bildnachweis: Axel Hindemith, CC BY-SA 3.0, https://commons.wikimedia.org/w/index.php?curid=55175571.

Abb. 8   Markus Lüpertz, Das Urteil des Paris. Die griechischen Göttinnen Hera, Aphrodite und Helena, ein Teil der zweiteiligen Skulptur, 2000-2002, Aluminium, Berlin-Charlottenburg. Bildnachweis: Axel Mauruszat – Own work, https://commons.wikimedia.org/w/index.php?curid=3823069.

Abb. 9   Markus Lüpertz, Der gestürzte Krieger, 1994, Kantdreieck, Berlin-Charlottenburg. Bildnachweis: Georg Slickers, https://upload.wikimedia.org/wikipedia/commons/e/ef/Berlin-charlottenburg_luepertz_20050407_441.jpg.

Abb. 10   Der Elefant im Raum © HWV.

Abb. 11   Marktkirche Innenraum. Bildnachweis: Rabanus Flavus – Eigenes Werk, Gemeinfrei, https://commons.wikimedia.org/w/index.php?curid=2558201.

Abb. 12   Griechische Arena (Syrakus), © HWV.

Abb. 13   Markus Lüpertz, Entwurf für das Marktkirchenfenster: Ausschnitt B; imago images, Bildnummer: 82986710.

Ho'oponopono:
Auf Hawaiianisch Frieden machen

Abb. 1

„If it is good, if it is in balance, if it is right, if it helps, if it is righteous, if it corrects, if it is responsible, if it is caring, if it is humble, if it is peaceful, if it honors, it is pono."[1] – Kamehameha III.

„Ua mau ke ea o ka aina i ka pono" („Das Leben des Landes wird durch die Rechtschaffenheit bewahrt"): Diese einst von König *Kamehameha III.* als Reaktion auf die fünfmonatige britische Besetzung Hawaiis im Jahre 1843 verkündete Devise ziert heute das Siegel des US-Bundesstaates Hawaii und lässt sich neben der im historischen Kontext zu erklärenden Freude der Hawaiianer über den gescheiterten Umsturzversuch Lord *George Paulets* vor allem als Besinnung auf die hawaiianischen Werte wie Rechtschaffenheit, Moralität, Güte, Wohlergehen und Fürsorge ausdeuten. Das nicht zuletzt durch Elemente wie „Aloha"[2] und „Pono"[3] geprägte harmonistische hawaiianische Gesellschaftskonzept, zu dessen Inganghaltung das seit den

1970er-Jahren revitalisierte „Hoʻoponopono"[4] („in Ordnung bringen") einen wesentlichen Beitrag leistete, zählt zu den bedeutendsten erhaltenen
Traditionen der polynesischen Kultur,[5] die Teil einer langen Traditionslinie
eines mediativen Gedächtnisses und Erbes der Menschheit geworden sind
und heute weit über ihr ursprüngliches Anwendungsfeld hinausreichen.
Der folgende Beitrag befasst sich daher mit der reichen hawaiianischen
Konfliktbearbeitungstradition, ihrer praktischen Umsetzung sowie bestehenden Anknüpfungspunkten zwischen Hoʻoponopono und dem Verfahren der Mediation.

I. Ho'oponopono – ein Konzept zur Aussöhnung und Vergebung

*„There is natural and harmonious order to the entire universe. The three major forces
are the God(s), nature and man. The Hawaiian of old realized that it was necessary
that these forces be kept in harmony and that they were all in some way interrelated."*[6]
– Midge Mossman/ Pikake Wahilani

*"For years following conversion to Christianity, Hawaiians would try Western ways of
solving problems, but if these were unsuccessful, they would revert to traditional approa-
ches."*[7]

Das auf Gebet, Aussprache, Vermittlung, Ausgleich und Vergebung ba-
sierende Verfahren des Ho'oponopono ist tief verwurzelt in den polynesischen und hawaiianischen Traditionen und wurde ursprünglich von einem bzw. einer Kahuna, also einer spezialisierten Heilpriesterin oder einem Heilpriester bzw. einem oder einer Familienältesten, in Vermittler-
funktion (Haku)[8] durchgeführt. Es zeigt zugleich das Wissen der Polyne-
sier um Konflikte und ihre negativen Auswirkungen auf Gesellschaft, Familie sowie das psychische und physische Wohlbefinden der Konfliktbeteiligten. Eine modifizierte und modernisierte Form des traditionellen
Ho'oponopono wird heute in vielen Teilen der Welt gelehrt; es basiert im
Wesentlichen auf den Arbeiten der hawaiianischen Kahuna lapaʻau *Morrnah Simeona.*[9] *Lee* bringt das traditionelle harmonistische hawaiianische Gesellschaftskonzept wie folgt auf den Punkt: *"The kanaka maoli (indigenous*

people) didn't speak of right or wrong, but whether or not it was pono. When they fell away from being pono – if they were tempted to do wrong or to bring sadness or sorrow to another, or if they were greedy, acted foolishly, or were lazy and didn't do their share of the work – the elders would remind them that they were becoming pono'ole (not being pono). This was usually all that was needed for a person to get back on track."[10] Erst bei fortwährenden Streitigkeiten wurde der Ruf nach Ho'oponopono laut. Dann versammelte sich die gesamte Familie in einer „Konferenz", um das streitursächliche Problem zumeist unter der Leitung eines oder einer Kahuna zu besprechen und zu diskutieren, wobei das ernsthafte Bemühen der Beteiligten um ein Verständnis für das jeweilige Handeln und die Sichtweisen einer Partei einen wesentlichen Aspekt der Konfliktbearbeitung darstellte. Diese Vorgehensweise lässt sich vorsichtig auch als Suche und Identifikation von Interessen hinter den Positionen deuten. Trotz gegensätzlicher Positionen findet sich nach dem traditionellen harmonistischen hawaiianischen Gesellschaftskonzept immer auch ein jenseits der widersprüchlichen Positionen stehendes gemeinsames Interesse, namentlich das der Wiederherstellung der Harmonie und des Miteinander-Auskommens innerhalb der Familie und der hawaiianischen Gesellschaft. Folglich fällt die Lösungsfindung nicht zuungunsten einer Partei aus.

Darüber hinaus unterstreicht *Lee* die kulturübergreifende Anwendbarkeit des hawaiianischen Gesellschaftskonzepts und seiner Konfliktbearbeitungstraditionen in der multikulturellen hawaiianischen Gesellschaft[11] wie folgt: „*The Spirit of Aloha is the sum total of all things pono in Hawai'i nei. The children of this land must be nurtured, loved, taught to be pono, and helped to grow in mana. […] It doesn't matter where their parents were born. If they are here, then they are ours. They are Hawaiian.*"[12]

Die Etymologie des Begriffs Ho'oponopono geht zurück auf die Begriffe „*ho'o*" („etwas in Gang setzen") und „*pono*" („Richtigkeit", „Rechtschaffenheit", „Wohlergehen") und resultiert aus dem Konflikt(-lösungs-)verständnis der Hawaiianer,[13] wonach Konflikte als (interpersonale) Verstrickungen wahrgenommen werden, die es mittels Entwirrung beizulegen gilt. *Wall/Roberts Callister* bringen es auf den Punkt: „*[…] the Hawaiians began using the term entanglement to describe interpersonal conflict. Accordingly, conflict resolution was referred to as ho'oponopono, 'disentangling' or 'putting things right'.*[14]

II. Ho'oponopono und sein Verfahrensablauf

„*[...] Ho'oponopono is a ritualized and highly structured process that has built-in controls and steps that are to be followed.*"[15] – E. Victoria Shook

Die Konfliktbearbeitung durch Ho'oponopono ist ein komplexes und in der Regel zeitintensives Verfahren, dass sich nach *Shook/Kwan* grob in die folgenden vier Phasen unterteilen lässt:[16]

– Eröffnungsphase
– Erörterungsphase
– Lösungsphase
– Abschlussphase

„*Like the process of mediation in any society, ho'oponopono is highly variant. Its users – both today and in the past – employ many different techniques and vary the combinations and sequencing to fit the situation.*"[17] — James A. Wall/ Roanda Roberts Callister

Vereinfachtes Ablaufschema einer Ho'oponopono-Versammlung.[18]

1. Anbahnung des Verfahrens

„*Are you willing to kala your brother? Free him entirely of this entanglement of your anger? Remember, as you loosen your brothers from these trespasses, you loosen yourself, too. As you forgive, you are forgiven.*"[19] — Mary Kawena Pukui

Nach dem Einverständnis der Parteien zur Durchführung einer Konfliktbearbeitung durch Ho'oponopono werden die Beteiligten von einem angesehenen älteren Familienmitglied oder, im Falle der Hinzuziehung außenstehender Dritter, von einem traditionellen Heiler, einem Geistlichen oder einem Sozialarbeiter versammelt.[20]

2. Durchführung des Verfahrens

a) Eröffnung (Pule)

Das Ho'oponopono wird eröffnet mit einem Eröffnungsgebet, in dem Beistand und Segen für das folgende Verfahren erbeten wird. Dieses Gebet wird in der Regel von dem oder der Haku[21] („Vermittler") gesprochen, also der Person, die das Verfahren leiten wird.[22]

b) Kūkūlu Kumuhana

„A statement of the obvious problem to be solved or prevented from growing worse."[23]
— Mary Kawena Pukui

Die anschließende Phase ist geprägt von der Identifizierung und Benennung der für den bestehenden oder drohenden Konflikt ursächlichen Auslöser und Probleme.[24] In der Praxis des Kūkūlu Kumuhana stellen sich somit dem oder der Haku („Vermittler") zunächst drei wesentliche Aufgaben, namentlich[25]

— das Einschwören der Konfliktbeteiligten auf ein gemeinsames Ziel, wie etwa die Lösung familiärer Probleme und die Wiederherstellung des Familienfriedens sowie die Bündelung aller Bemühungen der Beteiligten, um dieses Ziel erreichen zu können,

— die Integration von Konfliktbeteiligten in den Prozess des Ho'oponopono sowie

— das Erläutern des weiteren Ablaufs des Verfahrens, um die Parteien mit der weiteren Vorgehensweise vertraut zu machen.

c) Mahiki

„The setting to rights of each successive problem that becomes apparent during the course of ho'oponopono, even though this might make a series of ho'oponopono necessary."[26]
— Mary Kawena Pukui

Nach Herstellung eines konstruktiven Arbeitsklimas durch die oder den Haku folgt die in der Regel zeitintensive zentrale Phase des Mahiki, die der Aufarbeitung des zumeist vielschichtigen Streitgegenstandes dient. Dies

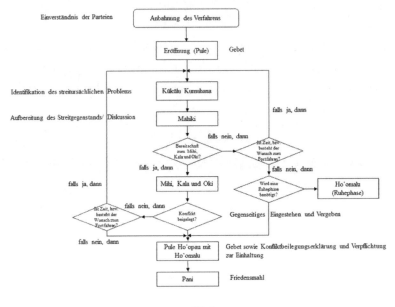

Abb. 2

kann auch als Identifikation der hinter den Positionen liegenden Interessen gesehen werden. Im Zentrum dieser Phase stehen daher

–   die Untersuchung des dysfunktionalen Beziehungsgeflechts, insbesondere der für den Konflikt ursächlichen familiären Verwicklungen,

–   die Identifikation möglicher Hindernisse bei der Lösung des Konflikts,

–   die Identifikation des Ausgangskonflikts mit seinen hinter den Positionen liegenden Interessen.

–   Hierbei fallen der oder dem Haku folgende Aufgaben zu:[27]

–   die Gespräche im Rahmen einer indirekten Kommunikation zu leiten und zu führen,

–   deeskalierend auf die Parteien einzuwirken,

–   geschickte Fragen an die Konfliktbeteiligten zu stellen, um auf diesem Wege, insbesondere durch die Beobachtung und Analyse der verbalen und nonverbalen Inhalte der Antworten, Einblicke in die den Positionen zugrunde liegenden Interessen der Parteien zu gewinnen, die dem oder der Haku ein tieferes Konfliktverständnis ermöglichen sollen,

–   auf die am Konflikt beteiligten Familienmitglieder einzuwirken, um sie zu einem rationalen und emotionalen Verständnis der dem Konflikt zugrunde liegenden Interessen der Konfliktbeteiligten zu bewegen,

–   die Konfliktbeteiligten aufzufordern, über ihre Gefühle zu sprechen (mana'o). Hier liegt der Schwerpunkt auf der Selbstreflexion der unmittelbar oder mittelbar am Konflikt beteiligten Personen, wobei von den Beteiligten ein gewisser Grad an Demut erwartet wird. Darüber hinaus hat die Äußerung von Schuldvorwürfen zu unterbleiben.

d) Ho'omalu

„Ho'omalu was invoked to calm tempers, encourage self-inquiry into actions, motives and feelings, or simply for rest during an all-day ho'oponopono."[28] — Mary Kawena Pukui

Sollten sich die Gemüter der Parteien trotz der deeskalierenden Bemühungen der Vermittlerpersönlichkeit dennoch erhitzen, kann der oder die Haku eine Ruhephase (Ho'omalu) verkünden, die es den Beteiligten ermöglicht, sich zu beruhigen. Allen Parteien wird in diesem Zusammenhang die Gelegenheit gegeben, den erfolgten Gefühlsausbruch einer Partei zu reflektieren und zu überdenken und sich auf das gemeinsame Ziel des Verfahrens zu besinnen, namentlich die Wiederherstellung des Familienfriedens auf der Basis gegenseitigen Wohlwollens. Darüber hinaus kann die Ruhephase des Ho'omalu auch dann verkündet werden, wenn eine oder mehrere Parteien noch Restzweifel hinsichtlich des Verfahrens hegen und daher zu einer Fortführung des Ho'oponopono (noch) nicht bereit sind. Die oder der Haku kann diese Auszeit nutzen, um Nebenschauplätze des Konflikts mit den restlichen Beteiligten zu erörtern oder erneut das dysfunktionale Beziehungsgeflecht zwischen den Beteiligten zu untersuchen. In den seltenen Fällen des Scheiterns des Prozesses endet das Ho'oponopono mit der Zusammenfassung des bis zu diesem Zeitpunkt herausgearbeiteten Sachverhalts sowie der Positionen und Interessen der Beteiligten durch die Vermittlerpersönlichkeit. Ein abschließendes Gebet beendet in diesem Fall das Verfahren, das jedoch zu einem günstigeren Zeitpunkt fortgesetzt werden kann.[29]

e) Mihi, Kala und Oki

„Mutual forgiveness and releasing from the guilts, grudges, and tensions occasioned by the wrong-doing (hala).'[30] — Mary Kawena Pukui

Im Idealfall sind die Konfliktparteien, etwa nach dem zuvor beschriebenen Ho'omalu, bereit, das Verfahren fortzusetzen und in die „Lösungsphase" einzutreten. Falls erforderlich, werden in diesem Zusammenhang auch Bedingungen und Umfang einer Entschädigung ausgehandelt. Im Mittelpunkt der „Lösungsphase" stehen

- gegenseitige Ein- und Zugeständnisse,
- gegenseitige Vergebung und die
- endgültige Beilegung des Konflikts.

Hierbei wirkt der oder die Haku auf eine direkte Kommunikation zwischen den Parteien hin, um die persönlichen Bindungen zwischen den Parteien wieder zu stärken. Dies wird insbesondere durch die drei ineinandergreifenden Phasen Mihi, Kala und Oki unterstützt.[31]

aa) Mihi

Mihi beinhaltet das ehrliche und aufrichtige Eingeständnis eines Fehlverhaltens bzw. einer Missetat mit dem damit verbundenen Wunsch nach Versöhnung.[32]

bb) Kala

Auf das im Rahmen des Mihi erfolgte, mit dem Wunsch nach Versöhnung verbundenen Eingeständnis eines Fehlverhaltens folgt Kala, ein auf Gegenseitigkeit beruhender Prozess zur Lösung des konfliktursächlichen Interessengeflechts und Beseitigung von Hindernissen zur Versöhnung. Das gegenseitige Entbinden aus dem konfliktursächlichen Interessengeflecht zählt hierbei zu den zentralen Aspekten des Ho'oponopono.[33]

cc) Oki

Das zuvor beschriebene Kala zeigt sowohl den Konfliktbeteiligten als auch den Außenstehenden an, dass das konfliktursächliche Interessengeflecht gelöst ist und der damit verbundene Streit und Kränkungen vergeben sind. Der oder die Haku erklärt in diesem Zusammenhang den Konflikt für gelöst (pau) und ermahnt die Familie, den Konflikt nicht zu einem späteren Zeitpunkt wiederaufleben zu lassen.[34]

3. Abschluss des Verfahrens

a) Pule Ho'opau

Ähnlich seiner Eröffnung endet das Ho'oponopono mit einem Gebet, in dessen Rahmen für die Beilegung des Konflikts und der gefundenen Lösung gedankt wird. Zugleich ist dies eine erneute Beteuerung der Familienbande und ein Gelöbnis, den nun beigelegten Konflikt nicht wiederaufleben zu lassen. Nicht selten werden in diesem Zusammenhang die Aspekte des Mihi, Kala und Oki noch einmal aufgegriffen.[35]

b) Pani

Im Anschluss an das Verfahren folgt traditionell ein gemeinsames Essen, an dem alle am Verfahren beteiligten Personen teilnehmen. Dieses gemeinsame „Friedensmahl" dient der Entspannung der Gesamtsituation und erleichtert den ehemaligen Konfliktparteien die Kommunikation und den Wiedereintritt in einen gemeinsamen Alltag. Der Haku *Keola Espiritu* beschreibt das so: *„Food is important … when you have a full stomach, you feel a lot better. So I think it lends to the process."*[36]

III. Ho'oponopono in Abgrenzung zum Verfahren der Mediation

Neben bestehenden Gemeinsamkeiten des traditionellen hawaiianischen Ho'oponopono und dem „westlichen" Verfahren der Mediation bestehen auch – teils gravierende – Unterschiede zwischen diesen Formen der Konfliktbearbeitung, wie beispielsweise hinsichtlich des Prinzips der Freiwilligkeit. Nachfolgend werden diese Unterschiede tabellarisch gegenübergestellt.[37]

Kultureller Kontext: Hawaiianisches und „westliches" Konfliktverständnis	
Ho'oponopono	**Mediation**
Konflikte werden als zerstörerisch und gefährlich für harmonische Beziehungsgeflechte erachtet.	Konflikte sind normale soziale Phänomene, deren Erscheinung per se wertfrei ist. Darüber hinaus können nach diesem Verständnis Konflikte auch fruchtbar und nützlich sein (z.B. bei *Heraklit* oder *Hesiods* Gegenüberstellung von agonalem und aggressiven Streit).
Konflikte sind weitreichend und zeitübergreifend. Sie erstrecken sich neben Familie und Gesellschaft auch in die spirituelle Welt und die Natur.	Im Zentrum der Mediation stehen jene Individuen, die direkt in den Konflikt involviert sind.
Das Selbstbild der Parteien ist stark vom verwandtschaftlichen bzw. gesellschaftlichen Beziehungsgeflecht geprägt, das den Individuen „Schutz" und Vorteile bietet. Folglich stehen im hawaiianischen Konfliktverständnis die Auswirkungen von persönlichem Verhalten des Einzelnen auf die Gruppe im Vordergrund.	Die Gruppenzugehörigkeit für das Verfahren der Mediation ist ein zu vernachlässigendes Element. Im Zentrum der Mediation stehen Individuen die direkt in den Konflikt involviert sind.
Konflikte binden die Menschen eng aneinander.	Konflikte trennen und spalten Mensch und Gesellschaft.

| Ansätze und Konzepte zur Konfliktbearbeitung ||
Ho'oponopono	Mediation
Probleme werden ganzheitlich behandelt. Eine Überprüfung der Anwendbarkeit von Ho'oponopono findet in der Regel nicht statt.	Probleme und Konflikte können bei Bedarf unterteilt und gegliedert bearbeitet werden. Darüber hinaus findet eine Abwägung zwischen mediierbaren Konflikten und solchen statt, die durch andere Verfahren oder Experten bearbeitet werden sollten.
Traditionell war das Verlassen von Inselgesellschaften schwierig oder gar unmöglich. Das gesellschaftliche Beziehungsgeflecht war eng verwoben und seine Individuen waren voneinander abhängig. Das Beilegen von Problemen und Konflikten sowie die Wiederherstellung der Harmonie waren daher wichtig für den Bestand der Inselgesellschaften.	Moderne und zumeist urbane Gesellschaften sind von Mobilität geprägt. Die Beilegung bestimmter Konflikte ist daher nicht zwangsläufig überlebenswichtig für den Bestand der Gesellschaft. Darüber hinaus können Konflikte auch „neutral", also ohne die Zerstörung oder den Aufbau guter Beziehungen zwischen den Parteien beigelegt werden.
Am Ende einer Ho'oponopono Konferenz steht die Wiederherstellung eines harmonischen Beziehungsgeflechts und das „wieder ins Lot bringen" der Gesellschaft bzw. Familie.	Am Ende eines Mediationsverfahrens steht eine gemeinsam erarbeitete Mediationsvereinbarung zwischen den Parteien.
Ho'oponopono ist ein Konfliktbearbeitungsverfahren mit spirituellen Bezügen.	Mediation ist ein säkulares Konfliktbearbeitungsverfahren.

| Das Setting ||
Ho'oponopono	Mediation
Durchführung des Verfahrens an einem dem Vermittler und den Konfliktparteien vertrauten Ort. Zumeist das Heim der Familie.	Durchführung des Verfahrens an einem neutralen, den Parteien unbekannten Ort (z.B. die Geschäftsräume der Mediatorin bzw. des Mediators).

Durchführung des Verfahrens im Kreis der Familie zumeist ohne außenstehende Dritte. Der Vermittler ist meist selbst Familienangehöriger.	Es bestehen in der Regel keine verwandtschaftlichen Beziehungen zwischen den Parteien und der Mediatorin bzw. dem Mediator. Darüber hinaus können bei Bedarf weitere Außenstehende (z.B. Anwälte, Steuerberater oder Sachverständige) hinzugezogen werden.
Zeitnahe Durchführung des Verfahrens nach Auftreten des Konflikts in ausgedehnten „Marathonsitzungen", wobei auch eine Verteilung auf mehrere Sitzungen möglich ist.	Eine zeitnahe Durchführung des Verfahrens nach Auftreten des Konflikts findet oftmals nicht statt. Die Sitzungsdauer ist in der Regel zeitlich begrenzt, wobei auch eine Verteilung auf mehrere Sitzungen möglich ist.

Die Stellung der Verfahrensbeteiligten	
Ho'oponopono	**Mediation**
Die Parteien stehen in einem engen Beziehungsgeflecht zueinander, in dessen Zentrum der familiäre Zusammenhalt steht.	Das Individuum steht im Mittelpunkt des Verfahrens.
Die zumeist miteinander verwandten Parteien behandeln alle Aspekte des Konflikts im Kreis der Familie bzw. der Gruppe. Das Hinzuziehen beratender Außenstehender ist nicht notwendig.	Die Parteien treffen im Rahmen des Verfahrens eigene Entscheidungen. Bei Bedarf können zur Klärung von Einzelfragen Externe (z.B. Anwälte, Steuerberater oder Sachverständige) hinzugezogen werden.
Das Verfahren ist von einer hierarchischen Struktur geprägt. Die Vermittlerpersönlichkeit des „Haku" hat eine Sonderstellung innerhalb der Familie inne, obschon in der der hawaiianischen Gesellschaft das Verhältnis zwischen Kindern und Eltern weitestgehend auf Gleichheit beruhte bzw. beruht.	Es besteht keinerlei Hierarchie zwischen Mediatorin bzw. Mediator und den Parteien.
Der oder die „Haku" ist zumeist ein respektiertes, älteres Familienmitglied das in einem engen Verhältnis zu den Parteien steht.	Der Mediator bzw. die Mediatorin steht in keinem verwandtschaftlichen oder sonstigen engen Verhältnis zu den Parteien und kennt diese nur oberflächlich.

Die Autorität der oder des „*Haku*" basiert auf traditionellem Wissen und Fertigkeiten, (Lebens-)Erfahrung und dem Respekt vor dem Alter.	Die Autorität des Mediators beruht neben der Akzeptanz seitens der Parteien auf dessen in seinem Quellberuf und im Rahmen seiner Mediationsausbildung gewonnen Expertise sowie dessen Erfahrung im Umgang mit Konflikten.
Der oder die „*Haku*" übt seine bzw. ihre Autorität unmittelbar aus, was eine direkte Einflussnahme auf die Parteien, wie das Erteilen von Ratschlägen und Handlungsempfehlungen miteinschließt. Darüber hinaus gilt der oder die „*Haku*" auch aufgrund seiner bzw. ihrer spirituellen Kräfte als anerkannte Autorität.	Die Autorität der Mediatorin bzw. des Mediators ist indirekter Natur und resultiert aus dessen Verantwortung für das Gelingen des Verfahrens, also die Kommunikation zwischen den Parteien zu ermöglichen und diese zielgerichtet durch die Sitzungen zu leiten. Darüber hinaus verfügen der Mediator bzw. die Mediatorin über keinerlei Entscheidungsbefugnis.

Interaktionsbezogene Regeln	
Ho'oponopono	**Mediation**
Rein mündliches Verfahren, das auf der Wertschätzung des Wortes beruht. Allgemeine Formulierung sind vorzugswürdig gegenüber detaillierten Beschreibungen.	Mündliches Verfahren dessen Ergebnisse schriftlich fixiert und genau ausformuliert werden.
Im Zentrum der Ho'oponopono Konferenzen stehen die Emotionen der Beteiligten und der Wert des Beziehungsgeflechts der Parteien zueinander als Schlüssel zum Verständnis und zur Lösung des Konflikts.	Auch im Rahmen der Mediation spielt der Umgang mit den Emotionen der Parteien eine wichtige Rolle. Als Schlüssel zur Beilegung des Konflikts zählt jedoch auch die gemeinsam von den Parteien erarbeitete Abschlussvereinbarung.
Emotionen, insbesondere Wut, Zorn, Enttäuschung und Mutlosigkeit werden offen zum Ausdruck gebracht.	Auch das Verfahren der Mediation sieht das Äußern von Emotionen Explizit vor.
Ho'oponopono Konferenzen sind zumeist von einer indirekten Kommunikation zwischen den streitenden Familienmitgliedern geprägt, die in den Händen des oder der „*Haku*" liegt.	In der Mediation werden die Parteien zur direkten Kommunikation miteinander ermutigt. Gelegentlich kommen Formate wie Shuttle-Mediation zum Einsatz oder es finden Einzelgespräche statt.
Interna werden vor allen Teilnehmern offengelegt.	Interna müssen nicht offengelegt werden.

Kritische Selbstreflektion seitens der Beteiligten. Was habe ich zum Entstehen des Konflikts beigetragen? Was kann ich tun, damit mir verziehen wird?	Schuldzuweisungen, Behauptungen und Forderungen überwiegen zumeist gegenüber einer kritischen Selbstreflektion seitens der Beteiligten.

Gegenüberstellung wesentlicher Verfahrensschritte	
Ho'oponopono	**Mediation**
Eröffnungsgebet mit anschließender Erörterung der Problemstellung durch die oder den „*Haku*".	Eröffnung durch den Mediator bzw. durch die Mediatorin.
Die zeitintensive zentrale Phase des Mahiki, dient der Aufarbeitung des zumeist vielschichtigen Streitgegenstandes, mithin also der Identifikation der hinter den Positionen liegenden Interessen. Diese Phase findet im Beisein der gesamten Familie statt.	Auch in der Mediation bildet der Prozess der Identifikation der hinter den Positionen liegenden Interessen ein zentrales Element des Verfahrens.
Ho'oponopono Konferenzen sind vergangenheitsorientiert. Gedanken, Empfindungen und Handlungen die zum Konflikt führten bzw. zu diesem beigetragen haben sollen aufgedeckt und erörtert werden.	Das Verfahren der Mediation ist zukunftsorientiert, wobei auch die Entstehungsgeschichte des Konflikts ausreichend Raum erhält. Sollte die Vergangenheit die Sitzungen zu stark dominieren, so existieren Tools die den Beteiligten helfen sich nicht in der Vergangenheit zu verlieren.
Die Beilegung des Konflikts basiert auf gegenseitiger Entschuldigung und Vergebung durch die Parteien, wobei auch das Eingeständnis von Schuld am Konflikt seitens der Parteien von Bedeutung ist.	Die Beilegung des Konflikts resultiert aus der Herausarbeitung bevorzugter Lösungsalternativen und dem Erzielen einer Einigung. Hierbei ist das Erörtern der Schuldfrage am Ausbruch des Konflikts und insbesondere Schuldzuweisungen dem Verfahren nicht dienlich.
Das Verfahren endet mit einem Abschlussgebet und einem geselligen Friedensmahl.	Das Verfahren endet mit dem Aushändigen der gemeinsam erarbeiteten Abschlussvereinbarung an die Parteien.

IV. Anwendungsbeispiel der School of Social Work (University of Hawai'i at Manoa)

Der folgende Fall basiert auf einem stark gekürzten Anwendungsbeispiel der School of Social Work (University of Hawai'i at Manoa) mit dem Titel „Ho'oponopono With the Kealoha Family"[38], das neben Videoaufzeichnungen auch in gedruckter Form existiert und zu Schulungszwecken exemplarisch den Ablauf von Ho'oponopono skizziert.

1. Angaben zu den Beteiligten

Beteiligte dieses Ho'oponopono-Anwendungsbeispiels sind die Mitglieder einer Familie, die unter dem Pseudonym *„Kealoha"* zu Demonstrationszwecken die Beilegung einer Familienstreitigkeit mittels Ho'oponopono simulierte.

- Herr *Kealoha*,
- Frau *Kealoha*,
- *Kalau* (Tochter im Teenageralter)
- *Kili* (Tochter im Teenageralter)
- *Kekumu* (jüngerer Sohn)

2. Sachverhaltsschilderung

Der Familienstreit entstand an einem Sonntagmorgen über die Frage, welches Familienmitglied an diesem Sonntag, gemäß einer bestehenden Regelung, für die Zubereitung des Frühstücks zuständig war. Ausgehend von seinem Verständnis des Küchendienstplans der Familie, erinnerte der Familienvater, Herr *Kealoha*, seine Tochter *Kalau* an ihren Küchendienst und fragte, wann sie das Frühstück für die Familie vorbereiten wolle. Daraufhin wurde seine Tochter *Kalau* wütend, da sie bereits am Tag zuvor Küchendienst hatte. Sie sagte ihrem Vater, dass sie das Familienfrühstück zwar zubereiten werde, sich aber unfair behandelt fühle. Sichtbar erzürnt bereitete sie unter lauten Geräuschen und Klappern mit den Küchenutensilien das Frühstück vor. Als ihre Schwester *Kili* und Herr *Kealoha* daraufhin die Küche betraten, reagierte *Kalau* mit schroffen Bemerkungen auf die An-

wesenheit ihrer Schwester und ihres Vaters, die den schroffen Ton gegenüber *Kalau* erwiderten. Als die gesamte Familie wenig später versammelt
um den Frühstückstisch saß, verschlechterte sich die Stimmung zunehmend. *Kili* bezeichnete ihre Schwester *Kalau* als einen „*meckernden grantigen
Griesgram*", woraufhin *Kalau* mit ihrem jüngeren Bruder *Kekumu* schimpfte,
er solle „*gefälligst einen Löffel statt seiner Hände nehmen*". In der Folge kam es
zu spitzen Bemerkungen und Beschimpfungen zwischen den Schwestern.
Erfolglos versuchte Herr *Kealoha,* in den sich anbahnenden Streit zwischen
den Geschwistern zu intervenieren, und schlug im Anschluss an das Frühstück das Ho'oponopono zur Beilegung des Konflikts vor. Murrend
stimmten die Familienmitglieder dem Vorschlag mit einem Kopfnicken zu
und beendeten schweigend ihr Frühstück.

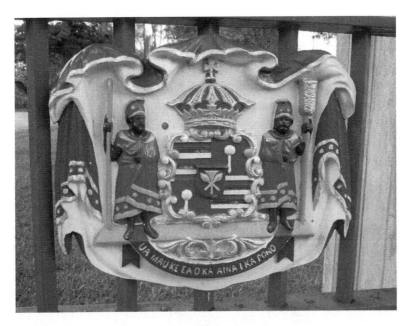

Abb. 3

3. Ablauf der Konfliktbearbeitung im Anwendungsbeispiel

a) Anbahnung und Durchführung des Verfahrens

Nachdem das Frühstück beendet ist, begibt sich die Familie ins Wohnzimmer und nimmt im Kreis auf dem Fußboden Platz. Herr *Kealoha* übernimmt die Rolle des *Haku*, erinnert die Anwesenden an die Geschehnisse am Morgen und bittet um Einverständnis zum Ho'oponopono. Dem stimmen alle Familienmitglieder zu.

b) Eröffnungsgebet

Zu Beginn des Ho'oponopono beten Herr *Kealoha* und seine Familie und bitten um göttlichen Beistand und Weisheit und die Wiederherstellung der Harmonie innerhalb der Familie.

c) Erörterung

Daraufhin leitet Herr *Kealoha* die „Erörterungsphase" ein, deren Zweck die Identifizierung und Benennung des für den bestehenden Konflikt ursächlichen Problems ist. Hierzu befragt Herr *Kealoha* die Familienmitglieder, beginnend mit Frau *Kealoha*, zu deren Sicht auf den Konflikt.

aa) Sichtweise Frau Kealoha:

Ursprünglich war Frau *Kealoha* sehr erfreut über das Zustandekommen eines Küchendienstplans innerhalb der Familie. Nach den Ereignissen am Morgen zeigte sich Frau *Kealoha* jedoch empört über *Kalaus* Reaktion und Verhalten, wobei sie insbesondere über *Kalaus* Verhalten gegenüber ihren Geschwistern sehr betrübt war. Darüber hinaus stellte sich heraus, dass zwar alle Kinder bei der Besprechung des Küchendienstplans zugegen waren, *Kalau* jedoch ständig den Raum verlassen habe.

bb) Sichtweise Kilis:

Kili räumt ein, dass sie sich zwar schroff gegenüber ihrer Schwester *Kalau* verhalten habe, diese aber kein Recht habe, sie anzuschreien.

cc) Sichtweise Kalaus

Die Sichtweise *Kalaus* offenbart nun das der Vereinbarung des Küchendienstplans zugrunde liegende Missverständnis. Weil sie mehrfach die Küche während der Besprechung des Küchendienstplans verlassen hatte, war *Kalau* der irrigen Annahme, ihre Verpflichtung durch das Zubereiten des Frühstücks am Vortag bereits erfüllt zu haben.

d) Eingeständnis von Fehlverhalten und gegenseitige Bitte um Versöhnung

Im weiteren Verlauf des Ho'oponopono drücken die Beteiligten ihr Bedauern über den Streit und ihr Verhalten aus. Insbesondere werden die Hintergründe des Streits um den Küchendienstplan und *Kalaus* aufbrausendes Verhalten beleuchtet. Namentlich kommen hierbei zur Sprache,

- dass Kalau und Frau Kealoha bereits in der Vergangenheit stressbeladene Situationen hatten, die nicht ausgesprochen wurden,
- dass Frau Kealoha teils sehr streng bei Fehlern der Kinder gewesen war und
- dass die Eltern hätten sicherstellen müssen, dass alle Kinder den Inhalt des Küchendienstplans auch verstehen.

Im Anschluss fasst Herr *Kealoha* in der Rolle des *Haku* folgendes Resümee für die Familie aus dem Ho'oponopono zusammen, nämlich dass auch ihnen als Eltern Fehler unterliefen, die man eingestehen, diskutieren und ausräumen müsse. Darüber hinaus betont Herr *Kealoha* die Bedeutung der Wiederherstellung einer harmonischen Beziehung innerhalb der Familie. Für die Zukunft geloben die Beteiligten, einander besser zuzuhören, um Situationen dieser Art zu vermeiden, wobei sich die Anwesenden gegenseitig um Entschuldigung bitten und diese auch gegenseitig annehmen.

e) Abschlussgebet

Die Ho'oponopono-Konferenz endet mit einem kurzen christlichen Gebet, in dessen Rahmen Herr *Kealoha* den Dank der Familie über die erfolgreiche Beilegung des Konflikts und die Wiederherstellung der Harmonie zum Ausdruck bringt.

V. Conclusio

1. Zur Eignung von Ho'oponopono im Beispielsfall

„Ho'oponopono is getting the family together to find out what is wrong [...] or the cause of a family quarrel. Then, with discussion and repentance and restitution and forgiveness – and always with prayer – to set right what was wrong."[39] — Mary Kawena Puki

„Ho'oponopono may well be one of the soundest methods to restore and maintain good family relationships that any society has ever devised."[40] — E. W. Haerting

Unabhängig von dem Umstand, dass es sich bei dem zuvor gekürzt dargestellten Fall um ein Ho'oponopono-Anwendungsbeispiel der School of Social Work (University of Hawai'i at Manoa) handelt, sprachen insbesondere folgende Aspekte für den Versuch einer Konfliktbearbeitung mittels Ho'oponopono:

-   Die Beteiligten sind als gebürtige Hawaiianer mit dem Ritual des Ho'oponopono vertraut und respektieren diese Tradition.
-   Die Konfliktbeteiligten stehen in einem engen familiären Verhältnis (Mutter, Kinder, Geschwister) zueinander.
-   Ho'oponopono dient der Wiederherstellung der Harmonie innerhalb der Familie sowie der Wahrung und Stärkung des familiären Zusammenhalts.

2. Zum in „Ho'oponopono With the Kealoha Family" beschriebenen Lösungsweg

Darüber hinaus stellt sich bezüglich des im Anwendungsbeispiel der School of Social Work (University of Hawai'i at Manoa) dargestellten Konflikts die Frage, auf welche Weise dieser beigelegt werden konnte bzw. welche mediativen Werkzeuge und Techniken hierbei hilfreich waren. Einen wesentlichen Beitrag zum Gelingen des Verfahrens dürfte in den von *Shook/Kwan* beschriebenen interaktionsbezogenen Regeln des Ho'oponopono zu finden sein. Hervorzuheben sind hier insbesondere

– die starke Berücksichtigung der Emotionen (hier die offen zum Ausdruck gebrachte Wut und Enttäuschung) sowie die Betonung des Wertes des engen familiären Beziehungsgeflechts der Beteiligten zueinander, die einen Schlüssel zum Verständnis und zur Lösung des Konflikts darstellten, sowie

– die erfolgte kritische Selbstreflexion seitens der Beteiligten hinsichtlich ihrer „Beiträge" zur Entstehung bzw. Verschärfung des Konflikts.

3. Generalisierung

Die sich abschließend aufdrängende Frage nach der Darstellung der hawaiianischen Konfliktbearbeitungstradition des Ho'oponopono sowie eines Anwendungsbeispiels und dem hieraus resultierenden Nutzen für die hiesige Entwicklung der Mediation lässt sich möglicherweise so beantworten: Die Untersuchungen von *Shook/Kwan* sowie das Anwendungsbeispiel der School of Social Work (University of Hawai'i at Manoa) gewähren neben einem interessanten Querschnitt einer Interaktion zwischen Vermittlerpersönlichkeit und Konfliktbeteiligten vor allem einen praktischen Einblick in die Wirkungsweise bzw. den Einfluss der von *Ury* beschriebenen sog. „Third Side" eines Konflikts: *„It is an impulse that arises from the vital relationships linking each member and every other member of the community"*[41]. *Ury* konkretisiert weiter: *„The third side is the surrounding community, which serves as a container for any escalating conflict. In the absence of that container, serious conflict between two parties all too easily turns into destructive strife. Within the container, however, conflict can gradually be transformed from confrontation into cooperation."*[42] In diesem Sinne war die Widerherstellung bzw. Wahrung der Harmonie und des bestehenden weitreichenden Beziehungsgeflechts in Familie und Gesellschaft mittels einer funktionierenden „Third Side" für den Bestand der hawaiianischen Inselgesellschaften geradezu überlebensnotwendig, wobei auch die Einbeziehung einer die Teilnehmer verbindenden und inspirierenden spirituellen Ebene Berücksichtigung fand und findet.[43]

Darüber hinaus eröffnet die Auseinandersetzung mit den hawaiianischen Konfliktbearbeitungstraditionen und insbesondere der zentralen Phase des Mahiki, die der Aufarbeitung des zumeist vielschichtigen Streitgegenstandes und mithin der Identifikation der hinter den Positionen liegenden Interessen der Parteien dient, auch einen interessanten Blickwinkel auf das Phänomen einer gelungen Einigung im Rahmen einer erfolgreichen Konfliktbeilegung.[44] Für die hiesige Mediationspraxis können die folgenden Aspekte nützlich sein, um sich den Ursachen von Erfolg und Misserfolg im Mediationsverfahren besser zu nähern:[45]

– die Auseinandersetzung mit der im westlichen Konfliktbearbeitungsverständnis weitgehend in Vergessenheit geratenen „Third Side" des Konflikts als wertvollem Impulsgeber zur außergerichtlichen Vermittlung, zwecks Erhalt des Beziehungsgeflechts,

– das Übernehmen alter hawaiianischer Techniken (Mahiki) zur Identifikation der hinter den Positionen liegenden Interessen der Parteien,

– der Gedanke der gegenseitigen Vergebung zwischen den Parteien.

Im Ergebnis kann die Auseinandersetzung mit der Thematik möglicherweise auch einen Impuls zur Revitalisierung der nach dem 18. Jahrhundert in Europa zunehmend in Vergessenheit geratenen „Third Side" eines Konflikts geben und somit einen Beitrag zur Weiterentwicklung des Mediationsgedankens leisten.

Marc-A. Nicolas Hermann M.M.
Absolvent des Masterstudiengangs Mediation an der Fern-Universität in Hagen; Absolvent „Program on Negotiation" an der Harvard Law School; Interessenschwerpunkte Konfliktmanagementberatung, Wirtschaftsmediation und Verhandlungsführung.

Redaktionskommentare

aus der Sitzung vom 24.10.2019

„Ein tolles Verfahren. Wirklich sehr anschaulich geschildert."

∗∗∗

„Kulturbezogen und ritualisiert."

∗∗∗

„Die Gemeinschaft kümmert sich darum."

∗∗∗

„Dahinter steht eine ganz alte spirituelle Vorstellung: Im Einklang sein mit Gaia. Interessant, wie sich das über Jahrtausende gehalten hat, bis in unser zynisch-individualistisches Jahrhundert. Mir gibt das Hoffnung."

∗∗∗

„Diese ritualisierte Versöhnung trägt ja indigene, eigentlich sogar heidnische Gedanken in sich. Ihre kollektivistische Weltsicht hat, ganz anders als die westliche Vorstellung, einen äquilibristischen Ansatz, der der transformativen Mediation nahekommt."

∗∗∗

„Ja, vielleicht greift das Harvard-Konzept allein zu kurz?"

---

[1]   *Kamehameha III.* (König von Hawaii von 1825 bis 1854), zitiert nach *Pali Jae Lee,* Ho'opono – The Hawaiian Way to Put Things Back into Balance, Chichester (UK), 2007.

[2]   So kann der hawaiianische Gruß „Aloha" auch mit „Liebe", „Zuneigung", „Nächstenliebe", „Mitgefühl", „Freundlichkeit", „Sympathie" oder „Güte" übersetzt werden, siehe hierzu Hawaiian Dictionary: Hawaiian-English, English-Hawaiian, University of Hawai'i Press, Honolulu, 1986, S. 19 f.

[3]   So kann der hawaiianische Begriff des „Pono", etwa mit „Güte", „Aufrichtigkeit", „Moral", „Billigkeit", „gerecht", „in vollkommener Ordnung" übersetzt werden, siehe hierzu Hawaiian Dictionary: Hawaiian-English, English-Hawaiian, University of Hawai'i Press, Honolulu, 1986, S. 514.

[4]   Betonung: hō'ō pōnō pōnō.

[5]   *James A. Wall, jr. / Ronda Roberts Callister,* Ho'oponopono: Some Lessons from Hawaiian Mediation, in: Negotiation Journal 11/1995, S. 40.

6 *Midge Mossman / Pikake Wahilani,* Kulia i ka lokahi ke ola!, zitiert nach: *E. Victoria Shook,* Ho'oponopono: Contemporary Uses of a Hawaiian Problem-solving Process, University of Hawai'i Press, Honolulu, 2002, S. 6.

7 *Wall / Callister,* Anm. 5, S. 41.

8 *Mary Kawena Pukui / E. W. Haertig / Catherine A. Lee,* Nānā I Ke Kumu (Look to the Source) Volume I, Hui Hānai auxiliary of the Queen Lili'uokalani Children's Center, Honolulu, 2002, S. 60.

9 Zum Wirken der Kahuna Morrnah Nalamaku Simeona siehe *Pat Pitzer,* Contemporary Kahuna, in: Robert P. Dye (ed.), Hawai'i Chronicles II: Contemporary Island History from the Pages of Honolulu Magazine, University of Hawai'i Press, Honolulu, 1998, S. 293 ff.

10 *Pali Jae Lee,* Ho'opono – The Hawaiian Way to Put Things Back into Balance, Chichester (UK), 2007.

11 Zu Ho'oponopono im multikulturellen Kontext der hawaiianischen Gesellschaft siehe: *Dennis P. Nisihara,* Culture, Counseling, and Ho'oponopono: An Ancient Model in a Modern Context, in: Journal of Counseling & Development 1978, S. 562 f.

12 *Lee,* Anm. 10, Vermerk Klappentext.

13 *Pukui / Haertig / Lee,* Anm. 8.

14 *James A. Wall, Jr. / Ronda Roberts Callister,* Ho'oponopono: Some Lessons from Hawaiian Mediation, in: Negotiation Journal 1995, S. 41.

15 *Shook,* Anm. 6, S. 33.

16 *E. Victoria Shook / Leonard Ke'ala Kwan,* Straightening Relationships and Settling Disputes in Hawai'i: Ho'oponopono and Mediation: Working Paper Series: 1987-10, Program on Conflict Resolution (PCR) Matasunga Institute for Peace, University of Hawai'i at Manoa, S. 17.

17 *Wall / Callister,* Anm. 5.

18 Eigene Darstellung in Anlehnung an *Shook,* Anm. 6, S. 89.

19 *Pukui / Haertig Lee,* Anm. 8, S. 63.

20 *Wall / Callister,* Anm. 5, S. 42.

21 Beim Ho'oponopono ist der oder die „Haku" die Person, die in vermittelnder Funktion die Sitzungen leitet und die Beteiligten durch das Verfahren führt.

22 *Shook / Kwan,* Anm. 16, S. 14 f.

23 *Pukui / Haertig / Lee,* Anm. 8, S. 62.

24 *Wall / Callister,* Anm. 5, S. 42.

25 *Shook / Kwan,* Anm. 16, S. 14.

26 *Pukui / Haertig / Lee,* Anm. 8, S. 62.

27 *Shook / Kwan,* Anm. 16, S. 14 f.

28 *Pukui / Haertig / Lee,* Anm. 8, S. 62.

29 *Shook / Kwan,* Anm. 16, S. 15.

30 *Pukui / Haertig / Lee,* Anm. 8, S. 62.

31 *Shook / Kwan,* Anm. 16, S. 16; *Wall / Callister,* Anm. 5, S. 46.

32 *Shook / Kwan,* Anm. 16, S. 16.

33 *Dies.* ebd.

34 *Shook/Kwan,* a. a. O.

35 *Dies.,* Anm. 16, S. 17.

36 *Keola Espiritu,* zitiert nach *Shook/Kwan,* Anm. 16, S. 17.

37 Eigene Darstellung in Anlehnung an *Shook/Kwan,* Anm. 16, S. 39 ff.

38 *Shook,* Anm. 6, S. 13 ff.

39 *Pukui/Haertig/Lee,* Anm. 8, S. 61.

40 *Dies.* Anm. 8, S. 70.

41 *William Ury,* The Third Side: Why We Fight and How We Can Stop, New York, 2000, S. 14.

42 *Ders.* Anm. 41, S. 7.

43 *Shook,* Anm. 6, S. 20.

44 Siehe hierzu das vereinfachte Ablaufschema einer Ho'oponopono-Versammlung in Anlehnung an *Shook.*

45 Siehe hierzu etwa die von *Stephen B. Goldberg/Margaret L. Shaw* beschriebene, an der Northwestern University in Chicago durchgeführte, dreiteilige Studienreihe, die sich mit den Ursachen von Erfolg und Misserfolg im Mediationsverfahren befasst: *Stephen B. Goldberg/Margaret L. Shaw,* The Secrets of Successful (and Unsuccessful) Mediators Continued: Studies Two and Three, in: Negotiation Journal, 23/2007, S. 393 ff.

Bildnachweise

Abb. 1   King Kamehameha V. Judiciary History Center in Honolulu. Als Folge der Christianisierung Hawaiis versuchten sich die Hawaiianer auch in westlichen Formen der Konfliktbearbeitung, kehrten jedoch im Falle der Erfolglosigkeit eines solchen Verfahrens in Teilen wieder zu ihren überlieferten Konfliktbearbeitungstraditionen zurück.

Abb. 2   Vereinfachtes Ablaufschema einer Ho'oponopono Versammlung. Eigene Darstellung in Anlehnung an *Shook,* Anm. 6, S. 89.

Abb. 3   „Ua mau ke ea o ka aina i ka pono" („Das Leben des Landes wird durch die Rechtschaffenheit bewahrt"), Wappen des Königreichs Hawaii am Haupttor des Iolani Palace in Honolulu.

Mediation in der Fraktion

I. Einleitung

1. Susanne Bertram schmeißt hin …

Die Fraktionssitzung der Unabhängigen Wählerinitiative (UWI) hatte gerade begonnen, als die Fraktionsvorsitzende Susanne Bertram auf den aus ihrer Sicht „höchst irritierenden" Verlauf der letzten Sitzung des Bauausschusses zu sprechen kommt.

Mit zunehmender Erregung kritisierte sie das Abstimmungsverhalten einiger Ausschussmitglieder, die – entgegen der Absprachen in der letzten Fraktionssitzung – einem in der Stadt durchaus kritisch diskutierten Großbau-Projekt zugestimmt hatten. Sie fragte sich und alle anderen in großer Ernsthaftigkeit, welcher Sinn Fraktionssitzungen zuzusprechen sei, wenn hinterher jeder mache, was er gerade für richtig halte.

Erwin Kleinschmidt hielt ihr entgegen, dass in der Sitzung durch die Verwaltungsvertreter neue, bedenkenswerte Aspekte in die Diskussion eingeführt worden seien, die ihn dazu bewogen hätten, anders als ursprünglich abgesprochen abzustimmen. Im Übrigen wolle er daran erinnern, dass der UWI die Ablehnung eines anderen Großprojektes vor zwölf Jahren gar nicht gut bekommen sei. Er, seinerzeit Fraktionsvorsitzender, hätte laut und vernehmlich vor einer Ablehnung gewarnt, aber einige – Susanne Bertram vornedran – hätten ja nicht hören wollen. Als Dank sei ihm das folgende schlechte Wahlergebnis von vielen persönlich angekreidet worden. Es sei ja hinreichend bekannt, wer ihn damals „abgesägt" und sich an seiner Stelle bis heute als Fraktionsvorsitzende eingerichtet habe.

Entrüstet wies Susanne Bertram den Vorwurf des „Absägens" von sich. Das damalige Wahlergebnis sei nicht mit dem angesprochenen Abstimmungsverhalten zu erklären gewesen, sondern weitgehend auf die völlig unzureichende Kommunikationspolitik Kleinschmidts zurückzuführen gewesen. Dieser habe zwar in Hinterzimmern mit der anderen großen

Fraktion im Stadtrat „rumgekungelt"; Teile der Fraktion sowie die Bevölkerung seien aber „künstlich dumm gehalten" worden.

Eine solche Aussage sei „erschreckend dreist", echauffierte sich daraufhin Elvira Kurz, eine Mitstreiterin Kleinschmidts. Tatsächlich habe doch gerade Susanne Bertram noch vor wenigen Wochen bei der Besetzung eines Geschäftsführerpostens bei den Stadtwerken den von ihr ausgeguckten Favoriten durchgesetzt – obwohl dieser bei einer persönlichen Vorstellung in der Fraktion einen verheerenden Eindruck hinterlassen hätte. Nun wurde es Klaus Möller zu bunt. Das Verhalten Susanne Bertrams sei nicht zu beanstanden; sie habe alle wichtigen Personen eingebunden, so auch ihn. Als daraufhin Franz Stenz anmerkte, dass die ledige Susanne Bertram und der verheiratete Klaus Möller ja „ohnehin unter einer Decke steckten, und zwar nicht nur bildlich", kommt es zu tumultartigen Szenen. Es dauerte eine ganze Weile, bis weitere Fraktionsmitglieder die Lage wieder beruhigen konnten. Die Fraktionssitzung wurde schließlich abgebrochen.

Noch am Abend fasste Susanne Bertram den Entschluss, von allen politischen Ämtern mit sofortiger Wirkung zurückzutreten.

2. Zwischen Vorwurf und Resignation

Die vorstehend beschriebene, heftig eskalierende Fraktionssitzung ist vermutlich nicht idealtypisch für den Umgang mit innerfraktionellen Konflikten in Kommunen, gleichwohl nicht völlig ungewöhnlich. Wer sich aufmerksam und nicht nur auf den engeren örtlichen Bereich beschränkt mit Entwicklungen und Ereignissen in der Kommunalpolitik befasst, wird rasch Hinweise auf Konflikte der dargestellten Art finden. Da wird dann schon mal der Vorwurf „parteipolitischer Tricksereien" bzw. des „klaren Vertrauensbruchs" erhoben oder – etwas grundlegender – ein „unterschiedliches Verständnis von Demokratie und parteipolitischer Arbeit" ausgemacht. In anderen Fällen werden „unüberbrückbare Differenzen in kommunalpolitischen Sachthemen" vermerkt. Konflikte entzünden sich aber auch immer wieder am Verhalten der Fraktionsspitze; dieser werden dann „mangelnde Führungsqualitäten" oder „langjähriges unprofessionelles Führungsverhalten" attestiert, in einem anderen Fall wird beklagt, dass deren „Umgang mit anderen unter aller Kanone" sei.

Wenn wir uns etwas detaillierter mit den jeweiligen Fallschilderungen befassen, dann scheinen singuläre Ereignisse lediglich in Einzelfällen zu massiven Konflikten und öffentlich erkennbaren Reaktionen zu führen. Wesentlich häufiger sind jedoch Konstellationen anzutreffen, bei denen – teilweise über Jahre hinweg – das Zusammenwirken einzelner Ereignisse, die jeweils als persönlich enttäuschend oder verletzend eingestuft werden, zu einer resignativen Gesamtbilanz führen. Vielfach wird erkennbar, dass angesichts fraktionsintern erkannter Problemlagen sogar eigenständige Lösung versucht wurden, die aber nicht zur gewünschten Entspannung führten. So bleibt zum Ende vielmals alle Beteiligten belastender Prozesse dann nur noch die Feststellung, dass es „trotz Anstrengungen nicht gelungen ist, die massiven Konflikte substanziell zu befrieden".

Die in den Medien verhandelten Konflikte dürften insgesamt nur die Spitze des Eisbergs darstellen; hierfür sind vor allem folgende Gründe anzunehmen:

1) Streitige Auseinandersetzungen gelten in der Politik als „normal". Mehrheitsfraktion(en) einerseits und Oppositionsfraktion(en) andererseits versuchen, ständig im Wechselspiel von Rede und Gegenrede für die eigene Position zu werben bzw. durch Abstimmungen Diskussionsprozesse zu beenden. Dass es dabei auch schon mal zu verbalen „Rempeleien" kommt, dürfte als Bestandteil der Polit-Folklore eingestuft werden. Dieses Grundverständnis dürfte dazu führen, dass die Sensibilität der Öffentlichkeit und der Beteiligten dafür, wann ein Konflikt anzunehmen ist, erheblich herabgesetzt sein dürfte.

2) Mandate werden bekanntermaßen lediglich auf Zeit vergeben. Dies ermöglicht unter Umständen die vorübergehende Hinnahme von Zuständen, die als Dauerzustände nicht akzeptiert würden. Durch Verzicht auf eine erneute Kandidatur kann ein recht geräuschloser Rückzug aus fraktionsinternen Dauerkonflikten erreicht werden.

3) Rücktritte von herausgehobenen Funktionen oder Austritte aus den
   Fraktionen stellen in der Regel dauerhafte, quasi „endgültige" Entscheidungen dar; in den meisten Fällen ist „der Weg zurück" versperrt.
   Dies führt dazu, dass entsprechende Schritte als ultima ratio anzusehen sind, die erst dann vollzogen werden, wenn keinerlei andere Möglichkeit zum Umgang mit der aktuellen Situation mehr gesehen wird.
   Dies wiederum bedeutet, dass selbst erheblich eskalierte Konflikte unter Umständen dauerhaft ertragen werden.

3. Mediation!
Ach nee, doch nicht ...

In den letzten Monaten erreichten mich einige Anfragen, ob ich mir vorstellen könne, eine Mediation bei einer kommunalen Ratsfraktion – ggf.
erweitert um nicht in der Fraktion vertretene Angehörige der örtlichen
Parteiführung – durchzuführen. Die Anfragen stammten

– von Betroffenen,

– von überörtlichen Parteivertretern, die sich Sorgen hinsichtlich der
  Gewährleistung der weiteren politischen Arbeit vor Ort machten, sowie

– von parteinahen Organisationen, an die sich von den Konflikten mit-
  tel- oder unmittelbar betroffene Personen gewandt hatten.

Das führt uns zunächst zu einem positiven Befund hinsichtlich der zunehmenden Bekanntheit der Mediation als besonderen Verfahrens zur Bearbeitung von Konflikten: Mediation ist zumindest im Grundsatz bekannt
und auch anerkannt, wenn auch nicht immer zutreffende Vorstellungen
von Leistungsfähigkeit und Grenzen der Mediation anzutreffen sind.

Bemerkenswerterweise kam es aber – nach zunächst vielversprechendem
Vorlauf – bei einem außergewöhnlich hohen Anteil der Fälle letztlich doch
nicht zur Mediation.

Hierfür wurden recht unterschiedliche Gründe angegeben:

- An den Konflikten beteiligte Personen bzw. Gruppen wurden bei den nächsten Kandidatennominierungen nicht mehr berücksichtigt, sodass Konflikte in den auf dieser Grundlage gewählten Gremien mangels Widerpart entfielen.

- An den Konflikten beteiligte Personen bzw. Gruppen traten von ihren Ämtern zurück und entzogen sich damit der weiteren Auseinandersetzung.

- Versuche der Konfliktklärung durch überörtliche Parteivertreter scheiterten und zerstörten gleichsam die letzte Bereitschaft zur Erzielung einer „gütlichen Einigung".

- Der zentrale Konfliktgegenstand entfiel durch äußere Einwirkungen.

In der Gesamtschau ist festzustellen, dass die Konflikte in diesen Fällen zwar beendet wurden, von einer konsensualen Konfliktlösung, wie sie in der Mediation nun einmal angestrebt wird, in keinem Fall die Rede sein kann. Die in der Realität eingetretenen Ergebnisse sind teilweise als Sieger-Verlierer- Konstellationen, teilweise aber auch als Verlierer-Verlierer-Konstellationen zu bewerten. Konkrete Nachfragen führen oft zu dem zwiespältigen Ergebnis, dass die verbleibenden Fraktionsvertreter einerseits zwar froh waren, wenn langanhaltende Streitigkeiten endlich ihr Ende gefunden hatten, andererseits aber wurde die Art der Beendigung oftmals aus drei Gründen als wenig befriedigend empfunden:

1) In Erinnerung an vorangegangene Zeiten, in denen man zunächst gut miteinander zusammengearbeitet hatte, wird bedauert, dass „das so enden musste".

2) Im Nachgang zu Rück- oder Austritten wird regelmäßig öffentlich über die Gründe dafür berichtet bzw. gemutmaßt. Dies fällt – wegen der dabei oft übermittelten Schuldzuweisungen der zurück- oder ausgetretenen Personen – in der Außendarstellung meist recht ungünstig für diejenigen aus, die die Fraktionsarbeit fortführen wollen.

3) Wenn infolge der Konflikte zentrale Funktionsträger ihre Ämter niederlegen, beginnt die oftmals mühsame Suche nach geeigneten Nachfolgern. In Zeiten allgemein nachlassenden Engagements im Bereich ehrenamtlicher Tätigkeiten müssen die verbleibenden Personen unter Umständen zusätzliche Belastungen auf sich nehmen.

Wenn wir die vorstehenden Ausführungen kurz zusammenfassen, haben wir festzustellen, dass Mediationen zwar angefragt, aber nicht durchgeführt wurden; stattdessen wurde eine eigene „Lösung" gefunden, mit der man dann aber auch nicht zufrieden ist.

4. Weiterer Gang der Untersuchung

Wenn wir die bisherigen Erörterungen resümieren, werden wir mit einem etwas „schrägen" Gesamtbild konfrontiert:

- Das Bestehen teilweise massiver Konflikte innerhalb kommunalpolitischer Fraktionen kann angesichts der im Zusammenhang mit Rück- und Austritten vermittelten Informationen nicht geleugnet werden.
- Mediation ist als Ansatz zum Umgang mit Konflikten bekannt, kommt aber in der Praxis nur unzureichend zum Einsatz.
- Der Rückgriff der Fraktionen auf eigene, oftmals tradierte „Lösungsansätze" führt aber auch nicht zu wirklich überzeugenden Ergebnissen.

Diese unbefriedigende Situation haben wir zunächst zur Kenntnis zu nehmen. Um sie vielleicht verändern zu können, bedarf es aber einer genaueren Analyse des Arbeitsfelds. Dementsprechend wollen wir uns im Folgenden zunächst allgemein mit den Rahmenbedingungen kommunalpolitischer Arbeit befassen. Der Umgang mit Konflikten bei kommunalpolitischen und innerfraktionellen Auseinandersetzungen soll anschließend erörtert werden. Mit den hieraus gewonnenen Erkenntnissen wollen wir dann prüfen, ob und inwieweit die Mediation einen wirklich überzeugenden Ansatz zur erfolgreichen Bearbeitung innerfraktioneller Konflikte bieten kann. Im Rahmen einer kritischen Diskussion der erzielten Ergebnisse sollen abschließend noch einige Empfehlungen formuliert werden, damit aus angefragten auch durchgeführte Mediationen werden.

II. Rahmenbedingungen kommunalpolitischer Arbeit

1. Kommunale Selbstverwaltung

Wenn wir uns die Nachrichten anschauen/anhören oder eine überregionale Tageszeitung aufschlagen, werden wir regelmäßig mit bundes- oder landespolitischen Themen befasst. Nur selten wird den Kommunen entsprechende Aufmerksamkeit zuteil. Dies wird der Rolle und Bedeutung der Kommunen im täglichen Leben der Bürgerinnen und Bürger allerdings nur bedingt gerecht:

1) Zum einen ist festzustellen, dass „der Staat" bzw. die öffentliche Verwaltung für die Bürgerschaft vor allem auf der kommunalen Ebene unmittelbar erfahrbar wird. Bund und Länder bedienen sich – unter anderem mangels eigener flächendeckender Infrastrukturen – zur Erledigung ihrer Aufgaben häufig der Kommunen.[1]

2) Zum anderen gilt der Grundsatz von der Allzuständigkeit der Kommunen, wonach die Kommunen – im Rahmen der Gesetze – für sämtliche Angelegenheiten der örtlichen Gemeinschaft zuständig sind.[2] Sie sind dementsprechend in ihrem Gebiet – soweit bundes- oder landesgesetzliche Regelung nicht ausdrücklich etwas anderes vorsehen – ausschließliche und eigenverantwortliche Träger der öffentlichen Verwaltung.[3]

In Umsetzung des Demokratieprinzips ist das von der Bürgerschaft gewählte Vertretungsgremium, im Weiteren vereinfachend als „Rat" bezeichnet, ein zentraler Träger der Gemeindeverwaltung. Von besonderer Bedeutung ist dabei das Budgetrecht des Rates, aufgrund dessen dieser über die Bereitstellung der zur Aufgabenerledigung vorgesehenen Ressourcen (Sachmittel, Personal) – und damit verbunden über die Qualität der Aufgabenerledigung – entscheidet.

2. Bestimmungsfaktoren kommunalpolitischer Arbeit

Kommunalpolitische Entscheidungen gründen sich nicht ausschließlich auf Wünsche und Wollen der in den Fraktionen zusammengefassten Ratsmitglieder, sondern werden durch höchst unterschiedliche Faktoren bestimmt bzw. beeinflusst. Um ein etwas aussagekräftigeres Bild der kommunalpolitischen Arbeit zu erhalten, wollen wir uns einige bedeutsame Bestimmungsfaktoren beispielhaft anschauen.

a) Kontextfaktoren

Kontextfaktoren bilden einen allgemeinen, strukturierenden Rahmen der kommunalpolitischen Arbeit und sind unabhängig von konkreten Akteuren.[4] Sehen wir uns einige dieser Faktoren einmal an:

Die fortschreitende Globalisierung wirkt in unterschiedlicher Weise auf inzwischen fast sämtliche Lebensbereiche ein, sodass sich entsprechende Wirkungen auch im Kommunalbereich zeigen. Beispielhaft sei nur auf die zunehmende Internationalisierung der Wirtschaftsunternehmen mit den damit verbundenen Auswirkungen verwiesen (Standortverlagerungen, durch internationale Konzernlenkung geringere Orientierung an örtlichen Bedürfnissen, Verlust von Einwirkungsmöglichkeiten bei Investitionsentscheidungen oder beim Abbau von Arbeitsplätzen).

Der demografische Wandel (veränderter Aufbau der „Alterspyramide", neue Anforderungen an Altersversorgung und Pflege) sowie sich wandelnde Lebenseinstellungen (neue Bewertung von Erwerbsarbeit, höhere Mobilität) verursachen oft weitreichende Anforderungen an die kommunale Infrastruktur (soziale Einrichtungen, Verkehrsinfrastruktur). Der Nachhaltigkeit von politischen Entscheidungen wird ebenfalls eine zunehmende Bedeutung zugemessen. Mit der Anforderung, dass jede Generation nachfolgenden Generationen keine (zusätzlichen) Belastungen hinterlassen soll, ist vielerorts beispielsweise im Bereich der gemeindlichen Haushaltswirtschaft ein ganz neuer Handlungsdruck entstanden. Schließlich kommt es im interkommunalen Wettbewerb um Investoren, Personal, Zuschüsse usw. zu einem bisher nicht gekannten Konkurrenzdruck.

b) Überörtliche Akteure

Wie bereits beschrieben, wird das kommunale Aufgabenspektrum durch gesetzliche Festlegungen des Bundes und der Länder in erheblichem Umfang bestimmt. Infolge der kommunalen Verwaltungszuständigkeit landen Unmutsäußerungen über gesetzliche Regelungsinhalte, z. B. bei der Ablehnung von Leistungsanträgen, bei den örtlichen Repräsentanten von Rat und Verwaltung. Ein weiteres Problem entsteht, wenn Bund oder Länder gesetzliche Regelungen beschließen, die vor Ort dermaßen kurzfristig umgesetzt werden müssen, dass die dafür notwendigen Vorbereitungsarbeiten (z. B. Personalbereitstellung, Einrichtung organisatorischer Abläufe) nicht rechtzeitig abgeschlossen werden können.

In solchen Fällen werden unter Umständen kommunalpolitische Akteure für Sachverhalte verantwortlich gemacht, die sie weder veranlasst haben noch verändern können.

c) Örtliche Akteure

Die Fraktionsarbeit erfährt vor Ort eine unter Umständen kritische Begleitung durch örtliche Medien (Presse, Lokalfunk, Blogs – jeweils sofern vorhanden). Durch deren Berichterstattung können Themen und Personen ausdrücklich gestützt, aber auch – durch geringere Berücksichtigung bzw. Würdigung – in den Hintergrund gedrängt werden. Nach allgemeiner Erfahrung wecken Medienberichte über Auseinandersetzungen und Streitigkeiten ein größeres öffentliches Interesse als entspannte Einmütigkeit. Zugleich dürfen wir davon ausgehen, dass parteiinterne Auseinandersetzungen in der Öffentlichkeit eher kritisch – nämlich im Sinne von Zerstrittenheit – gesehen werden. Dies alles wirkt auf die Fraktionsarbeit einerseits disziplinierend, will sich doch kaum jemand vorwerfen lassen, durch Eigenmächtigkeiten oder Unbedachtheit für eine „schlechte Presse" gesorgt zu haben; zugleich muss aber auch befürchtet werden, dass eine dauerhaft vermiedene Konfliktaustragung nach und nach zu einer Ansammlung von Unzufriedenheit führt, die sich letztlich in massiven Auseinandersetzungen entlädt.

Ohne dies hier weiter ausführen zu müssen, ist darauf hinzuweisen, dass auch im kommunalpolitischen Raum Lobbyisten und Interessenvertreter darum bemüht sind, eigene Ziele und Vorstellungen durchzusetzen. Dabei können beispielsweise potenzielle Großinverstoren – vor allem mit dem Hinweis auf entstehende oder zu bewahrende Arbeitsplätze – erheblichen Druck aufbauen.

Die im Sinne demokratischer Teilhabe durchaus wünschenswerten lokalen Bürgerinitiativen befassen sich in der Regel lediglich mit Teilaspekten des kommunalen Zusammenlebens. Hier geraten die Fraktionen – wenn nicht gerade eine weitgehende thematische Deckungsgleichheit in einem Bereich besteht – schnell unter Druck, weil sie bei allen Entscheidungen stets ihre Gesamtverantwortung für alle Themenfelder im Auge behalten müssen.

III. Konflikte in der Kommunalpolitik allgemein und innerfraktionell

1. Konfliktpotenziale

a) Allgemeine Überlastungssituation

Der innerfraktionelle Diskurs über Sachfragen sowie strategische und taktische Vorgehensweisen wird durch bedeutsame Rahmenbedingungen, auf die wir vorstehend bereits eingegangen sind, erheblich belastet. Fassen wir diese noch einmal kurz zusammen:

– hohe Verantwortung (Allzuständigkeit) für das örtliche Gemeinwesen bei deutlich eingeschränkten eigenen Handlungsmöglichkeiten (überörtliche Gesetzgebung, knappe Finanzressourcen),

– zunehmende Komplexität der zu beurteilenden Sachverhalte (z. B. Einbeziehung demografischer oder globalisierungsbedingter Aspekte),

– Einflussnahme von Interessenvertretern, die jedoch keiner Gesamtverantwortung für das Gemeinwohl unterworfen sind.

Berücksichtigen wir nun noch, dass die Wahrnehmung der kommunalpolitischen Mandate weiterhin als ehrenamtliche Tätigkeit vorgesehen ist,
wird deutlich, dass in der Gesamtschau ein erheblicher Belastungsdruck
auf die Mandatsträger wirkt.[5] Persönliche Ressourcen, die zur Kompensa-
tion vorhandener Belastungen dauerhaft eingesetzt werden müssen, stehen bei konflikthaften Zuspitzungen dann allerdings nicht mehr zur Verfügung, sodass es schnell zu Eskalationen kommen kann.

b) Spezifische Ansatzpunkte

Im Rahmen der konkreten kommunalpolitischen Arbeit sind sowohl Sach-
als auch Personalentscheidungen zu treffen, die jeweils spezifische Ansatz-
punkte zur Konfliktentstehung bieten. Schauen wir uns dies anhand einiger beispielhafter Aspekte etwas näher an:

- In allen Fragen kann es zu Informationskonflikten kommen. Aufgrund der kommunalen Allzuständigkeit und der Verantwortung für
  die gesetzlich übertragenen Aufgaben verfügen die Kommunen über
  eine kaum überschaubare Aufgabenfülle. Von den ehrenamtlich tätigen Ratsvertretern kann nicht einmal ansatzweise ein tiefgreifender
  Kompetenzaufbau in allen relevanten Bereichen erwartet werden.
  Dementsprechend ist es hoch wahrscheinlich, dass Entscheidungsträ-
  ger über unterschiedliche Informationsstände verfügen.
- Insbesondere die Fälle, in denen eine Positionierung der Fraktion zu
  strittigen Themen erforderlich ist, kann es zu Strategie- bzw. Vorge-
  henskonflikten kommen. In solchen Fällen stehen jeweils eigene Einschätzungen über zukünftige, nur mutmaßbare Entwicklungen neben-
  oder gar gegeneinander.
- Bei einzelnen Sachfragen können Wertekonflikte in den Vordergrund
  treten. Obwohl bei den Mitgliedern der Parteien und Fraktionen zumindest ähnliche politische Grundeinstellungen erwartet werden dürfen, kann es bei Einzelfragen zu erheblichen Diskrepanzen kommen.
- Insbesondere bei strittigen Personalentscheidungen ist mit Vertei-
  lungskonflikten zu rechnen. Da als relevant erachtete Positionen nicht

beliebig geteilt oder vermehrt werden können, kann es im Einzelfall zu harten Konkurrenzkämpfen kommen.

Die Wirksamkeit und Bedeutung dieser Aspekte kann man anhand der Stellungnahmen zurückgetretener Politiker regelmäßig gut nachvollziehen. Auf die entsprechenden Zitate in Abschnitt I.2 sei hingewiesen.

2. Etablierte Entscheidungs- und Konfliktbearbeitungsmechanismen

Die Einbettung der Fraktionsarbeit in die demokratischen Strukturen führt dazu, dass am Ende sach- bzw. personenbezogener Erörterungsprozesse regelmäßig eine Mehrheitsentscheidung steht, sei es durch Sachbeschluss oder Wahl. Mehrheitsentscheidungen sind abstrakt gesehen aber nichts anderes als Machtentscheidungen.[6]

Auch wenn es im kommunalen Alltag immer wieder auch zu einstimmigen Entscheidungen kommt, darf nicht übersehen werden, dass grundsätzlich jederzeit die Alternative einer Mehrheitsentscheidung (und damit einer reinen Machtentscheidung) zur Verfügung steht.

Beachtenswert erscheint in diesem Zusammenhang noch, dass es keine verbindlichen Vorschriften dazu gibt, wie lange und intensiv eine zu treffende Entscheidung im Vorfeld zu erörtern ist. Letztlich kann die Mehrheit auch einfach einen Schluss der Debatte mit anschließender Abstimmung verfügen.

Diese Ausgangslage führt dazu, dass es durchaus bedeutsam sein kann, möglichst frühzeitig Mehrheiten zu „organisieren". Dies erfordert kommunikative Fähigkeiten und taktisches Geschick. Dabei ist immer damit zu rechnen, dass die Vorstellungen über Verhandlungsspielräume, Fairness und Grenzen der Kompromissbereitschaft auseinandergehen, was Anlass für neue Konflikte sein kann.

3. Besonderheiten innerfraktioneller Konflikte

Während Auseinandersetzungen mit dem politischen Gegner kaum einmal zu so weitreichenden Reaktionen wie Rücktritten oder Austritten führen, kommt dies bei innerfraktionellen Konflikten wesentlich häufiger vor.

Aus diesem Grund wollen wir einige Überlegungen anstellen, woran dies liegen könnte.

Zunächst haben wir festzustellen, dass auch harte Auseinandersetzungen mit dem politischen Gegner als ein Stück „Normalität" angesehen werden; wenn Demokratie vom Streit lebt, muss man mit diesem Streit auch leben. Selbst ein unfaires Vorgehen der Gegenseite wird oft zumindest insoweit akzeptiert, als man ohnehin nichts anderes erwartet hat („die sind eben so"). Insgesamt haben wir es insoweit also mit Auseinandersetzungen oder Konflikten in einem absehbaren und – von massiven Ausfällen abgesehen – auch akzeptierten Rahmen zu tun. Die Ansprüche an die eigene Fraktion dürften in der Regel wesentlich idealistischer ausfallen: sachorientiert, wertschätzend, zusammenhaltend. Insbesondere der Zusammenhalt gegen den politischen Gegner gerät bei massiven fraktionsinternen Auseinandersetzungen ins Wanken, was zu Verunsicherung und Unbehagen führen kann.

Zudem dürfen wir Fraktionen eher als Werte- denn als Zweckgemeinschaften auffassen. Je nach Konfliktthema und Verlauf der Auseinandersetzung kommt allerdings die Frage auf, ob die Verpflichtung auf die gemeinsamen Werte noch gilt. Zeigte man bisher – auf der Grundlage vermuteter gemeinsamer Werte und Ziele – noch Einsatz- oder gar Opferbereitschaft, wird mit der Infragestellung der gemeinsamen Werte die Arbeitsgrundlage erschüttert; manche „persönliche Investition" der Vergangenheit verliert an Wert.

Schließlich führen die gemeinsame Abgrenzung gegenüber dem politischen Gegner und die angenommene Übereinstimmung in zentralen Werten zu einer Art Nähebeziehung zwischen den Fraktionsmitgliedern. Diese wiederum löst bei nicht erwartungskonformem Verhalten eine tiefgreifende Enttäuschung aus, weil damit nicht nur eigene Vorstellungen infrage gestellt werden, sondern auch das persönliche Verhältnis zueinander beeinträchtigt wird.

Vereinfacht ausgedrückt gefährden innerfraktionelle Konflikte den Rahmen gemeinsamen Handelns, das angesichts des politischen Gegners und

der insgesamt sehr herausfordernden Bedingungen in der Kommunalpolitik ohnehin anstrengend genug ist.

IV. Alternative: Mediation?

Dass der bisherige Umgang mit innerfraktionellen Konflikten nicht immer
überzeugend gerät, zeigt sich bereits in den einleitend angesprochenen
Aus- und Rücktritten nach teilweise jahrelanger engagierter Fraktionsarbeit. Zudem zeigt sich auch in der zunehmenden Zahl an Mediationsan-
fragen, dass das Vertrauen in die klassischen Konfliktbearbeitungs- und
Konfliktentscheidungsmechanismen zumindest ins Wanken geraten ist.

Dies allein weist die Mediation allerdings noch nicht als überzeugende Alternative aus, die bekanntermaßen kein „Allheilmittel" ist. Sehen wir uns
daher einige beachtenswerte Aspekte einmal etwas genauer an.

1. Befürwortung

Die Zusammenarbeit in einer Fraktion ist grundsätzlich als soziales Dau-
erverhältnis einzustufen, das zunächst für die Dauer einer Wahlperiode,
also mindestens vier Jahre, besteht. Im Falle einer Wiederwahl kommt es
zu einer entsprechenden Verlängerung. Während einer Mediation werden
zumindest implizit Lernanregungen und -erfahrungen zum Umgang mit
Konflikten gegeben, was sich insbesondere bei Dauerverhältnissen (und
darin möglichen erneuten Auseinandersetzungen) als hilfreich erweist.

Wenn wir uns noch einmal an die Zitate in Abschnitt I.2. erinnern, können
wir feststellen, dass die jeweiligen Äußerungen in einigen Fällen sehr starke
emotionale Verletzungen bzw. Enttäuschungen offenbaren; an kaum einer
Stelle werden „harte Sachthemen" benannt. Gerade in diesem Zusammenhang erweist sich die Mediation als besonders förderlich, da es hierbei
nicht nur um die Lösung eines Sachproblems, sondern auch um die Wiederherstellung der sozialen Beziehungen der Konfliktbeteiligten geht.
Funktionierende soziale Beziehungen sind in den soeben angesprochenen
sozialen Dauerverhältnissen von zentraler Bedeutung, sodass an dieser

Stelle die Mediation anderen Konfliktbearbeitungsverfahren, die sich lediglich um die Klärung von Sachfragen bemühen, weit überlegen ist.

Bei der Bearbeitung von Konflikten kann alternativ versucht werden, eine Konfliktentscheidung auf der Grundlage von Macht, Recht oder Interessen herbeizuführen.[7] Machtentscheidungen bergen aber bekanntermaßen die Gefahr, Gewinner-Verlierer-Strukturen zu etablieren oder zu verstärken, sodass dieses (in Form der Mehrheitsentscheidungen) eher klassische Instrument zur Bearbeitung innerfraktioneller Konflikte auf Dauer wenig aussichtsreich erscheint. Konfliktentscheidungen auf der Grundlage des Rechts sind bei innerfraktionellen Auseinandersetzungen kaum zu erwarten: Vielmehr entzünden sich die meisten Konflikte an unterschiedlichen Werten, Einschätzungen (z. B. zu zukünftigen Entwicklungen) und Meinungen, die samt und sonders keiner juristischen „Entscheidung" zugeführt werden können. Auch die oft kritisierten „Tricksereien" weisen in der Regel keinen juristisch relevanten Kern auf, sondern stellen sich als unterschiedlich bewertete taktische Vorgehensweisen dar, die kaum einmal eindeutig illegal sein dürften. Somit verbleibt grundsätzlich eine interessenorientierte Herangehensweise. Als solche wird die Mediation auch diesem Aspekt gerecht.

Fraktionsarbeit vollzieht sich nicht nur in festen Sitzungsrhythmen, sondern folgt festen Ritualen, die sich beispielsweise in der Tagesordnung oder in Wortführerschaften niederschlagen können. Auch beim Umgang mit Konflikten bilden sich solche Rituale heraus, die in der Regel dazu dienen sollen, Konflikte möglichst schnell zu beenden. Das Phasenkonzept der Mediation führt regelmäßig dazu, dass tradierte Kommunikationsmechanismen durchbrochen und neue Formen der Kommunikation erprobt werden. Damit bietet die Mediation auch die Möglichkeit, von einer „nur" *schnellen* zu einer *besseren* Konfliktbeendigung zu kommen.

Innerfraktionelle Auseinandersetzungen sind oft komplex. Dies hat nicht nur mit der breit gefächerten Aufgabenstellung der Kommunen zu tun, sondern beispielsweise auch mit den üblichen Versuchen, Mehrheiten zu bilden, was innerhalb einer Fraktion zu weiteren Fraktionierungen führen kann. Zudem wird oft versucht, bei Konflikten die mutmaßlichen oder angekündigten Reaktionen Außenstehender (z. B. Presse, Interessenvertreter, Bürgerschaft) zu berücksichtigen, was die Auseinandersetzungen zusätzlich verkompliziert. Im Rahmen einer Mediation können solch verflochtene Gemengelagen umfassend abgeschichtet und nach und nach bearbeitet werden.

Im Fraktionsalltag können sich durchaus zahlreiche Missverständnisse und Irrtümer einschleichen, die ohne inhaltliche Erörterung ungeklärt bleiben, dafür unerkannt in verschiedenen Zusammenhängen „fortwirken". Die Mediation bietet in den Phasen II und III eine sehr gute Gelegenheit, eigene Vorstellungen und Handlungsweisen zu reflektieren und gegenseitiges Verstehen zu ermöglichen. In diesem Zusammenhang können auch die angesprochenen Missverständnisse und Irrtümer leichter erkannt und auch aufgeklärt werden.

Schließlich dürfte den Konfliktbeteiligten an der in der Mediation angebotenen Vertraulichkeit sehr gelegen sein, da hierdurch negative Auswirkungen auf die Außendarstellung vermieden werden können.

Insgesamt erkennen wir anhand dieser beispielhaft angeführten Aspekte eine Vielzahl absehbarer Nutzen, die je nach konkreter Fallgestaltung unterschiedlich deutlich zum Tragen kommen können.

2. Zweifel

Die im vorangegangenen Abschnitt versammelten Argumente legen den Einsatz der Mediation bei innerfraktionellen Konflikten nahe. Dieser Grundaussage soll im Folgenden nicht widersprochen werden. Dementsprechend wurde dem Titel des vorangegangenen Abschnitts Befürwortung auch keine Entgegnung, Widerrede oder Ablehnung entgegengestellt, sondern „nur" der Zweifel. Der Zweifel knüpft eher an einzelne Aspekten an, die einer Mediation im konkreten Einzelfall entgegenstehen oder diese erheblich belasten könnten.

Sehen wir uns diese Aspekte nacheinander an.

Zunächst haben wir davon auszugehen, dass wir es – außer in kleinen Gemeinden oder bei den Fraktionen „kleiner" Parteien – mit einer zweistelligen Zahl von involvierten Personen zu tun haben. Dies ist in der Mediation kein generelles Problem, aber beachtenswert.

Als durchaus schwierig erweist sich in vielen Fällen die Terminfindung. Viele in der Kommunalpolitik engagierte Personen sind nicht nur berufstätig, sondern auch in anderen Organisationen aktiv. Die Bereitschaft, sich neben den üblichen Sitzungsterminen (die eigentliche Fraktionsarbeit läuft ja weiter) zu weiteren Terminen – gegebenenfalls mit höchst unsicheren Erfolgsaussichten – einzufinden, kann nicht durchgehend erwartet werden. Unter Umständen muss in Bezug auf eine sich anbahnende Mediation mit einem „Das nicht auch noch" gerechnet werden.

In der Fraktionsarbeit kann es aus höchst unterschiedlichen Gründen zu Konflikten kommen, wie wir in Unterabschnitt II 3 a.) gesehen hatten. Bei innerfraktionellen Konflikten können insbesondere zwei Konfliktarten erhebliche Sorgen bereiten:

- Bei Wertekonflikten geht es um Normen und Werte, die fest im individuellen Wertesystem verankert sind und als wichtiger Maßstab zur Beurteilung des Denkens, Fühlens und Handelns dienen. Sie sind ein wichtiger Bestandteil des Selbsterlebens und der Selbsteinschätzung und daher grundsätzlich nicht verhandelbar; oft vertragen sie nicht einmal eine Abschwächung. Dies engt einerseits die Verhandlungsspielräume, die in einer Mediation eigentlich erwünscht sind (Stichwort: Ergebnisoffenheit), erheblich ein. Andererseits veranlassen sie viele Menschen zu rigiden Entweder-Oder-Positionen in der Form, dass bei einer Nichtberücksichtigung der eigenen Werte und Normen der vollständige Rückzug als lohnende Perspektive angesehen wird. Wertekonflikte sind in der Mediation regelmäßig höchst sperrig, teilweise sogar unmediierbar.

- Fraktionsarbeit wird grundsätzlich als (wertegestützte) Sacharbeit verstanden, bei der persönliche Interessen und Befindlichkeiten hintan-

zustehen haben. Dementsprechend lösen Versuche, reine Beziehungskonflikte in einer Fraktion auszutragen, in der Regel wenig Begeiste-
rung aus. Typischerweise werden Beziehungskonflikte als Störung der
Sacharbeit gebrandmarkt und unterdrückt. Eine häufig zu beobach-
tende Reaktion auf eine Konfliktunterdrückung besteht darin, lediglich den Schauplatz oder die konkrete Austragungsform zu modifizieren. In der Fraktionsarbeit bietet es sich an, den Beziehungskonflikt
hinter unterschiedlichen Sachauffassungen zu „verstecken". Dies
birgt die Gefahr einer fehlerhaften Einschätzung der Konfliktlage und
führt damit unter Umständen zu falschen Lösungsansätzen.

Die in der Lösungsfindungsphase der Mediation gerne bemühte „Vergrö-
ßerung des Kuchens" ist aufgrund der zahlreichen Restriktionen kommunalpolitischer Arbeit oftmals keine zugängliche Option. Überhaupt haben
wir zu beachten, dass eine Vielzahl von Faktoren, die die Fraktionsarbeit
unmittelbar oder mittelbar beeinflussen, extern vorgegeben sind und damit einer kreativen Gestaltung in der Mediation entzogen sind.

Skepsis ist auch insoweit angebracht, als politische Arbeit durchaus nicht
selten von taktischen Überlegungen beeinflusst oder gar geprägt ist. Dass
die für eine Mediation erforderliche Offenheit, die im Gegensatz zur oft
jahrelangen Praxis des Taktierens steht, erreicht wird, kann im Einzelfall
nur erhofft, aber keineswegs durchgängig erwartet werden.

Durchaus problematisch erscheint auch das von vielen politischen Vertretern vermittelte (Selbst-)Bild, des rein sachorientierten und bei Auseinandersetzungen robusten bis dickfelligen Kämpfers für die gerechte Sache.
Dies führt insbesondere bei Führungspersonen dazu, dass eigene Probleme, Schwächen, erlittene Verletzungen und „Tiefschläge", Enttäuschungen usw. über lange Zeiträume „weggesteckt" oder gar geleugnet werden.
Der weiteren Entwicklung sind zwei Pfade vorgezeichnet: Im ersten Fall
kommt es zur Anstauung von Frust und Ärger, bis irgendwann der sprichwörtliche „Kragen platzt". Es kommt dann zu heftig eskalierenden Auseinandersetzungen. In einer Mediation stehen dann oft so viele Probleme
aus der Vergangenheit an, dass das ganze Projekt sehr aufwendig wird. Im

zweiten Fall muss für die Stabilisierung des eigenen Images dauerhaft so viel Energie aufgewendet werden, dass irgendwann ein plötzlicher Zusammenbruch stattfindet. Erfolgt als Reaktion der persönliche Rückzug von Aufgabe und Amt, hat der Konflikt ein eigenständiges, für viele Beteiligte sehr bedauerliches Ende gefunden.

Ein zunächst vielleicht etwas skurril erscheinendes, letztlich aber doch nachvollziehbares Problem kann sich schließlich hinsichtlich des Honorars des Mediators ergeben: Die Fraktionsmitglieder erhalten für ihre teilweise sehr zeitaufwendige Rats- und Ausschustätigkeit lediglich geringe Aufwandsentschädigungen, die sich bei kleinen und mittleren Kommunen im niedrigen dreistelligen Bereich bewegen. Je nach Stundensatz des Mediators überschreitet dessen Honorar für eine eintägige Mediation die Monatsentschädigung der Fraktionsmitglieder um ein Vielfaches. Ohne konkrete Vorstellung davon, was ein Mediator während einer Konfliktbearbeitung alles zu leisten hat („der moderiert doch nur"), und angesichts der bereits in der ersten Kontaktaufnahme zu enttäuschenden Hoffnung auf eine garantierte Problemlösung erscheinen manchem Fraktionsmitglied die Kosten für eine Mediation dann plötzlich doch „etwas übertrieben".

V. Schlussüberlegungen

1. Grundsätzliche Eignung

Wenn wir die vorstehenden Ausführungen bilanzieren, können wir Folgendes feststellen:

- Die kommunalpolitische (Fraktions-)Arbeit ist überaus komplex, anspruchsvoll und konfliktträchtig.
- Die etablierten politikeigenen Entscheidungsmechanismen (Mehrheitsentscheidung: Wahl/Abstimmung) sind Machtentscheidungen – mit allen damit verbundenen Nachteilen.
- Die Mediation stellt sich unter verschiedenen Gesichtspunkten grundsätzlich als bedeutsame Alternative der Konfliktbearbeitung dar.
- Die Mediation kann Alternativen zu abstimmungsbasierten Machtentscheidungen anbieten.

– Die Mediation ist als Verfahren bekannt.

Dementsprechend erscheint die Mediation theoretisch-konzeptionell zur Bearbeitung fraktionsinterner Konflikte gut geeignet.

Allerdings bestehen zwei Zugangsprobleme:

1) Die Mediation ist als Verfahren zwar bekannt, es bestehen aber bestenfalls allgemein-schwammige Vorstellungen davon, wie Mediation „funktioniert", was sie leisten kann und was eben nicht. Hieraus entwickeln sich gelegentlich arg idealistische Erwartungshaltungen, z. B. dass man einen über viele Monate schwelenden Konflikt relativ entspannt an einem Samstagnachmittag mal eben zwischen Kaffee und Kuchen lösen kann. Hier ist dringend Aufklärungsarbeit erforderlich.

2) Eine Mediation wird erst zu spät in Betracht gezogen. Anstatt frühzeitig überschaubare Probleme zu lösen, entstehen oft durch zu langes Zuwarten wahre „Konfliktberge", die kaum zu bewältigen sind. Insbesondere wenn einzelne Beteiligte bereits abschließende persönliche Entscheidungen zum eigenen politischen Schicksal getroffen haben, dürfte es zudem an der für eine Mediation erforderlichen Ergebnisoffenheit fehlen.

2. Praktische Rahmenbedingungen

Abschließend wollen wir uns noch kurz den praktischen Rahmenbedingungen einer Mediation bei innerfraktionellen Konflikten zuwenden, da diese Bedingungen als Erfolgsfaktoren relevant sein können.

– Ausgehend von der Einschätzung, dass Mediationen eher zu spät angestrebt werden, ist im konkreten Fall die schnelle Verfügbarkeit eines Mediators erforderlich. Viele Konflikte befinden sich bei einer Anfrage bereits in einer kritischen Phase mit erheblichen Destruktions- bzw. Fliehkräften. Ein längeres Zuwarten führt vermutlich dazu, dass von den Konfliktbeteiligten Fakten geschaffen werden, die letztlich eine Mediation überflüssig machen.

– Parteien und Fraktionen suchen sich Referenten, Schulungen, Beratungen in den meisten Fällen bei parteinahen Personen oder Organisationen; zu zahlreichen Aspekten des politischen Lebens bestehen entsprechende Angebote. Zumindest gegenüber Angehörigen einer anderen Partei besteht im Allgemeinen eine gewisse Abwehrhaltung oder Skepsis; die Bereitschaft, sich zu öffnen, ist dann nur gering ausgeprägt. Hier ist zu überlegen, wie eine „parteientsprechende Versorgung" mit Mediatoren gewährleistet werden könnte.

– Wie wir gesehen haben, unterliegt Kommunalpolitik zahlreichen Restriktionen und Einflussfaktoren und stellt sich auch thematisch sehr vielschichtig dar. Der Verwirklichung eigener Interessen und der Realisierung noch so toller Vorschläge stehen oft eindeutige und nicht eigenständig veränderbare Rahmenbedingung im Wege. Diese sollten einem Mediator zumindest in wesentlichen Zügen bekannt sein.

– Dem zwischenmenschlichen Zusammenhalt in einer Fraktion kommt eine beachtenswerte Bedeutung zu; dies sollte bei der Ausrichtung der Mediation im Sinne der Meta-Ziele der Mediation (sogenannte *Mediationsprojekte*) bedacht werden. So dürfte das bündige und vor allem an einer Sachlösung orientierte *Service-delivery*-Projekt hier eher fehl am Platze sein, wohingegen das *Individual-autonomy*-Projekt mit seiner Fokussierung auf die Entwicklung eigenständiger Konfliktbearbeitungskompetenzen bei den Konfliktparteien und das auf Versöhnung zielende *Reconciliation*-Projekt mehr Erfolg versprechen. Ein entsprechendes Verfahrensdesign wird im Sinne einer dauerhaft erfolgreichen Mediation sicherlich hilfreich sein.

Auch angesichts der hier vorgeschlagenen Rahmenbedingungen zeigt sich die Mediation innerfraktioneller Konflikte als überaus anspruchsvolles Arbeitsfeld.[8]

3. Es sind viele, die Unterstützung verdienen

In Deutschland gibt es über 10.000 kommunale Körperschaften mit eigenem Vertretungsgremium. Gehen wir von einer durchschnittlichen Mitgliederzahl von 20 Personen aus, sprechen wir von über 200.000 Menschen, die sich kommunalpolitisch engagieren. Dabei sind die „nur" in den Ausschüssen tätigen sachkundigen Bürger und die oft an der Fraktionsarbeit teilnehmenden „Nachrück-Kandidaten" oder „Kandidatur-Aspiranten" noch gar nicht mitgezählt.

All diese Menschen engagieren sich in einem zunehmend komplexeren und schwierigeren Umfeld wachsender Herausforderungen bei gleichzeitig schrumpfenden Gestaltungsmöglichkeiten. Sie engagieren sich ehrenamtlich in einem durchaus konfliktträchtigen Bereich für das Wohl aller.

Die Mediation könnte Wege zu einer besseren und weniger nervenaufreibenden Konfliktbearbeitung weisen. Es wäre sicherlich zum Nutzen unseres Gemeinwesens, wenn erfahrene und professionelle Mediatorinnen und Mediatoren mit ihrer Expertise und ihren Fähigkeiten diejenigen unterstützen würden, die sich in den kommunalen Vertretungskörperschaften bzw. Fraktionen engagieren. Es wäre eine Unterstützung für viele, die Unterstützung verdienen.

Dr. Karl Heinz Blasweiler
Stadtkämmerer und Erster Beigeordneter der Stadt Lüdenscheid; Abschlüsse in Wirtschaftswissenschaften, Rechtswissenschaften und Sozialen Verhaltenswissenschaften; Master of Mediation; Autor zahlreicher Fachpublikationen zur Mediation bzw. zum professionellen Konfliktmanagement; Dozent der FernUniversität in Hagen; Promotion mit einer Dissertation zum Thema „Die vermeinte Sicht der Anderen: Untersuchungen zum Konstrukt, zur Beeinflussbarkeit und zu möglichen Folgen der evaluativen Dimension der Organisationalen Identifikation", 2012.

1 Beispiele: Wohngeld, Meldewesen, Personenstandswesen, Ausweisangelegenheiten jeweils nach bundesgesetzlicher Regelung und landesrechtlicher Aufgabenzuweisung; Baugenehmigung, Ordnungsbehörde (z. B. Überwachung des ruhenden Straßenverkehrs) jeweils nach Landesgesetz.

2 Vgl. Art. 28 Abs. 2 Grundgesetz.

3 Vgl. beispielhaft § 2 Gemeindeordnung Nordrhein-Westfalen.

4 Vgl. dazu beispielhaft *Katrin Harm/Tobias Jaeck/Jens Aderhold,* Kommunalpolitiker in der Überforderungsfalle? Ratsarbeit und Belastungswahrnehmung in sechs Kommunalparlamenten aus Sicht der Mandatsträger, in: Zeitschrift für Parlamentsfragen 2013, S. 829 – 846.

5 Vgl. dazu die empirischen Befunde bei *dies.* Anm. 4.

6 Zu den drei Ansatzpunkten bei Entscheidungen (Macht, Recht, Interesse) vgl. beispielhaft *William Ury/Jeanne Brett/Stephen Goldberg,* Getting disputes resolved. San Francisco, 1988.

7 Vgl. *dies.* Anm. 6.

8 Zu den bereits etablierten Arbeitsfeldern der Mediation vgl. beispielhaft die entsprechenden Beiträge bei Fritjof Haft/Katharina von Schlieffen (Hg.), Handbuch Mediation. 3. Aufl., München 2016.

Wenn ein Fremdling bei euch wohnt

Mediation und Kirchenasyl

Das Kirchenasyl ist eine Grauzone im Asylrecht. Denn einerseits gelingt es dem Kirchenasyl, rechtsstaatliche Entscheidungen wie etwa die Abschiebung von Geflüchteten aufzuschieben. Andererseits wird es in einem definierten Verfahren zwischen Verwaltung und Kirche geregelt. Im Nachhall der Flüchtlingswelle wurde im Jahr 2018 die Überstellungsfrist von 6 auf 18 Monate verlängert. Erst nach anderthalb Jahren Kirchenasyl haben Geflüchtete seither das Recht, hier in Deutschland einen Asylantrag zu beantragen. Auch wegen des resoluteren Vorgehens der Behörden gegen Pfarreien, z. B. Beschlagnahmungen von Unterlagen oder Zwangsräumungen, kommt es immer häufiger zum offenen Streit.

Wie sieht die Lage im Einzelnen aus?

Zurzeit sind 425 aktive Kirchenasyle in Deutschland mit mindestens 675 Personen bekannt, davon sind 143 Kinder. Über 90 % der Kirchenasyle sind sogenannte „Dublin-Fälle". Die aktuellen Zahlen liefert die ökumenische Bundesarbeitsgemeinschaft „Asyl in der Kirche"[1] (Stand 05. Juli 2019). „Dublin-Fälle", das sind die Fälle, in denen die Asylsuchenden nach dem Dublin-Verfahren in das EU-Mitgliedsland abgeschoben werden können, in dem sie erstmals registriert wurden.

Im vergangenen Jahr hat das Bundesamt für Migration und Flüchtlinge (BAMF) die Verfahrensregeln für das Kirchenasyl deutlich verändert. Statt der üblichen sechs Monate müssen Gemeinden ihre Schützlinge nun 18 Monate lang beherbergen. Erst dann wird das allgemeine Asylverfahren ganz offiziell vom Erstaufnahmeland nach Deutschland „überstellt".[2] Da bestimmte Länder, beispielsweise Italien, rigoroser gegen Flüchtlinge vorgehen und abschieben, besteht in Deutschland eine bessere Chance auf ein Bleiberecht. Hier hilft das Kirchenasyl den Härtefällen. Ist die 18-monatige Überstellungsfrist durchgestanden, kann in Deutschland der Antrag auf Asyl gestellt werden. Damit ist die Hängepartie für die Geflüchteten aber noch nicht zu Ende, denn über ein tatsächliches Bleiberecht entscheiden die deutschen Behörden.

Worum es geht, zeigen folgende Beispiele: Ein junger Eritreer[3] ist aktuell in einem Kirchenasyl in einer Frankfurter Gemeinde, da er vor dem Militärdienst in seiner Heimat geflohen ist. Ohne Kirchenasyl würde ihm die Abschiebung in sein Erstaufnahmeland, die Schweiz, drohen. Da diese ihre Asylpraxis gegenüber Eritreern verschärft hat, müsste er von dort in sein Heimatland zurückkreisen. In Deutschland hingegen hat er als Wehrpflichtiger aus Eritrea nach Ablauf des Kirchenasyls gute Chancen auf ein dauerhaftes Bleiberecht. Oder: Eine Äthiopierin fürchtete ihre Zwangsverheiratung und Beschneidung. Sie floh aus ihrem Heimatland, kämpfte sich nach Italien durch und von dort weiter nach Deutschland. Eigentlich hätte sie gemäß Dublin-Abkommen wieder in ihr Erstaufnahmeland Italien abgeschoben werden müssen. Aber sie hatte das Glück, in Fürth im Kirchenasyl aufgenommen zu werden. Wegen der verlängerten Überstellungsfrist von 18 Monaten „wanderte" sie durch die Kirchengemeinden und kann mittlerweile einen Asylantrag in Deutschland stellen.[4]

Das sind die Fälle, in denen alles einvernehmlich lief, doch das ist nicht immer so: Für Aufregung sorgte ein Polizeieinsatz in Ludwigshafen, als die Polizei eine koptische Familie in den Räumen einer Kirchengemeinde festnahm – ein Vorgehen, das von vielen als Tabubruch gesehen wurde und wird.[5]

Selbst Pfarrer geraten ins Visier der Staatsanwaltschaft, weil sie Kirchenasyle gewährten. Ein Landrat im Hunsrück erstattete in neun Kirchenasylfällen Anzeige gegen mehrere Pfarrer. Wie der Evangelische Pressedienst (epd) im Herbst 2018 berichtete, wurde ihnen von der Ermittlungsbehörde Beihilfe zum illegalen Aufenthalt vorgeworfen[6]. Zuvor war der Versuch gescheitert, ein Kirchenasyl – zur Erfüllung des Dublin-Abkommens – räumen zu lassen, um einen Sudanesen nach Italien, seinem Erstaufnahmeland, abzuschieben.

Der Fall bekam große mediale Aufmerksamkeit. Sogar das zuständige Ministerium schaltete sich ein, um die Wogen zu glätten, und erteilte dem

Landkreis eine Weisung, auf Zwangsmaßnahmen gegen das Kirchenasyl zu verzichten. Es wurde empfohlen, ein Mediationsverfahren mit den Kirchen einzugehen, um die Lage zu entschärfen. Auf diesen versöhnlichen Vorschlag wollte sich der Landkreis jedoch nicht einlassen, da man das Recht auf seiner Seite sah und eine externe Mediation „nicht erfolgversprechend" sei.

Nicht nur Kirchenvertreter, sondern auch viele Menschen aus der Bevölkerung kritisierten die Haltung und Vorgehensweise von Landrat und Polizei als „Tabubruch". Denn das Kirchenasyl gilt einerseits als letzte Bastion für humanitäre Härtefälle und andererseits ist vielen seine Unantastbarkeit auch aus politischen Gründen wichtig. Ein Kommentar am 14. März 2019 über die Geschehnisse im Hunsrück macht dies deutlich: Im Jahr 1989 habe nicht einmal die Stasi es gewagt, die Menschen „aus der Kirche zu zerren". Nicht zuletzt sei selbst die Wiedervereinigung erst unter dem Schutz der Kirche möglich geworden.[7]

Wodurch werden die Konflikte verschärft?

Viele Jahre bemühten sich Verwaltung und Kirche, jeden Einzelfall möglichst einvernehmlich und ohne großes Aufsehen zu lösen. Jetzt kommt um das Kirchenasyl immer häufiger zu offenen Konflikten. Seit Beginn der sog. Flüchtlingskrise erfährt das Kirchenasyl immer mehr Kritik aus verschiedenen Richtungen, vor allem mit dem Vorwurf, es hebele die Rechtsordnung aus. Die Kirchen wiederum kritisieren generell die deutliche Verlängerung der Überstellungsfrist und die zunehmend strikte Praxis der Behörden bei den Dublin-Fällen.

Und in der Tat sehen sich Gemeinden allzu oft nicht mehr in der Lage, Flüchtlingen Kirchenasyl für die Dauer von 18 Monaten zu gewähren. Mit der Verfahrensverschärfung ist die Anzahl der gemeldeten Kirchenasylfälle deutlich zurückgegangen: In der ersten Jahreshälfte des Jahres 2018 wurden durchschnittlich 167 Meldungen pro Monat beim Bundesamt für Migration und Flüchtlinge eingereicht. Nach Verlängerung der Überstellungsfrist waren es nur noch 68 Meldungen je Monat.[8] Für die Verschärfung der Regelung führte das BAMF an, viele Kirchengemeinden hätten sich nicht mehr an die Einigung aus dem Jahr 2015 gehalten, innerhalb eines Monats nach Meldung des Kirchenasyls ein Dossier zum jeweiligen Fall vorzulegen. 2018 sei dies bei einem Drittel der Neuzugänge unterlassen worden.[9] Das wirft die Frage auf, ob es sich dabei um abgelehnte Asylbewerber handelte.

Im Gegenzug fällt es vielen Kirchenvertretern schwer, die Ergebnisse von BAMF-Prüfungen zu akzeptieren, wenn sie das Schicksal der Menschen selbst als humanitäre Härtefälle einstufen.

Was ist das Kirchenasyl nun – eine Bastion der Mitmenschlichkeit oder ein Mittel, um den Rechtsstaat zu unterwandern? Beide Überzeugungen treffen mehr denn je aufeinander, womit Missverständnisse und Konflikte beim Kirchenasyl auch zukünftig angekündet sind.

Dipl.-Ing. Irene Seidel

---

1   Ökumenische Bundesarbeitsgemeinschaft „Asyl in der Kirche", https://www.kirchen-asyl.de/aktuelles/(zuletzt aufgerufen am 21. November 2019).

2   *Swaantje Marten,* Kirchenasyl rettet Flüchtlinge, in: Frankfurter Allgemeine Zeitung v. 27. April 2019.

3   *Dies.* Ebd.

4   Vgl. *Pat Christ,* Ein Kirchenasyl-Platz reicht nicht mehr. Wegen verlängerter Überstellungsfristen „wandern" Flüchtlinge durch die Kirchengemeinden, 20. Mai 2019, Evangelischer Pressedienst (epd), https://www.evangelisch.de/inhalte/156274/20-05-2019/ein-kirchenasyl-platz-reicht-nicht-mehr (zuletzt aufgerufen am 21. November 2019).

5   Vgl. epd, Kirchenasyl: Strafverfahren gegen Hunsrück-Pfarrer, 04. September 2018, https://www.evangelisch.de/inhalte/152090/04-09-2018/kirchenasyl-strafverfahren-gegen-hunsrueck-pfarrer (zuletzt aufgerufen am 26. Juli 2019).

6   *Ders.,* ebd.

7   *Ders.,* ebd.

8   *Marten,* Anm. 2.

9   *Dies.* ebd.

Wenn ein Fremdling bei euch wohnt

Kommentar: Ist Mediation als Konfliktlösungsmethode geeignet, um die Konflikte im Zusammenhang mit dem Thema Kirchenasyl konstruktiv zu lösen?

Ist Mediation grundsätzlich geeignet, um offene Streitigkeiten beim Kirchenasyl zu lösen?

Christine Rabe (Rabe): Das ist eine berechtigte Frage, die nicht einfach zu beantworten ist, da viele Aspekte beachtet werden müssen. Insbesondere ist danach zu differenzieren, ob es sich um einen Konflikt handelt, der sich im strafrechtlichen Kontext abspielt oder der Fragen des allgemeinen Verwaltungshandelns betrifft.

Martin Wode (Wode): Neben der Unterteilung nach den Rechtsgebieten ist zudem für die Beantwortung der Frage relevant, wer die Parteien eines Mediationsverfahrens sein können. Eine Mediation zwischen der Person im Kirchenasyl und z. B. der Gemeinde unterliegt anderen Voraussetzungen als eine zwischen Kirche bzw. deren Organen und staatlichen Stellen. Unterschiede bestehen auch, je nachdem, ob es um die Frage des „Ob" bzw. „Wie lange" des Kirchenasyls oder um dessen inhaltliche Ausgestaltung, das „Wie", geht.

Inwiefern ist eine Unterscheidung nach den Beteiligten und dem Inhalt der Mediation wichtig?

Antje Torlage (Torlage): Geht es um eine Mediation, die nicht direkt das „Ob" des Kirchenasyls betrifft, sondern z. B. ausschließlich dessen Ausgestaltung, treten andere Akteure in den Vordergrund. Hier sind im Streitfall Mitglieder einer Gemeinde betroffen: wie oder wem Kirchenasyl gewährt werden soll, woher die finanziellen Mittel kommen, in welchen Räumen die Asylsuchenden beherbergt werden oder welche konkreten Regeln des Zusammenlebens gelten sollen, und keine Problemkreise, die nur dem Kirchenasyl zuzuschreiben wären. Vielmehr geht es in diesen Fällen um allgemeine Konflikte, die unter Berücksichtigung der jeweiligen spezifischen Besonderheiten unserer Erfahrung nach ohne Weiteres mit sehr guten Ergebnissen mediiert werden können.

Wode: Letztlich stellen sich die gleichen Fragen wie z. B. bei den ehrenamtlichen Mediatoren, die sich im „Grünen Netz Mediation" zusammengeschlossen haben, um bei Konflikten mit und zwischen Geflüchteten zu unterstützen: Besonderheiten wie Sprachbarrieren, Arbeit mit Dolmetschern, unterschiedliche Wertesysteme und kulturelle Unterschiede, aber auch die Berücksichtigung von Traumata oder anderer Wahrnehmungen staatlicher Instanzen aufgrund der meist negativen Erfahrungen im Herkunftsland etc. sind von besonderer Bedeutung, während das Mediatonsverfahren an sich wie gewohnt abläuft.

Anders ist es bei Fragestellungen, die das Kirchenasyl als solches im Spannungsfeld zwischen Kirche und Staat betreffen.

Frau Dr. Rabe, Sie sagten eben, es sei dann dabei zu differenzieren, ob es sich um Strafrecht oder Verwaltungsrecht handelt. Weshalb ist diese Unterscheidung wichtig?

Rabe: Im Strafrecht wird Mediation in wenigen Bereichen in der Form des Täter-Opfer-Ausgleichs angewendet. Darum geht es in den vorliegenden Fällen aber nicht. Wird das Kirchenasyl im strafrechtlichen Kontext diskutiert, geht es konkret um § 95 Abs. 1 Nr. 2 AufenthaltsG, wonach ein strafbarer illegaler Aufenthalt vorliegt, wenn eine Person sich ohne erforderlichen Aufenthaltitel im Bundesgebiet aufhält, vollziehbar ausreisepflichtig ist, eine Ausreisefrist nicht gewährt wurde oder diese abgelaufen ist und die Abschiebung nicht ausgesetzt ist. Es handelt sich dabei um ein Offizialdelikt. Das bedeutet, dass die Straftat und ggf. auch etwaige Beihilfehandlungen von den Ermittlungsbehörden von Amts wegen verfolgt werden müssen, auch wenn kein Strafantrag vorliegt. Dies geschieht nach rechtsstaatlichen Vorgaben und ist nicht verhandelbar. Eine Mediation über den strafrechtlichen Gehalt ist daher in diesem Kontext nicht möglich.

Im Bereich des allgemeinen Verwaltungshandelns kann das ganz anders aussehen, soweit den Behörden ein Entscheidungsspielraum zusteht. Dabei ist der jeweilige Einzelfall zu betrachten.

Warum ist das so?

Torlage: Die Verwaltungsbehörden sind nach dem Rechtsstaatsprinzip verpflichtet, sich bei ihrem Handeln an Recht und Gesetz zu halten. Das bedeutet, dass sie weder bezogen auf die formellen Verfahrensabläufe noch bei den inhaltlichen Entscheidungen gegen das geltende Recht verstoßen dürfen. Daher ist bei der Frage einer möglichen Mediation immer zu prüfen, ob der Verwaltung inhaltlich ein Entscheidungsspielraum zusteht oder nicht.

Was ist konkret mit „Entscheidungsspielraum der Verwaltung" gemeint?

Rabe: Beim Verwaltungshandeln ist zwischen sog. gebundenen Entscheidungen und Ermessensentscheidungen zu unterscheiden. Bei gebundenen Entscheidungen hat die Behörde keinerlei Handlungsspielraum. Sind die im Gesetz genannten Voraussetzungen erfüllt, ergibt sich die Rechtsfolge, also das konkrete Verwaltungshandeln unmittelbar aus dem Gesetz. Der Verwaltungsmitarbeiter kann davon nicht abweichen, auch wenn er selbst möglicherweise das Ergebnis nicht gutheißt. Es kann allenfalls im Rahmen einer Mediation darüber verhandelt werden, wie das Ergebnis vollzogen wird, soweit nicht auch dazu gesetzliche Vorgaben existieren. Demgegenüber steht den Behörden bei sog. Ermessensentscheidungen ein Handlungsspielraum zu. Die Behörde muss in jedem Einzelfall prüfen, ob ihr Handeln gemessen am zu erreichenden Zweck geeignet, erforderlich und angemessen ist. In diesem Bereich ist der Raum für eine Mediation eröffnet, da der Behörde nur in diesem Kontext der für die Mediation zwingend erforderliche Verhandlungsspielraum zusteht.

Wenn sich Verwaltung und Staatsanwaltschaft auf das geltende Recht berufen, ist dann Kirchenasyl Unrecht? Würde man also mit Menschen verhandeln, die das geltende Recht brechen?

Wode: Ja und nein. Das Oberlandesgericht München beispielsweise hat in einem Urteil bereits im Jahr 2018[1] festgestellt, dass das Kirchenasyl kein in der geltenden Rechtsordnung anerkanntes Recht sei und die Grundrechte durch den Staat garantiert werden. Dazu gehöre auch, so das OLG, die Gewährung staatlichen Asyls in seiner gesetzlich geregelten praktischen Anwendung. Aber auch in der übrigen Jurisprudenz ist anerkannt, dass Kirchenasyl im historischen Sinn als ein gegenüber staatlichen Institutionen geltendes und zu beachtendes Recht nicht mehr besteht. Das Kirchenasyl wird aber nach wie vor als sich in christlich-humanitärer Tradition etabliertes Institut angesehen und respektiert. So weist auch z. B. das OLG München darauf hin, dass das Bundesamt für Migration und Flüchtlinge (BAMF) dies grundsätzlich nicht infrage stellen wolle. Ob diese Sichtweise so weit geht, zugunsten von Kirchenvorständen und Pfarreiverantwortlichen einen entschuldigenden Notstand anzuerkennen, ist bisher offenbar noch nicht entschieden worden. Das OLG München hatte diese Frage im genannten Urteil bewusst offengelassen, da sie nicht entscheidungserheblich war. Ob insoweit das Grundrecht der Glaubensfreiheit aus Art. 4 GG so weit geht, die durch Gewährung von Kirchenasyl ggf. tatbestandlich erfüllte Beihilfehandlung mit Blick auf die dahinterstehende religiöse Überzeugung und die unauflösbaren Gewissenskonflikte straffrei zu belassen, bleibt abzuwarten. Daher ist den Meinungen zuzustimmen, die das Kirchenasyl als rechtliche Grauzone beschreiben, da nach wie vor viele Fragen dazu offen sind. Ein Ausschlussgrund für eine Mediation ist darin allerdings nicht zu erkennen.

Torlage: Starke Veränderungen des Kirchenasyls sind vor allem in den letzten vier Jahren erkennbar. Die evangelische Zeitung[2] hat mit Verweis auf die Angaben des Bundesinnenministeriums aktuell Anfang Oktober 2019 berichtet, dass von den bis Ende August 2019 gemeldeten 441 Fällen von Kirchenasyl – laut ökumenischer Arbeitsgemeinschaft Asyl in der Kirche e. V. 431, davon 410 Dublin-Fälle – fünf Fälle nachträglich anerkannt worden seien. Demgegenüber lag die Anerkennungsquote des Kirchenasyls in den Jahren 2015/2016 noch bei 80 %. Die Veränderungen werden u. a.

darauf zurückgeführt, dass das BAMF Härtefälle von sich aus erkenne. Zudem wurden in einigen Bundesländern in den vergangenen Jahren Härtefallkommissionen eingerichtet. Kirchenasyl stellt kein Sonderrecht dar, sondern eine Alternative, Härtefälle zu klären. Für diese Klärung wurden seitens Verantwortlicher aus der Ökumene und Vertretern der zuständigen Behörden Verfahrensregeln entwickelt, deren Einhaltung mit einer Zurückhaltung bei der Durchsetzung asylrechtlicher Verfahren einhergeht und Gemeindevertreter vor strafrechtlicher Verfolgung geschützt hat.

Was spricht für und was gegen eine Mediation?

Torlage: Für eine Mediation spricht, dass sie Lösungsräume öffnet und erweitert. Bereits in der Vergangenheit haben das BAMF und Vertreter der Evangelischen und Katholischen Kirche den Austausch gesucht und gemeinsam „Regeln" für den Umgang mit der Thematik Kirchenasyl vereinbart. Wenn diese nunmehr durch einzelne Akteure nicht mehr beachtet werden, stellt sich die Frage nach dem „Weshalb". Eine Mediation wäre eine gute Möglichkeit, in einen Dialog einzutreten, anstatt die Probleme auf dem Rücken der Asylsuchenden auszutragen. Streitig war aktuell z. B., ob Personen, die sich offen im Kirchenasyl befinden und sogenannte Dublin-Fälle sind, flüchtig sind und sich durch Untertauchen in einer Kirche aktiv der Abschiebung entziehen. Wurde dies bejaht, machten die Innenminister davon Gebrauch, ausnahmsweise die Überstellungsfrist aus Art. 29 Abs. 2 S. 2 Dublin-III-VO von 6 auf 18 Monate zu verlängern. Das BAMF nahm daher für Kirchenasylfälle diese Ausnahme an. Erste Verwaltungsgerichte haben mit Verweis auf den Europäischen Gerichtshof (EuGH)[3] festgestellt, dass die Verlängerung der regelmäßig vorgesehenen sechsmonatigen Frist für offene Kirchenasylfälle unbegründet ist. In den Fällen des offenen Kirchenasyls könnte der Staat gebotene Überstellungen zwangsweise durchsetzen.

Wode: Die bisherige Zurückhaltung der zuständigen Behörden gegenüber dem Kirchenasyl wird als Ausdruck des Respekts vor einer christlich-humanitären Tradition, aus der das Kirchenasyl herrührt, verstanden, ohne von der Gesetzeslage in Deutschland gedeckt zu sein. Es existiert insoweit kein Sonderrecht der Kirchen. Vielmehr verzichtet der Staat bewusst darauf, sein Recht und den damit einhergehenden unmittelbaren Zwang in derartigen Fällen durchzusetzen. Diese wenn auch mit guten Gründen praktizierte Zurückhaltung der deutschen Behörden ist nicht geeignet, den unionsrechtlichen Begriff der „Flucht" dahingehend zu erweitern, dass hiervon auch der Asylsuchende erfasst wird, dessen Aufenthaltsort bekannt und für die staatlichen Behörden auch rechtlich zugänglich ist.[4] Dies ist bei offenem Kirchenasyl der Fall und eröffnet Spielräume, Konflikte auch zum „Ob" des Kirchenasyls mediativ zu lösen. Warum sollten die bekannten Regeln zum Kirchenasyl nicht durch mediative Verhandlungen angepasst werden können?

Rabe: Zudem ist zu beachten, dass Gesetze generell-abstrakte Regelungen für eine Vielzahl ähnlich gelagerter Fälle sind. Es handelt sich – zugespitzt – um „standardisierte Massenverfahren", bei denen die Besonderheiten des Einzelfalles häufig nicht ausreichend berücksichtigt werden, dies insbesondere dann nicht, wenn es nicht zu einem Klageverfahren kommt, in dem der Fall ausführlich geprüft wird, sondern es bei der Prüfung durch die Behörde bleibt, die oft auch unter dem Zeitdruck der Massen der Verfahren eine nur oberflächliche Prüfung vornehmen kann. Das Gesetz hat – so meine Erfahrung aus meiner Zeit als Rechtsanwältin –den Anspruch, allgemeingültige „Spielregeln" zu schaffen, die für das Gros der Verfahren und Fälle passen. Dabei kommt es immer wieder auch zu „Kollateralschäden", die im Einzelfall zwar Recht, aber nicht *ge*recht sein mögen. Nicht ohne Grund sind im Deutschen die Begriffe Recht und Gerechtigkeit unterschiedliche Wörter. Das Gesetz versucht zwar, diesen Verwerfungen vorzubeugen. Zu erkennen ist das z. B. an unbestimmten Rechtsbegriffen wie „recht und billig", „unbillige Härte" und „rechtmissbräuchlich", die eine Wertung zulassen. Ganz ausschließen lassen sich individuelle „ungerechte" Einzelfallentscheidungen aber nicht, mögen sie auch mit geltendem Recht vereinbar oder sogar zwingend so vom Gesetz vorgegeben sein. Dies gilt in allen Rechtsbereichen, und damit auch im Asylrecht. Im Asylrecht besteht jedoch die Gefahr, dass bei einer „Fehlentscheidung" der Asylsuchende nicht reversible Nachteile erleidet, bis hin zu Folter und Tod in dem Land, in das er abgeschoben wird. In diesen Fällen kann es nicht schaden, mit dem Kirchenasyl eine weitere Instanz der Barmherzigkeit zu haben, die diese Fälle erneut überprüfbar macht.

Wode: Dem griechischen Philosophen *Heraklit von Ephesus* wird das Zitat zugesprochen: „Den Namen des Rechts würde man nicht kennen, wenn es das Ungerechte nicht gäbe." Gerade erst offensichtlich ungerechtes Handeln, rechtswidrige Taten und Umstände, die für die Allgemeinheit nicht hinnehmbar sind, führen also zu einer Ausgestaltung des Rechts. Die Entwicklung der tatsächlichen Umstände führt aber dazu, dass das Recht insoweit immer erst reaktionär wirken kann. Ein gutes Beispiel ist z. B. die rechtliche Erfassung von Online-Aktivitäten und -straftaten. Der Bereich ist derart schnelllebig und relativ neu, dass das Recht diese Bereiche erst nach und nach abbilden kann. Auch politische Systeme verändern sich: Noch vor wenigen Jahren wäre es undenkbar gewesen, Schiffbrüchigen in den südlichen Grenzgewässern Europas Hilfe zu versagen und Menschen in Seenot ertrinken zu lassen – heute stellen sich für Hilfsorganisationen Fragen nach strafbarer Beihilfe zur Schleuserei. Der früher als Held gefeierte Seenotretter mutiert zum Kriminellen in der Berichterstattung und öffentlichen Wahrnehmung.

Im Eingangsbereich des Amtsgerichts Hannover hängt eine Tafel, auf der Amtsgericht, Landgericht und Staatsanwaltschaft Hannover gemeinsam dem Umstand gedenken, dass dort zwischen 1933 und 1945 das vom nationalsozialistischen Staat eingesetzte Sondergericht 210 Todesurteile und hohe Gefängnis- und Zuchthausstrafen gegen mehr als 7.500 Verfolgte verhängte. Dort heißt es: „Die dort tätigen Richter wendeten vielfach das Unrecht der NS-Sondergesetze an. […] Richter und Staatsanwälte nutzten das Gesetz und errichteten vor dem Terror des NS-Staates damit eine Fassade der Legalität. […] Wir gedenken der Opfer. Wir erinnern an den fehlenden Widerstand der Justiz in Hannover. Wir mahnen zur Achtsamkeit."[5]

Diese Beispiele zeigen, dass wir uns trotz der hohen rechtsstaatlichen Standards, die wir in Deutschland haben, nicht auf einer vermeintlich garantierten Unfehlbarkeit des Systems und der Justiz ausruhen sollten. Das Kirchenasyl versucht mit seiner historischen Herkunft, „gerechte" und barmherzige Lösungen in begründeten Ausnahmefällen zu ermöglichen, in denen staatliche Justiz das aus welchen Gründen auch immer nicht geschafft hat. Zudem handelt es sich beim Kirchenasyl nicht um einen Fall der Selbstjustiz, sondern um ein historisch gewachsenes, klaren Regeln unterliegendes Konstrukt zur humanitären Hilfe in begründeten Ausnahmefällen.

Es tut einer lebendigen Demokratie gut, wenn wir zulassen, dass jemand „den Finger in die Wunde legt" und evtl. Missstände im System kritisch aufzeigt und hinterfragt. Eine ehrliche, interessenbasierte und nach klaren Regeln geführte Verhandlung über diese Fälle im Rahmen einer Mediation schadet der Rechtsstaatlichkeit nicht, sondern ist eine zusätzliche Chance, Regeln des gemeinsamen Lebens zu gestalten und anzuwenden, die der Menschheit gerecht werden.

Rabe: Dem kann ich uneingeschränkt zustimmen. Eine Mediation könnte in diesen Fällen ggf. sogar ein (kosten- und ressourcenintensives) gerichtliches Verfahren entbehrlich machen. Dies gilt umso mehr, da Mediation gerade auch in der Verwaltungsgerichtsordnung ausdrücklich im Rahmen des Güterichterverfahrens vorgesehen ist. Wenn also während eines gerichtlichen Verfahrens ein Güterichterverfahren z. B. als Mediation durchgeführt werden kann, weshalb sollte dann außergerichtlich nicht bereits gemacht werden, was prozessual ausdrücklich gewünscht ist?

Bereits 2007 hat das Bundesverfassungsgericht in einem *Obiter Dictum* festgestellt: „Eine zunächst streitige Problemlage durch eine einverständliche Lösung zu bewältigen, ist auch in einem Rechtsstaat grundsätzlich vorzugswürdig gegenüber einer richterlichen Streitentscheidung."[6]

Daher spricht viel dafür, auch und gerade in den Verfahren betreffend das Kirchenasyl, Mediation als Verfahren der Konfliktklärung einzusetzen.

Gegen eine Mediation zum Thema Kirchenasyl könnten allerdings fehlende Verhandlungsspielräume sprechen, aber auch der zunehmende politische und/oder gesellschaftliche Druck.

Inwiefern politischer und/oder gesellschaftlicher Druck?

Rabe: Aus unserer Beobachtung heraus entsteht der Druck auf die Verwaltungsbehörden auf mehreren Ebenen. Zum einen ist zu beobachten, dass die Frage des Umgangs mit geflüchteten Menschen und insbesondere abgelehnten Asylbewerbern zunehmend polarisiert bis hin zu einer zumindest empfundenen Spaltung der Gesellschaft, die sich auch an der Ausrichtung der politischen Parteien ablesen lässt.

Zum anderen geht es um eine Wertediskussion: In welchem Verhältnis stehen Staat und Kirche zueinander? Darf die Kirche unter Rückgriff auf christlich-humanistische Traditionen ggf. den Vollzug der staatlichen Rechtsordnung verhindern und damit die strikte Trennung von Staat und Kirche infrage stellen? Was bedeutet das für das Verhältnis der unterschiedlichen Religionsgemeinschaften untereinander? Darf jede Religionsgemeinschaft Kirchenasyl gewähren, oder gibt es eine „Zwei-Klassen-Religion"? Welche Bedeutung hat Religion für die Identität der Gesellschaft bzw. darf sie haben? In dieser Wertediskussion werden insbesondere mit Blick auf die sehr zwiespältigen (politischen) Haltungen zu geflüchteten Menschen mehr oder weniger offen ausgesprochene Forderungen an die Behörden gestellt, nicht zuletzt auch durch die mediale Berichterstattung von begangenen Gewalttaten ausreisepflichtiger Migranten.

Torlage: Mit zunehmendem Druck geht oftmals eine gesellschaftliche Forderung nach mehr Härte, Klarheit und Durchsetzung einher. Die Veränderungen, die die Kollegen *Rabe* und *Wode* eben beschrieben haben, in einem Rechtsstaat Konflikte vorrangig außergerichtlich zu klären, eröffnen für mediative Techniken neue Möglichkeiten: Lösungen, die berechtigten Forderungen in Klarheit und Durchsetzbarkeit entsprechen und dabei sowohl staatlich-gesellschaftlichen Ansprüchen als auch denen der Beteiligten gerecht werden. Dies gilt es politisch wie gesellschaftlich zu implementieren. Die *Centrale für Mediation* berichtete im Herbst 2018 davon, dass das

Mainzer Integrationsministerium eine Abschiebung verhindert und dem Landkreis eine Weisung erteilt hatte, auf Zwangsmaßnahmen gegen das Kirchenasyl zu verzichten. Dem zuständigen Landrat wurde nahegelegt, ein Mediationsverfahren durchzuführen, was dieser mangels Erfolgsaussichten eines Kompromisses und Handlungsspielraum abgelehnt habe.[7]

Sind diese Konflikte überhaupt mediierbar?

Torlage: Gerade weil Handlungsspielräume bestehen und aufgezeigt werden können, besteht die Möglichkeit, derartige Konflikte mediativ zu klären. Dabei ist die Dimension dieses Wertekonfliktes zu beachten.

Wode: Der Konflikt um das Verhältnis von Staat und Kirche hat eine große Dimension. Die aktuelle Debatte um das Thema Kirchenasyl ist nach unserem Dafürhalten aber nicht ohne diesen dahinter liegenden Wertekonflikt zu führen. Die entscheidende Frage wird sein, ob die jeweils beteiligten Protagonisten tatsächlich bereit sind, sich von ihren jeweils eingenommenen Positionen zu lösen. Mediation setzt stets voraus, dass die Beteiligten verhandlungsbereit am Prozess partizipieren wollen, also ergebnisoffen und kompromissbereit sind. Ist das nicht der Fall, wird eine Mediation keinen Erfolg haben.

Wo sehen Sie die Einsatzmöglichkeiten von Mediation in diesem Kontext?

Rabe: Wie bereits erwähnt, haben die Vertreter der Kirchen und das BAMF in der Vergangenheit gemeinsam Lösungen zum Umgang mit dem Thema Kirchenasyl gefunden. Wenn diese – gleich aus welchen Gründen – nicht mehr passen, sollte darüber ggf. im Rahmen einer Mediation gesprochen und ein neuer Aushandlungsprozess gestartet werden.

In konkreten Einzelfällen sollte geprüft werden, ob es sich um Entscheidungen handelt, bei denen die Behörde einen Entscheidungsspielraum hat oder nicht. Falls ein solcher besteht, könnte auch hier eine mediative Lösung angestrebt werden.

Soweit es um das Thema des Verhältnisses von Staat und Kirche und die Frage der Akzeptanz christlich-humanistischer Traditionen vor dem Hintergrund rechtsstaatlicher Regelungen geht, ist das eine (gesellschafts-)politische Diskussion, die allenfalls im Rahmen einer politischen Mediation angegangen werden kann.

Die Experten

Dr. Christine Susanne Rabe, Mediatorin BM® und BuM; Interkulturelle Mediatorin; Supervisorin; Lehrbeauftragte u. a. an der Kommunalen Hochschule für Verwaltung in Niedersachsen und der Leibniz Fachhochschule Hannover; geschäftsführende Gesellschafterin der Legaxa® GmbH, Hannover.

Antje Torlage, Rechtsanwältin; Mediatorin BuM; Supervisorin; Lehrbeauftragte an der Hochschule Hannover (HsH) und Kommunalen Hochschule für Verwaltung in Niedersachsen; Referentin u. a. für die Legaxa® GmbH, Hannover.

Martin Wode, Rechtsanwalt; Fachanwalt für Miet- und Wohnungseigentumsrecht; Fachanwalt für Sozialrecht; Mediator BM® und BuM; Wirtschaftsmediator; Supervisor; Lehrbeauftragter u. a. an der Kommunalen Hochschule für Verwaltung in Niedersachen und der Leibniz Fachhochschule Hannover; geschäftsführender Gesellschafter der Legaxa® GmbH, Hannover..

---

[1]   OLG München, Urt. v. 03. Mai 2018, – AZ 4 OLG 13 Ss 54/18 –.

[2]   Evangelische Zeitung v. 08. Oktober 2019.

[3]   EuGH, Urt. v. 19. März 2019, – C-163/17 –.

[4]   VG Aachen, Urt. v. 15. Mai 2019, – 2 K 3160/18 –.

[5]   Unser Dank geht an die *Pressestelle des Amtsgerichts Hannover*, die die freundliche Genehmigung zum Abdruck gegeben hat.

[6]   BVerfG, Beschl. v. 14. Februar 2007, – 1 BvR 1351/01 –.

[7]   Vgl. *Centrale für Mediation* v. 18. September 2018.

Fall gescheitert, Mission erfüllt?

Mediation für Diversity in Unternehmen

Vorspann

Der folgende Fall handelt von einer Mediation in einem Konzern in Deutschland, die von der Personalleitung in Absprache mit dem Betriebsrat und der Abteilungsleitung in Auftrag gegeben wurde. Anlass dafür war ein Schreiben einer schwarzen Mitarbeiterin, das an diese drei Stellen gerichtet war und in dem schwere Vorwürfe und Versäumnisse gegenüber der Teamleitung und deren Teamassistenz erhoben wurden.

Ausgangspunkt und Schwerpunkt der folgenden Darstellung waren die Konfliktgespräche in einem von fünf Teams einer Abteilung des deutschen Standorts. Dieses Team bestand insgesamt aus neun Personen: sieben einfachen Mitgliedern, einer Teamleitung und einer Teamassistenz. Die Mediation fand zunächst zwischen der Teamleitung und der schwarzen Mitarbeiterin statt sowie anschließend mit dem gesamten Team. Ein konkreter Konflikt zwischen der schwarzen Mitarbeiterin mit der Teamassistenz, der in einem ausgegliederten Setting bearbeitet wurde, führte zum Abschluss der Konfliktbearbeitung in dieser Abteilung.

Die Organisation setzte jedoch später – als Konsequenz aus den Mediationsgesprächen – die zugrunde liegende Thematik auf die Weiterbildungsagenda aller Abteilungen.

Abb. 1

Fallbeschreibung

Auftakt für mich als externer Konfliktberater und möglichen Mediator war in diesem Fall ein Anruf des Betriebsratsvorsitzenden. Er stellte in Aussicht, dass ich als Mediator in einem eskalierten Konflikt benötigt werde, und fragte mich, ob ich mir vorstellen könne, diesen Auftrag zu übernehmen. Ganz einfach sei die Sache indes nicht, weder thematisch noch persönlich. Ich kannte den Betriebsratsvorsitzenden bereits aus anderen Beauftragungen aus den Jahren zuvor. Wir hatten im Rahmen der strategischen Ausrichtung des fünfzehnköpfigen Gremiums bereits einen intensiven Kontakt miteinander, sodass er mir auch gleich mitteilte, dass er selbst nicht direkt von dem Konflikt betroffen sei und wohl auch nicht in die Mediationsgespräche involviert sein werde.

Ich war bereits nach diesem Telefonat interessiert, da es sich um einen komplexen und anspruchsvollen Konfliktfall zu handeln schien, der interkulturelle Aspekte berührte. Inwieweit es sich um einen geeigneten Konfliktfall für eine Mediation handelte oder nicht andere Methoden zum Tragen kommen sollten, ließ ich zunächst offen.

Ich schloss das Gespräch mit der Bitte, zunächst ein Auftragsklärungsgespräch zu viert zu ermöglichen, und zwar mit der Abteilungsleiterin, der Leiterin des Personals und dem Betriebsratsvorsitzenden, also den Adressaten des Schreibens der schwarzen Mitarbeiterin. Denn die Mediation – zu diesem Zeitpunkt noch offener als „Konfliktbearbeitung" deklariert – war keineswegs nur eine private Zwistigkeit zwischen den Teammitgliedern. Vielmehr standen grundlegende Werte der Organisation und des zwischenmenschlichen Arbeitsprozesses in Rede. Zudem konnte die Konfliktbearbeitung nicht in Hinterzimmern der Organisation geklärt werden, würde aber geheim bleiben. Es handelte sich um eine Organisationsmediation, die angesichts der Thematiken (Diversity, Diskriminierung, Rassismus) der uneingeschränkten Unterstützung der obersten Leitungsebene bedurfte.

Kommentar

1. Treffen – Auftragsklärung

Zunächst schilderte die Abteilungsleiterin, wie sich die Situation für sie darstellte. Der Konflikt in diesem Team schwele bereits seit einigen Monaten und drehe sich vor allem um die unzureichenden Leistungen der schwarzen Mitarbeiterin. Ihre Leistungen seien in der Tat mittels eines Leistungserfassungstools als unzureichend eingestuft worden, was bereits im Team mehr oder weniger offen thematisiert worden sei.

Die Teamleiterin sei allerdings erst neu in diese Position gerückt, sehr jung und nun völlig auf dem falschen Fuß erwischt worden. Dass es bereits zu Streitereien zwischen der schwarzen Mitarbeiterin und der Teamassistenz gekommen sei, sei ihr ebenso wie dem Team seit längerer Zeit bekannt. Das sei auch nicht verwunderlich, so die Abteilungsleiterin, da die Teamassistenz einen enormen Einfluss auf die Leistungsbeurteilung habe.

Deutlich sei aus dem Beschwerdeschreiben geworden, dass die schwarze Mitarbeiterin seit einigen Wochen unter der Arbeitssituation mit der Teamassistenz gelitten und dies der Teamleitung auch mitgeteilt habe. So sei der Vorwurf verständlich, von der Team-leitung allein gelassen worden zu sein, ebenso die Ankündigung, nicht mehr mit der Teamassistenz in einem Raum allein arbeiten zu wollen.

Die schwarze Mitarbeiterin habe im Laufe der Untätigkeit der Teamleitung um Schutz und Beratung bei einer Sozialberatungsstelle ersucht, die auf Gender- und Race-Themen spezialisiert ist. Hier habe sie eine Vertrauensperson gefunden, mit der sie die Situation und auch die Absicht eines offiziellen Beschwerdeschreibens besprochen habe. Dort habe man ihre Situation als Mobbing- und Diskriminierungssituation eingeschätzt und zu dem Schreiben geraten. Die Mitarbeiterin sei systematisch ausgegrenzt und sonach von ihrer Vorgesetzten dazu aufgefordert worden, auf die anderen zuzugehen, um diese Isolierung zu beenden. Es kursierten Gerüchte über Krankheiten, Wissenslücken und Fehlinterpretationen zu verschiede-

nen Vorkommnissen. Zudem sei die Vorgesetzte ihren Schutz- und Für-
sorgepflichten nicht nachgekommen. Ich deutete bereits zu diesem Zeitpunkt an, dass für den Fall einer Mediation diese Vertrauensperson sehr
wahrscheinlich hinzugezogen werden müsse.

Im Anschluss erklärten die Personalleiterin sowie der Betriebsratsvorsitzende die Bereitschaft, das Thema anzupacken und eine Mediation in Auftrag zu geben. Damit war auch die Bitte verbunden, Empfehlungen für die
weitere Bearbeitung des Themas für den gesamten Standort der Organisation abzugeben. Ich beendete das Gespräch mit der Absichtserklärung,
in den nächsten Tagen ein ausführliches Angebot zu formulieren, aus dem
der Aufwand und die Vorgehensweise hervorgehen würden.

2. Nach dem ersten Treffen

Nach diesem ersten Treffen, und ohne mit den direkten Konfliktparteien
gesprochen zu haben, stellte sich mir die Situation folgendermaßen dar:

a) Ist-Situation

Das Klientsystem war eine organisatorisch selbstständige Einheit eines
international agierenden Konzerns. Diese zu Beginn der 2000er Jahre aus
dem Konzern ausgelagerte Einheit erbringt Dienstleistungen für den Mutterkonzern. Ihr personelles Wachstum hat selbst den Mutterkonzern überrascht. Nach wenigen Jahren waren mehr als viermal so viele Mitarbeiter*innen beschäftigt, als die ursprüngliche Planung vorsah. Ein unglaub-
liches Tempo an Wachstum hatte der Standort hinter sich!

Am Standort Deutschland selbst agierten Menschen aus unzähligen Nationen, die mehrere Dutzend verschiedene Muttersprachen aufwiesen. Of-
fizielle Arbeitssprachen waren Deutsch und Englisch. Gemäß § 9 S. 1 Be-
triebsverfassungsgesetz existierte ein Betriebsrat.

Das neunköpfige Team, in dem das Konfliktpotenzial eskalierte, bestand
– wie schon erwähnt – aus der Teamleiterin, einer männlichen Teamassistenz und sieben Mitarbeiter*innen (aus vier Nationen).

Zusätzlich zu diesen Akteuren war die Vertrauensperson der schwarzen Mitarbeiterin bedeutsam. Es handelte sich um eine ehrenamtlich tätige Sozialarbeiterin, ebenfalls eine schwarze Frau, die eine maßgebende Rolle für das Gelingen der Mediation spielen würde. Ohne sie wäre es niemals zu konstruktiven und offenen Gesprächen zwischen den Organisationsmitgliedern gekommen, da die schwarze Frau allein und ohne Beistand nicht zu einer offenen Ansprache bereit gewesen wäre.

b) Überlegungen für das weitere Vorgehen

Im weiteren Bearbeitungsprozess waren zwei Punkte in der Prozessarchitektur wichtig. Einerseits war darauf zu achten, dass das Beratungssystem die Komplexität des Klientensystems widerspiegelt: Als weißer, männlicher, externer Mediator in einer deutschen Konzerneinheit, die zu über 70 % aus Frauen bestand, aber in den Führungsetagen keine 10 % weibliches Personal aufweisen konnte, hatte ich mit einer Mediation in dieser Konstellation kaum Erfolgsaussichten. Insoweit war eine Co-Mediation mit einer weiblichen und möglichst auch schwarzen Co-Mediatorin naheliegend.

Zum anderen war bedeutsam, wie die Mediation im konkreten Fall ihren organisationalen Charakter erhielt, also organisationsbezogen durchgeführt werden konnte. Das machte es erforderlich, dass die Organisation mit ihren Interessen und Anliegen stets „mit im Raum" war. Auf diesem Wege konnte der Konflikt instrumentalisiert werden, sodass die Organisation anhand und infolge der Konflikteskalation lernen und nachhaltige Veränderungen einleiten konnte.

Diese Notwendigkeit passte zum Thema Diskriminierung in Organisationen. Hier besteht regelmäßig die Gefahr, dass der blinde Fleck der Organisation in der Mediation dazu führt, dass die kontextbasierten Konflikttreiber ausgeblendet und die handelnden Personen vereinzelt werden: Die strukturell Diskriminierten werden durch die „alleinmachende" Mediation genau noch einmal diskriminiert. Die Mediation selbst gerät zum Stabilisator der Organisationsstruktur. Zu diesem „alleinmachenden", nicht zum Ausgleich befähigenden Kontext würde konsequenterweise auch der*die Mediator*in zählen.

c) Co-Mediation

Da ich kein ausgewiesener Spezialist auf dem Gebiet „Gender and Race" bin, sprach ich mich beim Auftraggebersystem für eine Co-Mediation aus. Hier konnte ich auf einen Vorschlag der Vertrauensperson zurückgreifen. Die Bereitschaft zur Mediation wurde auch vonseiten der schwarzen Frau zugesagt, wenn – neben ihrer Vertrauensperson – eine zweite Mediatorin, die bereits angefragt wurde, mit mir zusammen die Mediation durchführen würde. Das passte zusammen.

Gegenüber der Organisation verdeutlichte ich in dieser Angelegenheit einerseits meine beraterischen Grenzen und konnte damit ggf. unrealistischen Erwartungen vorauseilend entgegenwirken. Die Co-Mediation war zudem hervorragend geeignet, in den offensichtlichen Streitthemen die passende Vielseitigkeit zu spiegeln: Während „die eine Seite" über Leistung, Kennzahlen und „Performance" reden (wollen) würde, würde „die andere Seite" über diskriminierende Strukturen und ein problematisches, rassistisches Arbeitsklima sprechen wollen. Um in einem solchen Fall beide Seiten im Wege der Mediation hin zu einer dritten Ebene zu führen, deren Basis eine wertschätzende „OK.-OK."-Haltung sein würde, war einerseits Enttäuschung vonnöten (nicht ausschließlich über das eigene Thema reden zu können, „DIE Wahrheit") und andererseits zugleich Ermutigung, dass das zunächst Trennende und Widersprüchliche doch zusammengehören könnte. Von der immer wiedergekäuten Idee, wer schuld und was das eigentliche Problem sei, war Abschied zu nehmen.

Vereinbart wurde letztlich zwischen mir und dem Auftraggebersystem, dass wir in der kleinen Runde mit der Teamleitung und der schwarzen Mitarbeiterin, ggf. mit der Teamassistenz, arbeiten würden (vier bis fünf Sitzungen à drei Stunden), um anschließend mit dem gesamten Team in Team-Workshops die grundlegenden Fragen und weiteren „Konfliktpotenziale" in diesem Zusammenhang zu bearbeiten, die sich für alle Beteiligten als relevant herausgestellt haben (wiederum vier bis fünf Sitzungen à drei Stunden). Von Beginn an behielten wir in Absprache mit der Abteilungsleiterin im Auge, dass wir mit den Erfahrungen in diesem Team in den anderen Abteilungsteams Diversity-Workshops durchführen würden, sofern deutlich würde, dass die Themen abteilungsweit virulent waren. Dafür vereinbarten wir regelmäßige Rückkopplungsgespräche mit dem Auftraggebersystem.

Die Mediationsgespräche fanden übrigens in den Konferenzräumen am Firmenstandort statt. Mit den Räumlichkeiten war ich zwar nicht äußerst zufrieden, konnte aber die Überlegungen der Beteiligten nachvollziehen: Die enge Arbeitstaktung ließ es bereits als Luxus und bedeutsames Zeichen der Standortleitung erscheinen, dass sich zum Teil ein ganzes Team für drei Stunden aus dem Arbeitstag „herausnehmen" durfte. Das war ein Novum und wurde von allen am Standort registriert und entsprechend eingeordnet: Hier geschah etwas Bedeutungsvolles.

Die im Ganzen entstandene Arbeitssituation zwischen den Beteiligten lässt sich grafisch so darstellen:

Abb. 2

d) Konfliktthemen und Organisationskultur

Es war nicht verwunderlich, dass in der Mediation Diskriminierungen thematisiert wurden, derer sich kaum jemand im Team bewusst war. Teamgespräche drehten sich allein um Leistungsthemen und mangelnde Anpassungsbereitschaft von Außenseiter*innen. In diesem Rahmen kam es zu gegenseitigen Diskriminierungen und Herabsetzungen, die auf Stereotypen aufbauten. Genau das ist der Nährboden für eine vergiftende diskriminierende Atmosphäre; die Organisationskultur dürfte hier prägend gewirkt haben: Der Anteil weiblicher Mitarbeiterinnen liegt bei über 70 %, aber in Führungsfunktionen sind Frauen signifikant unterrepräsentiert (unter 10 %). Der Zusammenhalt in einer Atmosphäre von „Freundinnen" führte dazu, dass sich keine aus der Mitte entfernen durfte, weder nach oben noch sonst wohin: Die schwarze Mitarbeiterin war zwar keine sogenannte „High Performerin" (in der Sprache der Organisation), aber sie zeigte gegenüber ihren Teamkolleginnen deutlich abgrenzende Züge des Stolzes und der Unnahbarkeit, die erst im Laufe der Mediation als Schutz und Umgangsmöglichkeit mit dem Konfliktpotenzial für alle verständlich wurden. Vorher wurde sie dafür ausgegrenzt und sozial abgestraft. Teamgeist entstand ausschließlich über die Frage, wer mit wem „Freundin" war, nicht Kollegin oder sonst wie arbeits- und organisationsbezogen.

Um „konfliktfest" zu werden, war für die Gesamtorganisation daher wichtig, dass die Professions- und Organisationswelten gegenüber den Privat- und Gemeinwesenwelten innerhalb der Arbeitsorganisation etabliert wurden. [1] Im Change-Portfolio von Balling[2] handelt es sich bei dem anstehenden OE-Prozess entsprechend um einen Identitätssprung: Die Professionalisierung im zwischenmenschlichen Umgang würde eine transformative Qualitätsverbesserung der Organisationskultur bedeuten, ohne dass Strukturen und Prozesse innerhalb des Arbeitsablaufs grundlegend verändert werden müssten. Die anvisierte Einstellung zueinander, dass man auch als Kollege und Kollegin freundlich, persönlich und zugewandt miteinander umgehen kann, selbst wenn keine private Freundschaft gepflegt wird oder man „nicht mit dem anderen in den Urlaub fahren würde", würde das Arbeitsklima entspannen und die Ansprüche aneinander auf ein realistisches und förderliches Maß zurechtrücken. Relevantes Lernmoment war deshalb auf der persönlichen Ebene die Unterscheidung von Kollegialität und Freundschaft, von Persönlichem und Privatem – eine Unterscheidung, die die Organisation selbst kultivierte – und sich damit von ihrem „Pionierstatus" verabschieden musste.

3.) Auszüge aus den Mediationsgesprächen

a) Teamleiterin – schwarze Mitarbeiterin

Zunächst ging es in den ersten Gesprächen zwischen der Teamleiterin und der schwarzen Mitarbeiterin darum, das Vertrauen wiederherzustellen: Die ostdeutsch sozialisierte Teamleiterin kämpfte buchstäblich darum, dass sie wieder als Unterstützerin und Förderin betrachtet wurde. Das war ihr wichtig und so fiel es ihr leicht einzusehen, dass sie die Perspektive der schwarzen Frau bisher nicht verstanden hatte und verstehen konnte. Sie bemühte sich deshalb um ein interkulturell-fundiertes Führungskräfte-Coaching, zeigte sich lernbereit und damit führungsstark. Das akzeptierte die schwarze Mitarbeiterin, die im Übrigen gut 20 Jahre älter ist, verdeutlichte aber auch, dass zwischen ihnen „bereits zu viel passiert" sei.

b) Freiwilligkeit im Team

Zunächst stellte sich in den Mediationsgesprächen mit dem Team die Frage der Freiwilligkeit der Anwesenden. Ich verdeutlichte zu Beginn, dass ich ein Auftragsverhältnis mit der Geschäftsführung hätte, diesen Klärungs- und Mediationsprozess durchzuführen. Ziel dieses Verfahrens sei es, die unterschiedlichen Perspektiven, Interessen und Bedürfnisse bei der Zusammenarbeit zur Sprache zu bringen und gemeinsam eine (neue) Kooperationsbasis zu finden.

Inhalt des Auftragsverhältnisses sei damit, dem Team als Einheit der Organisation die Mediationskompetenzen zur Verfügung zu stellen. Dafür erhielte ich ein bestimmtes Honorar. Das sei erfolgsunabhängig – verbunden mit einer einzigen Marschroute: die Bedingungen zu klären, unter denen im Team wieder gutes Arbeiten möglich werde.

Hierfür war nun ein (zusätzliches) Arbeitsbündnis mit den Teammitgliedern nötig. Dafür sicherten die Geschäftsführung und ich sowohl Vertraulichkeit als auch ein allseitiges Agieren auf freiwilliger Basis zu, wie sie aus den Einzelarbeitsverträgen erkennbar war.

Diese Motivation, so verdeutlichte ich gegenüber dem Team, finde ihr Pendant in den jeweiligen Arbeitsbündnissen mit der Organisation wieder: Der Arbeitsvertrag sei Ausdruck dessen, in einem Team zusammenarbeiten zu können. Darin sei freilich nicht ausdrücklich und wortwörtlich festgeschrieben, dass an Mediationen teilgenommen werden müsse. Aber soweit der Arbeitgeber eine derartige Maßnahme in Abstimmung mit den verantwortlichen Beteiligten für erforderlich halte, sei zumindest die anfängliche Teilnahme vom Direktionsrecht erfasst. Nun, einer juristischen Pflicht zu unterliegen, ist das eine, einen Klärungsdruck zu verspüren, etwas anderes.

So wie die Teammitglieder bis dato miteinander umgegangen seien, könne es – nach den eigenen Aussagen der Beteiligten – nicht weitergehen, interpretierte ich zu Beginn laut. Ein Teammitglied habe sich an den Betriebsrat und die Vorgesetzten gewandt, um einen Klärungsprozess anzustoßen.

Die Geschäftsführung traue dem Team zu, so zitierte ich die Auftraggeberseite, mithilfe externer Unterstützung die inakzeptable Situation selbständig zu klären. Deshalb habe sie noch keine weiteren Maßnahmen eingeleitet. Wenn es jedoch nicht zu einer Klärung komme, müsse die Standortleitung eine Entscheidung treffen.

Insoweit sei die Mediation zwar freiwillig, weil im Rahmen des Arbeitsvertrages angelegt, aber nicht druckfrei. Der Konflikt übe seine druckvolle Dynamik auch hier aus. Die Teammitglieder hätten also einen Konflikt auszutragen und das erfordere alle Bereitschaft; das sei die Arbeit, die in der Mediation anstehe und die deshalb auch während der bezahlten Arbeitszeit stattfinde.

Abb. 3

Letztlich gelang es, die befürchteten negativen Konsequenzen nicht mehr an die Mediation als Ausgangspunkt zu knüpfen, sondern an die konfliktäre Teamsituation. Die Mediation wurde sodann als Lösungsangebot akzeptiert und nicht als (unfreiwillig angeordnetes) Problem interpretiert.

c) Teamassistenz – schwarze Mitarbeiterin

Im Folgenden zeigte sich, dass ein „Brandherd" des Konflikts zwischen der schwarzen Mitarbeiterin und der Teamassistenz nach wie vor existierte. Konflikthistorisch handelte es sich um einen der Ursprungsherde, der doch noch eine akute Behandlung benötigte. Mehrmals schrieb die Teamassistenz nach den Mediationssitzungen E-Mails an alle Beteiligten, inklusive Auftraggebersystem, in denen er wiederkehrend seine Sichtweise darlegte und über den Vorwurf der Diskriminierung empört war. Wie er in den Gesprächen darlegte, habe er als Kind selbst erlebt, wie seine Eltern als „zugezogene Migranten" erniedrigt und verletzt worden seien. Er wisse, wie schlimm Diskriminierung sei, und könne daher gar nicht rassistisch oder diskriminierend sein. Diese E-Mails waren deutlich agitierend und gegen Ende zuweilen auch „lärmend" aggressiv, da es aus seiner Sicht um anderes gehe, nämlich das geforderte Leistungsvermögen des Teammitglieds (schwarze Mitarbeiterin).

Dieser Pattsituation zwischen den beiden Protagonisten und ihrer emotionalen Streitkommunikation darüber, worum es eigentlich gehe, wollten wir in der Mediation nachgehen. Aus diesem Grunde bildete ich in Absprache mit der Co-Mediatorin abermals einen kleinen Arbeitskreis im Setting einer „klassischen" Mediation, in dem lediglich die Teamassistenz und die schwarze Mitarbeiterin sowie ihre Vertrauensperson anwesend waren. Das Angebot einer eigenen Vertrauensperson lehnte die Teamassistenz ab. Wir arbeiteten jedoch drei Stunden an lediglich einer Frage, die vorbereitenden Charakter hatte, aber für den Fortgang entscheidend sein würde.

Denn die Teamassistenz war nicht bereit, mit der schwarzen Mitarbeiterin zu sprechen oder sie anzuhören, solange deren Vertrauensperson anwesend war und etwas sagen durfte. Im Übrigen war die Teamassistenz zurückhaltend höflich, wenn auch angespannt und nach wie vor empört über den Vorwurf der Diskriminierung. Doch an dieser Frage hing für ihn alles: Er versuchte, der schwarzen Mitarbeiterin vehement klarzumachen, dass sie ihm vertrauen könne, er nicht rassistisch sei, sie ihm nur sagen müsse, was sie denke und wolle. Mit ihm könne man doch reden, da er selbst als Kind Zeuge schwerer rassistischer Diskriminierungen gegen seine Mutter und ihn gewesen sei. Dass er damit die Perspektive und persönliche Verfassung der schwarzen Mitarbeiterin ausblendend abwertete, konnte er nicht verstehen.

Wir arbeiteten hier mit perspektivenverändernden Interventionen, ließen ihn die Aussage der Frau wiederholen, fassten sie mit eigenen Worten nochmals zusammen und verdeutlichten, dass die eigene Diskriminierungserfahrung weder davor schütze, selbst diskriminierend zu agieren, noch dass ein Kommunikationspartner sich aus seiner Welterfahrung heraus diskriminiert fühle. Selbst die Rahmung, dass das Diskriminierungsempfinden in Arbeitsbeziehungen nicht das Ende und die Aburteilung sei, sondern der Beginn einer vertieften Arbeits- und Kommunikationsbeziehung, konnte nicht angenommen werden. Dieser Pfad führte abermals zu einer Pattsituation in Form eines Machtspiels: Die Teamassistenz fühlte sich diskriminiert, wenn die Vertrauensperson der schwarzen Mitarbeiterin bleiben dürfte.

Für die schwarze Mitarbeiterin war die Anwesenheit der Vertrauensperson unverhandelbare Bedingung, um sich in der Mediation äußern zu können. Sie gebe ihr den Ausgleich, um sich zumindest inhaltlich zu äußern, wenn sie sich schon nicht vollständig auf Augenhöhe fühle. Die Teamassistenz hingegen wollte keine eigene Vertrauensperson und beharrte darauf, nur dann mit der schwarzen Mitarbeiterin zu sprechen und ihr zuzuhören, wenn deren Vertrauensperson nicht anwesend sei. Für ihn blieb die Anwesenheit ein Indiz der Aburteilung seiner Person. Ihm kam nicht in den Sinn, dass diese Vertrauensperson für seine Gesprächspartnerin anwesend war und nicht gegen ihn.

Aus dieser Pattsituation gab es kein Entkommen. Weitere Angebote wurden abgelehnt, die Entscheidung zur Identitätsfrage erhoben, obschon wir verdeutlichten, als Mediator*innen nichts in dieser Frage entscheiden zu können. Wir beschlossen, diesem Anliegen unter keinen Umständen einseitig nachzukommen und damit letztlich die etablierten Machtstrukturen zu perpetuieren. [3] Wir fragten weder die Mitarbeiterin noch die Vertrauensperson, was sie davon hielten, allein weiterzuarbeiten. Wir wollten die Mediation als Verfahren keinesfalls in den Kontext rücken, dass – symbolisch gesprochen – der weiße Mann bestimmte, unter welchen Umständen die schwarze Frau agieren könne. Wir übernahmen hier die Verfahrensherrschaft. Deshalb unterbrachen wir jeden Versuch, bereits inhaltlich zu werden und über diese Uneinigkeit hinwegzugehen. Dabei konnten wir freilich nicht der Teamassistenz vorschreiben, ob und wie er zuzuhören habe. Die von uns gesetzte Grenze war, dass wir nicht eher inhaltlich würden, bis es zu einer Einigung über das Setting und damit die Anwesenden komme. Die Parteien blieben damit die selbstbestimmten Akteure des Verfahrens. Ein Umschwenken oder eine Einkehr in ein direktiveres Verfahren (Schlichtung, evaluative Mediation etc.) schlossen wir aus.

Ohne hier ins Detail gehen zu können, zeigte sich in dieser dreistündigen Einzelsitzung zwischen den beiden, dass sie nicht weiter zusammen in einem Team arbeiten wollten und konnten. Eine gewisse Re-Etablierung ihrer Arbeits- und Beziehungsgrundlage war ihnen nicht möglich, auch nicht in Anwesenheit von Unterstützungspersonen sowie von Mediator*innen und Prozessbegleiter*innen. Das war das einvernehmliche Ergebnis dieses Arbeitskreises.

Das Konfliktpotenzial, das sich die gesamten Wochen vorher in eskalierender Kommunikation, in Ausweichmanövern etc. bereits gezeigt hatte, konnte in dieser Sitzung klar und für beide Seiten akzeptierend gezeigt werden. Sie waren sich schlussendlich einig, dass sie ihre Unterschiedlichkeiten und Gemeinsamkeiten nicht inhaltlich miteinander bearbeiten wollten und konnten. Sie konnten aber „gemeinsam akzeptieren", dass nunmehr die Organisation Konsequenzen festsetzen würde.

4. Konsequenzen und Vereinbarungen der Mediation

Im Anschluss standen die Rückkopplung mit dem Auftraggebersystem und die Klärung der weiteren Vorgehensweise an. Für das Auftraggebersystem gab es zwei wesentliche Punkte: zum einen die Entwicklungen im Team und in der Abteilung, zum anderen die Situation zwischen der Teamassistenz und der schwarzen Mitarbeiterin.

Bezüglich der erarbeiteten Tatsachen zwischen der Teamassistenz und der schwarzen Mitarbeiterin, dem „personalen Konfliktherd", zog das Auftraggebersystem in engem Kontakt mit den beiden Personen folgende Konsequenzen: Die Personalleiterin, die Abteilungsleiterin sowie der Betriebsratsvorsitzende kamen zu dem Schluss, beide Teammitglieder aus dem Team bzw. aus der gesamten Abteilung zu versetzen. Das traf keineswegs auf die Erleichterung und Zustimmung aller und hatte zudem tragische Folgen:

– Die schwarze Mitarbeiterin hatte allen Mut gefasst und ihre Situation der Organisationsspitze angezeigt, die Mediation angeregt und sich der Übermacht im Team gestellt – und wurde schlussendlich dennoch versetzt. Für Organisationsmitglieder außerhalb des Teams war das kein gutes Signal. Darüber war sich das Auftraggebersystem bewusst und leitete entsprechende Kommunikationsmaßnahmen ein.

– Mit der Teamassistenz musste ein wichtiges Bindeglied innerhalb des Teams ersetzt werden. Für die Abteilungsleiterin kam es hierdurch zu enormen Problemstellungen, die sie aber in Kauf nahm.

– Es bestand die Gefahr, dass sich einzelne Teammitglieder mit der Teamassistenz solidarisch zeigen und das Team bzw. die Abteilung ebenfalls verlassen wollen würden. Sie interpretierten die Versetzung als organisationale Strafaktion und nicht als persönliche Entscheidungskonsequenz.

Andererseits waren die Inkaufnahme dieser Nachteile zugleich ein deutliches Signal der Organisation: Die ausdrücklich niedergelegten Grundsätze der Diversität wurden ernst genommen; es kam keineswegs allein auf betriebswirtschaftliche Kennzahlen an, die die „Werte der Zusammenarbeit" verdrängten. Die Organisation war sich bewusst darüber, dass sie nachhaltig nur arbeiten konnte, wenn sie die Art und Weise des Zustandekommens guter betriebswirtschaftlicher Kennzahlen in die Gesamtrechnung einpreiste. Aus diesem Grunde wurden die zugrunde liegenden Probleme auch in allen anderen Abteilungen dauerhaft thematisiert und gemeinsam in Workshops bearbeitet.

Fazit

Die Mediation ist als relativ junges Konfliktbearbeitungsverfahren für den besprochenen Konfliktfall besonders interessant. Die gegebenen Machtstrukturen und -ungleichgewichte in einer vertieften diversen (Arbeits-)

Welt fordern die Mediation heraus. Ihr Anspruch, individuelle Autonomie zu fördern und zum Maßstab zu nutzen, hat soziale Strukturen und historisch gewachsene Gegebenheiten zu berücksichtigen, die letztlich das Handeln von Mediator*innen beeinflussen (müssen!). Dieser Fall zeigt das exemplarisch: Auch die Mediation bearbeitet Konflikte nicht kontextfrei, sondern im Rahmen von Machtstrukturen, und ist zugleich ein Teil derselben.

Eine wichtige konkrete Lernerfahrung für die Beteiligten war es zu erleben, dass trotz schwieriger und höchst unangenehmer Gesprächsthemen Kontakt und konstruktive Auseinandersetzung möglich blieben. Selbst unversöhnliche Konfliktthemen sind auf der Basis von (vereinbarter und allparteilich „überwachter") Kooperation und konstruktiver Kommunikation verhandelbar und einer allseits zu verantwortenden Lösung zuführbar.

Der gesamte Mediationsprozess führte in seinen Konsequenzen auch zu umfassenden Schulungsmaßnahmen in den übrigen Abteilungen. Als Initialzündung sorgte das Verfahren dafür, dass sich der Konzern insgesamt auch mit etwaigen negativen Begleiterscheinungen von Diversitätsansprüchen beschäftigte. Generell wurden hier die – in Hochglanzbroschüren formulierten – Diversitätsansprüche auf ihre Durchführbarkeit und Praxistauglichkeit überprüft und in der Praxis der Beteiligten ernsthaft besprochen. Das war insgesamt zeitaufwendig und nervenaufreibend und wirkte für die Beteiligten, wenn auch teilweise desillusionierend, so doch überwiegend stärkend und stabilisierend. Beides wurde von den Beteiligten als stimmig und gewinnbringend eingeschätzt. Unwidersprochen blieben aber auch Unzufriedenheit mit den und Unverständnis für die konkreten Maßnahmen, die die Organisation letztlich ergriffen hat. Auch das soll hier nicht verschwiegen werden.

Dr. Sascha Weigel

Konfliktberater und Transaktionsanalytiker; lizensierter
Mediator; Ausbilder des Bundesverbandes Mediation;
Lehrbeauftragter der MLU Halle für Mediation;
Fachbuchautor; Keynote-Speaker; Blogger und Podcaster;
Leiter des Instituts INKOVEMA in Leipzig;
Konfliktbegleitung; Moderation und Mediation in der sich
digitalisierenden VUKA-Welt; Abschlüsse in Geschichte,
Publizistik und Rechtswissenschaften; Promotion mit einer
Dissertation zum Thema „Konfliktmanagement in der
öffentlichen Verwaltung mittels Mediation und
Transaktionsanalyse", 2012.

Redaktionskommentare

aus der Sitzung vom 24.10.2019

„In einer mündlichen Prüfung hätten wir diesen Fall gerne ausdiskutiert!"

* * *

„Ja, sicher ein interessanter Fall für geübte Mediatoren."

* * *

„Das Unternehmen ist pro Mediation."

* * *

„Zum Fall selbst kann man nicht viel sagen. Die Fallerzählung ist lückenhaft,
das sollte wahrscheinlich auch so sein.
Der Rassismusvorwurf wurde nicht substantiiert."

* * *

„Der Titel zeigt ja schon: Der Fall war wirklich komplex.

* * *

„Trotz des Scheiterns der konkreten Mediation gab es wohl einen Gewinner: die
Unternehmenskultur."

1   Zum Weltenmodell vgl. *Bernd Schmid*, Systemische Professionalität und Transaktions-
     analyse, Bergisch Gladbach 2004.
2   Instruktiv: https://www.balling-coaching.de/pdf/Balling_Change-Portfolio-Aufsatz
     .pdf, zuletzt abgerufen 21. November 2019.
3   Zur sog. Oppression-Story lesenswert *Robert A. Baruch Bush/Joseph P. Folger*, Konflikt.
     Mediation und Transformation, Weinheim 2009, S. 27 ff.

Bildnachweise

Abb. 1   INKOVEMA.
Abb. 2   INKOVEMA.
Abb. 3   INKOVEMA.

Die sich im Stuhlkreis drehen –
Miteigentum und Mediation

Natürlich war ich gerne bereit, einen Fall aus der Praxis zu schildern, als ich darum gebeten wurde. Nur welcher Fall soll es sein und welchen Zweck soll die Vorstellung des Praxisfalls verfolgen?

Einem versierten Leserkreis muss die Leistungsfähigkeit der Mediation nicht mehr vorgestellt werden. Ein Mediator sollte wissen, wozu die Mediation in der Lage ist, und muss davon nicht mehr überzeugt werden. Falls doch, hätte ich mich für den Fall entschieden, den wir, meine Co-Mediatorin[1] und ich, als „Märchenmediation"[2] bezeichnen. Der Fall wurde so benannt, weil er entgegen jeder Erwartung bei einem hoch zerstrittenen Ehepaar in einer Scheidungsmediation zu einer Wiedervereinigung führte. Es gibt viele derartig verblüffende Beispiele – nicht nur in meiner Praxis.[3] Zwei unserer Mediationen, die zu einem derart verblüffenden Ergebnis führten, wurden sogar schon im Fernsehen vorgestellt.

Anstatt für die Mediation zu werben, habe ich mich bei der Wahl des zu präsentierenden Falles auf ein Beispiel konzentriert, bei dem ich selbst über die Grenzen der Mediation nachzudenken hatte und auch neue Erkenntnisse gewann, die anderen Mediatoren vielleicht dabei helfen, sich irritierende Erfahrungen zu ersparen. Der Fall, den ich hier – nur sehr verkürzt – vorstellen möchte, betrifft den Streit in einer Eigentümergemeinschaft. Ich nenne den Fall den WEG-Fall (nach dem Gesetz über das Wohnungseigentum und das Dauerwohnrecht – WEG).

Falldarstellung

In einem wohlhabenden Ortsteil einer großen Stadt in Deutschland gibt es eine stilgerechte Hausanlage, wo die Wohnungen wie geschickt ineinander verschachtelte Bausteine anmuten und wie Reihenhäuser genutzt werden. Statt Hauseigentum erwerben die Bewohner einer Baueinheit jedoch nur sogenanntes Wohnungseigentum. Juristisch betrachtet ist das Wohnungseigentum nur ein Teileigentum an dem Haus, das sich von dem Gemeinschaftseigentum abgrenzen lässt. Unter dem Gemeinschaftseigentum werden diejenigen Bauteile erfasst, die den Bestand des Hauses, seine Anmutung (etwa die Außenfront) und die Versorgung der Wohnungen betrifft. Auch das Grundstück, auf dem die Hausanlage errichtet wurde, zählt zum Gemeinschaftseigentum.

Schon der Begriff Gemeinschaftseigentum deutet an, dass kein einzelner Eigentümer darüber verfügen kann. Juristisch handelt es sich dabei um Miteigentümer. Anders verhält es sich bei dem Wohnungseigentum. Hier haben die Wohnungseigentümer volle Verfügungsgewalt, sodass sie bei nicht tragenden Bauteilen die Möglichkeit haben, Veränderungen durchzuführen, ohne dass sie dafür eine Erlaubnis der Eigentümergemeinschaft herbeiführen müssten. Ändern sie jedoch die Außenfront, die Fenster, tragendes Gemäuer oder die Versorgungseinrichtung, müssen sie die Zustimmung der Miteigentümer einholen. Die Verwaltung erfolgt durch einen Hausverwalter. Die zur Verwaltung erforderlichen Abstimmungen werden in einer regelmäßig stattfindenden Eigentümerversammlung eingeholt.

Im konkreten Fall gibt es etwa zehn Wohneinheiten. Weil viele Wohnungseigentümer Eheleute sind, die als Miteigentümer auftreten, besteht die Eigentümergemeinschaft aus etwa 20 Personen. Nicht jeder Eigentümer bewohnt sein Eigentum. Es gibt also auch Mietverhältnisse und Erbfolgen, wo der formale Eigentümer gewechselt hat und ganz woanders wohnt. Viele der Eigentümer haben das Rentenalter schon lange erreicht.

Ein Ehepaar, das zuvor lange Zeit als Mieter in dem Haus gewohnt hat und gut gelitten war, erwarb eine exklusive Wohneinheit zum Miteigentum. Die neuen Miteigentümer, die im Folgenden als Partei B (wie Bauherr) bezeichnet werden, fühlten sich jetzt wie Hauseigentümer und handelten dementsprechend. Zu ihrem Wohnungseigentum zählte eine marode Terrasse, die mit provisorischen Plastikscheiben geschützt war. Eine Sanierung wurde zumindest von der Partei A für erforderlich gehalten. Man nutzte die Gelegenheit, die Terrasse mit festen Mauern und einer

Fensteranlage auszustatten. Auch wurde die Außenmauer durchbrochen, wodurch sich der Wohnraum um etwa 20 m² vergrößert hat. Im Rahmen der Wohnungssanierung wurde auch ein Fensterformat geändert, indem in ein zur Straße zeigendes Fenster ein Fensterkreuz eingebaut wurde. Schließlich wurden die Elektroinstallation optimiert, wozu eine Ladeinrichtung für das Elektroauto zählte. Auch die Warmwasserversorgung wurde in der betroffenen Wohnung optimiert. Die Baumaßnahmen dauerten ca. ein halbes Jahr, was zumindest für die unmittelbaren Nachbarn, die als Partei N bezeichnet werden, eine extreme Lärmbelästigung darstellte und den Hauszugang erschwerte. Wollte man die Miteigentümer in Gruppen einteilen, wäre noch die Partei M zu nennen, die als mittelbar Betroffene in der Mediation eine Rolle spielte.

Kommentar

Auftragserteilung

Die Erteilung des Mediationsauftrages erfolgte über die Hausverwaltung und wurde von allen Miteigentümern beschlossen. Der Mediationsvertrag wurde deshalb im Vorfeld entworfen und – auch hinsichtlich der Kostentragung – mit allen Eigentümern abgeschlossen. Dieser Prozess erfolgte im alleinigen Kontakt zwischen den Mediatoren und der Hausverwaltung. Als Mediatoren wurden meine Frau und ich gewählt.

In unserer Praxis vertreten wir die Auffassung, dass der Mediationsvertrag[4] lediglich die Causa, also der Rechtsgrund für die Mediation ist, während die Mediation selbst durch eine sogenannte Mediationsdurchführungsvereinbarung (MDV)[5] geregelt wird. Die MDV wird dann mit den jeweils Beteiligten, also den Medianden abgeschlossen.

Vorbereitung

Eine Mediation mit einer Gruppe von etwa 20 Parteien, die ganz unterschiedliche Interessen verfolgen und unterschiedlich involviert sind, bedarf einer guten Vorbereitung. Zu diesem Zweck führen wir vorbereitende Gespräche mit vermeintlichen Repräsentanten der bis dato bekannten

Gruppierungen. Diese Gespräche sind üblicherweise nur Vorabinformationen. Sie erfolgen meist telefonisch und verfolgen den Zweck, die Geeignetheit der Mediation[6] zu prüfen und ihre Durchführung zu planen.

Natürlich geben diese Vorgespräche nur einen ersten Eindruck. Um eine möglichst präzise Konfliktanalyse[7] durchführen zu können, wenden wir eine Fragebogentechnik[8] an. Die Parteien werden dabei aufgefordert, bereits auf den Fall bezogene Fragen anonym zu beantworten. Ihnen wird erläutert, dass die Umfrage nur zur internen Hintergrundinformation der Mediatoren gedacht ist.

Die ersten Schwierigkeiten kamen auf, als es darum ging, die Fragebögen zu versenden. Der Hausverwalter hat sich mit dem Hinweis auf den Datenschutz geweigert, die Adressen der Eigentümer zur Verfügung zu stellen. Nicht alle Eigentümer hatten eine E-Mail-Adresse und nicht alle waren altersbedingt auf diese Kommunikation eingestellt. Die Recherche der Eigentümeradressen war zwar ein als unnötig empfundener Aufwand, aber auch nicht schwierig durchzuführen. Deutlich wurde ebenfalls, dass wir mit der Unterstützung des Hausverwalters nicht rechnen können. Er hat sich an den Gesprächen auch nicht beteiligt.

Der Rücklauf der Fragebögen, die von fast allen Eigentümern ausgefüllt wurden, gab einen Eindruck von den Themen und eine klare Angabe über die zu bewältigenden Konflikte. Es wurde deutlich, dass auf Sachebene die Rechtmäßigkeit der baulichen Veränderung und die statische Sicherheit zu klären waren. Deutlich wurde aber auch, dass die Beziehung unter den Nachbarn Schaden genommen hatte, woraus sich nicht nur ein Verstehenshindernis, sondern auch ein nicht unerhebliches Kommunikationshindernis ergab.

Besonders die Gruppe der Partei N zeigte eine extreme Wut. Sie fühlten sich übergangen und ignoriert und meinten, die Partei B mache rücksichtslos, was sie wolle. Deshalb wurde die Liste der Forderungen auch um Altlasten ergänzt, die plötzlich erheblich waren und mit der ursprünglichen Frage eigentlich nichts zu tun hatten.

Der erste Termin

Aufgrund der Fragebögen konnten wir, die Mediatoren, uns gut auf das einstellen, was uns begegnen würde. Weil wir auch Ausbilder sind und uns einige der Studenten immer wieder darum bitten, bei Praxisfällen hospitieren zu dürfen, hatten wir einem Anwalt die Möglichkeit gegeben, an der Mediation teilzunehmen. Unser Hintergedanke war, nicht nur die Hospitanz für einen Schüler zu ermöglichen, sondern auch einen Berater anbieten zu können, wenn Rechtsfragen auftreten. Die Parteien N und M waren anwaltlich nicht vertreten, lediglich einer der Miteigentümer, ein schon mehr als 80-jähriger Jurist, verfügte über Rechtskenntnisse und hatte sogar die Miteigentümer mehrfach verklagt. Wir mussten lernen, dass es sich bei dem WEG-Recht um eine derart spezielle Materie handelte, dass unser Hospitant den Parteien kaum als präsenter Berater eine Hilfe war.

Das dominante Rechtsgefühl der Parteien N und M und –wie ich peinlicherweise zugeben muss – auch mein eigenes, orientierten sich in Richtung Rechtswidrigkeit der Umbaumaßnahme. Immerhin fehlte dazu jegliche Zustimmung. Die zentrale Frage in der Mediation war die Einholung einer Genehmigung für die Umbaumaßnahmen durch die Parteien N und M, die davon abhängige Korrektur des Grundbuchs bzw. der Teilungsvereinbarung sowie der Abrechnung von Umlagen und Nebenkosten. Die alternative Gegenposition war der Rückbau aller unternommenen Maßnahmen.

Für die Mediatoren stand das Miteinander im Vordergrund, also die Abarbeitung der unsäglichen Wut auf der einen Seite und das Herausarbeiten der für Außenstehende durchaus erkennbaren guten Absichten aufseiten der Partei B, die sich in der Mediation einer Überzahl von Eigentümern ausgesetzt sah.

Auch mit dem Gedanken, die Polarität aufzulösen, wählten wir als Setting ganz bewusst einen Stuhlkreis. Wie erwartet löste das Verwirrung bei den Teilnehmern aus und wirkte fast wie eine paradoxe Intervention. Die Mediation wurde nach den Regeln der Kunst[9] durchgeführt. Also gelang eine Zielvereinbarung (wir suchen nach einer Lösung, mit der alle zufrieden sein können), eine Vereinbarung der Grundlagen und Abläufe. In der Phase Zwei baten wir die Parteien um eine Darstellung der Probleme. Wir konnten uns diesen freien Zugang erlauben, weil wir wegen der Fragebögen genau wussten, was vorgetragen werden würde. Tatsächlich nahm niemand ein Blatt vor den Mund und alle Konfliktpunkte konnten angesprochen werden. Das ergab dann eine etwas längere Liste, die wir auf insgesamt zu etwa sieben Themen (also sechs Sachthemen und die nachbarschaftliche Beziehung) zusammengefasst haben.

Wir konnten am ersten Tag sogar die Phase Drei zum Beziehungsthema vollständig abarbeiten, woraus sich der Schlüssel für die Lösung der Sachthemen ergab.[10] Die Teilnehmer bemerkten, dass die Kommunikation notleidend war. Sie lernten die nachbarschaftliche Beziehung zu schätzen und näherten sich der Auffassung der Partei B, doch in bester Absicht gehandelt zu haben und nicht mit dem Plan, die anderen zu hintergehen. Es wurden alle Motive besprochen, wie etwa auch die Notwendigkeit, Nachahmereffekte zu vermeiden usw.

Am Ende des ersten Tages konnten wir schon aus den erarbeiteten Lösungskriterien eine Liste von Vorschlägen zusammenstellen, die geeignet war, alle anstehenden Probleme zu lösen, bis auf eines. Die offene Frage war die Höhe einer Art Entschädigung oder einer Abschlagszahlung, wozu Partei B auch grundsätzlich bereit war. Hierfür wurde ein Wert in den Raum geworfen, der sich an dem Wert der vergrößerten Nutzungsfläche orientierte und dafür eine Art Kaufpreis darstellte. Wegen der exklusiven Lage des Grundstückes war dieser Wert allerdings sehr hoch angesetzt. Er sollte für weitere Sanierungen verwendet werden.

Unser Eindruck am Ende des ersten Tages war, dass auch eine Verständigung über diesen Punkt ohne Weiteres möglich sein würde. Diesen Eindruck teilten die anwesenden Medianden. Das Feedback der Teilnehmer war ermutigend. Sie waren insbesondere erstaunt, dass die Beharrlichkeit der Mediatoren und die Art der Gesprächsgestaltung, was wir als Mediationslogik[11] bezeichnen, doch zu einem Ergebnis geführt haben, das niemand für möglich gehalten hatte.

Der zweite Termin

Es war verabredet, dass es zu einem weiteren Termin kommen soll. Leider konnte der Termin wegen Krankheiten und Todesfällen nicht zeitnah vereinbart werden. Die extreme Verzögerung führte auch dazu, dass sich die Gruppe beim zweiten Termin ganz anders zusammengesetzt hat. Das war ein Effekt, den wir unterschätzt hatten. Von der emotionalen Beruhigung nach dem ersten Termin war nichts mehr zu spüren. Die Verhandlungen über die Höhe der Abschlagszahlung wurde zum Symbol des Streites und damit auch der Frage, was rechtens ist und was nicht. Partei B erläuterte, ihr Anwalt habe sich dahingehend geäußert, dass aus rechtlicher Perspektive keinerlei Erstattungsansprüche bestünden und jede dennoch erbrachte Zahlung nur den guten Willen bekunden würde. Die Botschaft wurde zwar zur Kenntnis genommen, aber nicht geglaubt.

Bei der Reflexion über den Fall kam ich im Nachgang mit meiner Co-Mediatorin zu dem Ergebnis, dass Einzelgespräche mit den neu hinzugekommen Parteien zumindest in Betracht zu ziehen gewesen wären. Ein vorbereitendes Gespräch hätte besser an den bereits erarbeiteten Einklang anknüpfen und die neu hinzugekommen Parteien einbeziehen können als die obligatorische Zusammenfassung zu Beginn eines Folgetermins, wo die im Anschluss neu hinzukommenden Differenzen eine Rückfallgefahr für alle bedeuteten.

Auf die Gruppe wirkten schließlich die Kräfte der Partei M ein, die den Streit am liebsten hinter sich bringen wollte. Diese Kräfte führten jedoch durchaus zu einem gewissen Ausgleich, der der Polarisierung der Parteien N und B entgegenwirkte. Daneben standen die neu erweckten Kräfte der Partei N, die nach einer emotionalen Befriedigung suchte und dabei sehr hohe Anforderungen stellte. Die allerdings auch nur verbal vorgetragen Bemühungen der Partei B wurden dabei zunächst ignoriert.

Das Angebot

Der Termin endete mit einer vollständigen Liste an Lösungsoptionen, unter denen sich hinsichtlich der Zahlung zwei Angebote befanden, die schon eine Annäherung der Parteien andeuteten, aber noch keine Einigung im Sinne eines Interessenausgleichs darstellten.

Allen war bewusst, dass eine vollständige Erledigung des Streites mit der Abschlussvereinbarung in der Mediation ohnehin nicht möglich sein würde. Die Umsetzung erforderte daneben als Wirksamkeitsvoraussetzung gegebenenfalls eine notarielle Beurkundung und eine Grundbuchänderung, wofür noch genau zu klären war, ob und wie diese Formalien auf einfachstem Wege darzustellen sind.

Ich hätte mir durchaus gewünscht, dass Parteianwälte bei dem Termin anwesend gewesen wären. Die von der Partei B behauptete Auffassung ihres Rechtsberaters im Hintergrund hätte dann besser eingeschätzt und gegebenenfalls relativiert werden können. So stand sie einfach nur im Raum. Was ich mir im Nachgang zu dem Termin überlegte, war die Frage, wie sich einige Eckdaten des Rechts im Vorfeld hätten einbringen lassen. Eine neutrale Rechtsberatung hätte den emotionalen Widerstand der Partei N leichter auflösen lassen. Sie hätte vor allem verdeutlicht, dass das Angebot der Partei B durchaus als Entgegenkommen zu bezeichnen gewesen wäre. Alternativ stand die Frage der Leistbarkeit und des Leistungsschmerzes im Vordergrund, worauf sich die Auseinandersetzung über die Höhe der Abschlagzahlung dann schließlich konzentrierte.

Die Parteien waren nun aufgefordert, die Vorschläge von Anwälten prüfen zu lassen. Ich selbst darf als Mediator, obwohl ich Jurist bin, keine Rechtsberatung durchführen. Dafür ist einerseits eine anwaltliche Zulassung erforderlich, andererseits kann sich in diesem Zusammenhang auch ein Problem mit der Neutralität ergeben. Ob sich die Parteien N und M anwaltliche Hilfe einholen würden, blieb unklar. Sie waren zwar wegen WATNA/BATNA[12] dazu aufgefordert worden, mir schien jedoch, dass sie sich die Kosten sparen wollten. Ich überlegte also, wie man den Parteien einen rechtlichen Hinweis geben oder zumindest die Erforderlichkeit einer Rechtsberatung nahebringen könnte, ohne selbst eine solche durchzuführen.

Abb. 1

Bei dieser Überlegung kam mir das Wiki-to-yes[13] in den Sinn, das ja auch dazu angetreten ist, Menschen bei der Lösung von Konflikten und Problemen zu helfen. Das Wiki hat Fragen und Antworten im Zusammenhang mit der Mediation zusammengestellt und ist eine neutrale Informationsplattform, die man den Parteien durchaus als Informationsquelle zur Verfügung stellen kann. Ich bat also eine Spezialistin auf dem Gebiet des WEG-Rechts, den Fall (anonym, versteht sich) auf dem Wiki zu besprechen. Überraschend war ihre Rechtsauffassung auch für mich. Sie meinte, dass die Parteien N und M wohl keinen Anspruch auf Zahlung oder Verweigerung der Genehmigung hätten. Zumindest sei der Anspruch sehr fraglich. Ich frage mich, ob und wie die Mediation evtl. anders verlaufen wäre, wenn diese Information früher ins Spiel gekommen wäre.

Der Abschluss

Nach dem Termin bekam ich einen Anruf von einem der Eigentümer. Man wolle auf der nächsten Eigentümerversammlung entscheiden, ob das Angebot der Partei B angenommen werde. Der rechtliche Hintergrund sei bekannt und man neige auch dazu, dem Vorschlag zu entsprechen. Wie üblich kommt dann der Hinweis, dass die Mediatoren bei weiteren Fragen und einer neuen Eskalation gerne wieder zur Verfügung stehen. Die eigentumsrechtlichen Vereinbarungen mussten ohnehin bei einem Notar getroffen werden. Aus der Sicht der Parteien hatte die Mediation zu einer Befriedung beigetragen und man ging davon aus, dass die Beteiligten nun den letzten Schritt alleine gehen könnten. In einer solchen Situation achten die Parteien oft auf die Kosten. Ich hätte mir einen weiteren Termin gewünscht, bei dem die Nachhaltigkeit insbesondere mit Blick auf die nachbarlichen Beziehungen noch einmal zur Sprache gekommen wären.

Arthur Trossen

Berufsmediator; Autor; Trainer, Trainerausbilder; Gutachter für Mediation; Wirtschaftsstaatsanwalt a. D.; Richter a. D.; Begründer der „Integrierten Mediation"; Mitinhaber der Win-Management GmbH; international nachgefragter Experte; Herausgeber des Kommentars zum Mediationsgesetz „Mediation (un)geregelt" und von „Wiki to Yes" (www.wiki-to-yes.org), einer Online-Plattform und zugleich bedeutenden Enzyklopädie über die Mediation und ihre aktuellen Entwicklungen. Profil: https://win-management.de/arthur-trossen/.

Redaktionskommentare
aus der Sitzung vom 02.10.2019

„Bravo! Ich finde es nicht selbstverständlich, dass hier Mediatoren
hinzugezogen wurden!"
„Wohnungseigentümer und Externe – früher undenkbar!."

* ** *

„Mediation war hier aber auch aufgrund der Dauerbeziehung
zwischen den Eigentümern für die Streitbeilegung sehr geeignet."
„Ja, und letztendlich stand für die Eigentümer die Dauerbeziehung
sogar noch vor der Rechtseinschätzung."

* ** *

„Ich finde, dass der Umgang mit dem Recht hier aber
der springende Punkt ist."

* ** *

„Vorher würde ich aber gerne noch etwas zur Vorbereitung des Verfahrens
sagen. Dieser Aspekt ist auch wichtig und wird oft vernachlässigt.
Dies kommt hier gut heraus. Der Erfolg einer Mediation hängt von der Arbeit
ab, die man vorher investiert, hier z. B. der Fragebogen
und die Mailingadressen."
„Fast alle Eigentümer haben den Fragebogen dann ausgefüllt
und zurückgesandt."
„Durch diese Vorbereitung wussten die Mediatoren ungefähr,
was auf sie zukommt."
„Deshalb konnten sie sich auch schon vorher das mit
dem Stuhlkreis überlegen."

* ** *

„Es war sicherlich nicht einfach, diese große Gruppe zusammenzuhalten."

* ** *

„Jetzt aber zum Thema Recht: Es war doch kreativ,
das Mediations-Wiki zu nutzen."
„Es ist ein Dauerproblem, ob und wie man Recht, oder besser:
Rechtsauffassungen, in die Mediation einbringt. Es stimmt, dass die Mediatoren
hier einen neuen Weg gegangen sind."
„So sparen sich die Medianden die Anwälte."
„Ich finde, es ist aber ein Unterschied, ob sich jede Seite anwaltlich beraten lässt
oder ob der Mediator von sich aus einen Rechtsanwalt oder sonstigen Experten
beauftragt. Geraten wir da nicht in die Nähe eines Schiedsspruchs?"

„Aus meiner Sicht ist die Rechtsberatung durch den Mediator nicht unproble-
matisch. Sicherlich kann er allgemein auf rechtliche Aspekte hinweisen, z. B. auf
die Notwendigkeit einer notariellen Beurkundung und dergleichen.
Der Grundsatz der Informiertheit sieht das vor. Aber wenn der Mediator
den Fall rechtlich „löst", gefährdet er m. E. seine Neutralität und die
Selbstverantwortung der Beteiligten."
„Anstelle der Autorität des Gerichts könnten die Medianden die Autorität des
Internetportals wahrnehmen."
„Die Frage ist, ob die Rechtsauskunft nicht schon früher
sinnvoll gewesen wäre."
„Diese Überlegung hat die Mediatoren auch beschäftigt."
„Braucht die Mediation denn das Recht als Rückgrat?"

* * *

„Entscheidend ist doch: Ohne Mediation wären die Parteien vor Gericht
gezogen und hätten einfach Recht haben wollen."
„Man merkt schon die zunehmende Bekanntheit der Mediation."

* * *

„Und: Es ist Verständnis füreinander entstanden."

* * *

„Man sieht: Auch ohne formalen Abschluss hat am Ende
eine Transformation stattgefunden."

* * *

„Wohnt die Mediation hier?"
„Ja, das kann man schon sagen. Aber: Sie hat einen zuweilen ungemütlichen
Mitbewohner: das Recht. Meistens ist der hilfreich und nett, spült ab und bringt
auch mal den Müll runter. In diesem Fall ist er allerdings in einen gemütlichen
Abend geplatzt und hat die Gäste überzeugt, dass es eine viel bessere Idee
wäre auszugehen."

1   Ich arbeite bei Mediationen mit meiner Frau zusammen.

2   Siehe https://www.wiki-to-yes.org/Fallbeispiele.

3   Beispielsfälle finden Sie z. B. auf https://www.wiki-to-yes.org/Fallstudien.

4   Siehe https://www.wiki-to-yes.org/Mediationsvertrag.

5   Siehe https://www.wiki-to-yes.org/Mediationsdurchführungsvereinbarung.

6   Siehe https://www.wiki-to-yes.org/Geeignetheit.

7   Siehe https://www.wiki-to-yes.org/Konfliktarbeit.

8   Siehe https://www.wiki-to-yes.org/Fragebogentechnik.

9   Siehe https://www.wiki-to-yes.org/Regeln_der_Kunst.

10 Siehe https://www.wiki-to-yes.org/3.Phase.

11 Siehe https://www.wiki-to-yes.org/Mediationslogik.

12 Siehe https://www.wiki-to-yes.org/WATNA-BATNA.

13 Siehe https://www.wiki-to-yes.org/.

Bildnachweise

Abb. 1   Screenshot vom 11. November 2019, https://www.wiki-to-yes.org/.

Gift und Galle –

Mediationsversuch und Medienecho um Glyphosat

Abb. 1

Unter dem Schlagwort „Glyphosat-Skandal" geriet Anfang 2019 die deutsche *Bayer AG* weltweit in die Schlagzeilen. *Bayer*, Chemie- und Pharmakonzern mit über 40 Milliarden Euro Umsatz[1], wurde in den USA von einer Klagewelle überrollt. Streitpunkt ist das glyphosathaltige Unkrautvernichtungsmittel *Roundup*, das unter Verdacht steht, Krebs zu erregen. Es gehörte zur Produktpalette des U.S.-Unternehmens *Monsanto*, das *Bayer* 2018 aufgekauft hatte. Hohes Aufsehen erregte das Urteil einer kalifornischen Jury, die es als erwiesen ansah, dass das Mittel das Krebsleiden des klagenden Ehepaars Alva und Alberta Pilliod verursacht hatte und den Klägern daraufhin zwei Milliarden Dollar Schadenersatz zugesprach. Die nächste Instanz senkte den Betrag zwar auf 86,7 Millionen Dollar, es folgten jedoch über 18.400 weitere Klagen wegen der karzinogenen Wirkung des Wirkstoffs Glyphosat allein in den USA (Stand Mitte 2019).

Das Gericht in San Francisco hat deswegen eine außergerichtliche Einigung vorgeschlagen, die durch einen Mediator unterstützt werden soll.

Die Europäische Union hadert noch mit Verboten des Unkrautvernichtungsmittels und vorschnellen Urteilen hierzu: Hatte das EU-Parlament am 9. November 2017 gegen heftigen Widerstand und unter dubiosen Umständen[2] für eine weitere fünfjährige Zulassung des Produkts gestimmt, beschloss Österreichs Nationalrat auf Antrag der SPÖ im Juli 2019[3] ein Verbot von glyphosathaltigen Mitteln und löste damit eine Diskussion über die Rechtmäßigkeit dieses Vorgehens gegen den Beschluss des EU-Parlaments aus. Es stellt sich damit die Frage, ob der Vorschlag des kalifornischen Gerichts, eine außergerichtliche Konfliktbeilegung im Glyphosatstreit anzustreben, in Europa Schule machen könnte oder sollte.

„U.S. judge appoints Ken Feinberg mediator for Bayer Roundup settlement talks“,[4] titelt die renommierte Reuters-Agentur in den „Business News“ im Mai 2019 und kündigt damit US-Staranwalt *Kenneth Feinberg* als Mediator in den Glyphosat-Konflikt an. U.S. District-Richter *Vince Chhabria* hat in San Francisco bereits im April den Bayer-Vertretern und den Anwälten der Kläger zu einer Mediation geraten.[5] Die Parteien konnten sich jedoch nicht einigen, sodass Richter *Chhabria*, auf dessen Schreibtisch mittlerweile hunderte Klagen von Landwirten und Privatpersonen gelandet sind, den angesehenen Anwalt *Feinberg* ins Spiel brachte. *Tina Bellon* begründet das so: "He led mediation talks over the September 11th Victim Compensation Fund, the BP Deepwater Horizon disaster, Volkswagen's diesel emissions scandal and General Motors ignition switch litigation."[6]

Mehr als 13.400 Kläger in den USA behaupten, dass das umstrittene Mittel Roundup Krebs[7] bei ihnen verursacht habe und dass das Unternehmen Monsanto nicht ausreichend vor den Risiken gewarnt habe. Bereits Mitte der 1970er hatte Monsanto das Unkrautmittel auf den Agrarmärkten eingeführt und damit weltweit Milliardengewinne eingefahren. Der deutsche Bayer-Konzernübernahm den amerikanischen Glyphosat-Hersteller im vergangenen Jahr für 63 Milliarden Dollar, fast zeitgleich mit den ersten Prozessen in den USA. Dem deutschen Konzern fällt nun die Rolle zu, sich gegen die Vorwürfe und – viel wichtiger – Klagen zu verteidigen, die sich eigentlich gegen das ehemalige US-Unternehmen Monsanto richten. Die Bayer AG weist Gesundheitsschäden bei einer sachgemäßen Anwendung von Roundup stets zurück und stützt sich dabei auf wissenschaftliche Studien und Gutachten.

In einem Multi-District-Litigation-Verfahren unter Vorsitz von *Vince Chhabria* werden 2019 in sog. „Bellwether Cases“, sprich: Muster- und Testverfahren innerhalb eines Massenverfahrens, Zeugen vernommen.

Nach der Beweisaufnahme werden die Verfahren an die Gerichte, an denen die Klagen eingereicht wurden, zurückverwiesen. Sollte Monsanto fahrlässig gehandelt oder wissentlich Fakten verschwiegen haben, legen die Eingangsgerichte die Schadensersatzzahlungen und Strafen fest. So geschah es im März 2019 im *Hardeman*-Verfahren: Der Konzern verlor im ersten Musterverfahren unter Vorsitz von *Chhabria* gegen den krebskranken *E. Hardeman*, was generell richtungsweisend für die vielen weiteren Verfahren sein wird. In der Konsequenz sprach die Geschworenen-Jury dem Kläger *Hardeman* im zweiten Verfahren, bei dem es um die Höhe des Schadensersatzes geht, 80 Millionen Dollar zu. Die Jury machte den Bayer-Konzern somit im März 2019 erstmals für die gesundheitlichen Risiken des glyphosathaltigen „Roundup" haftbar.[8] Wie in den amerikanischen Medien angekündigt wurde, hat Richter *Chhabria* den nächsten Bundesprozess auf Februar 2020 angesetzt,der für Bayer das zweite Bellwether-Verfahren sein wird, das sich diesmal u. a. mit Schadenshöhen und Abwicklungsoptionen beschäftigen wird.

Natürlich werden auch die Vermittlungsverhandlungen eine wichtige Rolle spielen. Mediator *Kenneth Feinberg* ist im Juni 2019 in die vorbereitenden Gespräche mit den Beteiligten eingestiegen, um die Chancen für einen Vergleich auszuloten. Bayer teilte in öffentlichen Erklärungen mit, selbstverständlich zu Gesprächen mit dem Mediator bereit zu sein, wobei es weiterhin das Ziel sei, mit Studien und Gutachten die Unbedenklichkeit des Unkrautvernichtungsmittels zu beweisen. Die bisherigen Gerichtsurteile in den USA, in denen die Verbraucherrechte bekanntermaßen ungleich höher eingeschätzt werden als in Europa, sprechen für eine andere Sichtweise, denn bis Mitte Juni 2019 haben US-Gerichte bereits in drei Fällen gegen den Konzern geurteilt. In den Begründungen wird das Glyphosat-Mittel „Roundup" als Verursacher der Krebserkrankungen der Kläger eingestuft.

In den folgenden Fällen wurde in den USA stets gegen den Bayer-Konzern entschieden:[9] Der erste Roundup-Gerichtsfall wurde im August 2018 in Californien verhandelt. Einem Hausmeister wurden sensationelle 289

Millionen Dollar zugesprochen, die später auf 78 Millionen reduziert wurden. *D. Johnson* hatte über Jahre die Außenanlagen von Schulen mit dem glyphosathaltigen Mittel von Unkraut freigehalten, bis er schließlich an Krebs erkrankte. Bayer legte Berufung gegen das Urteil ein. Im März 2019 kam es zu dem richtungsweisenden ersten Musterverfahren mit *E. Hardeman*, bei dem 80 Millionen Dollar Schadenersatz zugesprochen wurden. Im Mai 2019 wurde schließlich auch einem Rentnerehepaar, die über Jahre auf ihrem Privatgrundstück Roundup zur Unkrautbeseitigung eingesetzt hatten und nun beide an Krebs erkrankt sind, ein ungewöhnlich hoher Schadenersatz von – zumindest vorläufig – zwei Milliarden Dollar zugesprochen.

Angesichts dieser hohen Geldsummen liegt es nahe, dass weitere Klagen gegen Bayer bei den Gerichten eingehen werden. Wie das Manager-Magazin im April 2019[10] berichtete, wird in den USA im Fernsehen dazu aufgerufen, dass sich krebskranke Menschen melden, die regelmäßig mit Roundup gearbeitet haben, um die Erfolgsaussichten einer möglichen Klage auf Schadensersatz zu prüfen. Die US-amerikanische Anwaltschaft hat Bayer also als lohnende Einnahmequelle für sich entdeckt. Experten schätzen, dass die Anzahl der einschlägigen Klageverfahren auf über 15.000 allein in den USA ansteigen wird und Bayer mit Zahlungen von bis zu fünf Milliarden Dollar rechnen muss.

Wie sieht die Lage in Europa aus?

In Europa machte 2019 vor allem ein Monsanto-Gerichtsfall[11] von sich reden: In Lyon, Frankreich, bekam im April 2019 Landwirt *P. François* nach jahrelangem Rechtsstreit in Lyon mit seiner Klage dem Grunde nach Recht. Das Monsanto-Mittel „Lasso" habe bei ihm neurologische Gesundheitsschäden verursacht, und zwar ab dem Zeitpunkt, zu dem er im Jahr 2004 bei der Reinigung seines Spritzgerätes die Dämpfe des Mittels versehentlich eingeatmet habe. 2019 befand das Lyoner Berufungsgericht nun, dass Monsanto damals nicht ausreichend über die Risiken des Mittels informiert hat. *P. François* fordert eine Million Euro Schadensersatz; die zuzusprechende Summe wird in einem weiteren Verfahren festgesetzt.

Monsanto-Altlasten hat der Bayer-Konzern auch noch auf einem anderen Kriegsschauplatz zu besorgen, und zwar in Bezug auf den Datenschutz und das Sammeln von Informationen über vermeintliche Gegner.[12] Die Enthüllungen dieses Skandals fanden zunächst in Frankreich statt. Die dortigen Behörden stellten bei Ermittlungen fest, dass Monsanto im Laufe der Jahre über Politiker und Wissenschaftler Listen angelegt habe, in denen bewertet wurde, wer dem Unternehmen wohlgesinnt oder kritisch gegenübersteht. Das sogenannte „Stakeholder-Mapping" listet private Daten auf, deren Erfassung und Speicherung gegen den allgemeinen Datenschutz verstoßen. Was in Frankreich im Mai 2019 aufgedeckt wurde, zieht weitere Kreise durch die anderen europäischen Länder. Ein solches Stakeholder-Mapping wurde offenbar auch in Italien und Deutschland betrieben.

So nimmt es nicht wunder, dass es nationale Vorstöße gibt: Am 2. Juli 2019 sprach sich der österreichische Nationalrat gegen einen weiteren Einsatz von Glyphosat aus und erließ als erstes Legislativorgan eines EU-Landes ein Verbot glyphosathaltiger Unkrautvernichtungsmittel. Ob sich diese Entscheidung mit EU-Recht vereinbaren lässt, ist umstritten und wird noch juristisch zu klären sein.[13] Der Bayer-Konzern hat mitgeteilt, dass die österreichische Entscheidung von der EU-Kommission hinterfragt und rechtlich angefochten werden müsse.[14] Denn die EU-Pflanzenschutzverordnung erlaube Glyphosat bis Ende 2022. Ein nationales Verbot von zugelassenen Wirkstoffen sei nur in Ausnahmefällen (Schulen, Kindergärten) zulässig. Die deutsche Bundesregierung will Ende 2019 ein Konzept zum Umgang mit Glyphosat präsentieren. Die Kanzlerin bekenne sich zu dem bereits im Koalitionsvertrag vereinbarten Ausstieg.[15]

Europa ist in der Glyphosat-Frage uneins. Eine Eskalation des Streites ist mit dem Alleingang Österreichs jedenfalls programmiert, unter den Mitgliedstaaten und mit dem Bayer-Konzern. Es stellt sich die Frage: Kann und sollte Europa dem Vorbild der USA folgen und einen Mediator bzw. eine Mediatorin hinzuziehen? Ist eine mediative Vermittlung sinnvoll, wenn in Europa eine Klagewelle wie in den USA einsetzen sollte? Kann sie ggf. dazu beitragen, eine Klageflut präemptiv zu verhindern?

Bei allem juristischen Tauziehen darf die gesellschaftliche Dimension nicht unterschätzt werden: Vor dem Gebäude der Bayer-Hauptversammlung im April 2019 demonstrierten hunderte Anhänger von „Fridays for Future" gegen den Einsatz von Glyphosat. Die jungen Klima-Aktivisten brachten die ökologischen Auswirkungen des Chemieeinsatzes in der Landwirtschaft lautstark zur Sprache. Unternehmen werden heute nicht allein nach wirtschaftlichem Nutzen und Arbeitsplätzen bewertet: Auf dem Prüfstand stehen auch Umweltziele, die in Europa sicherlich zukünftig stärker in die gesellschaftliche Akzeptanz, die öffentliche Wahrnehmung und das Image eines Unternehmens einfließen werden.

Dipl. Ing. Irene Seidel/Dr. Lewis Johnston

---

[1]   Laut Forbes Global 2017 Platz 100.

[2]   Die erforderliche Mehrheit konnte nur dadurch erreicht werden, dass der damalige CSU-Landwirtschaftsminister im Alleingang und entgegen dem Willen der Unionsparteien mit „Ja" abstimmte.

[3]   *Hasan Gökkaya,* Österreich untersagt Einsatz von Glyphosat, 02. Juli 2019, https://www.zeit.de/wissen/umwelt/2019-07/glyphosatverbot-oesterreich-unkraut-vernichter-bayer-monsanto-eu-recht (zuletzt aufgerufen am 21. November 2019).

[4]   *Tina Bellon,* U. S. judge appoints Ken Feinberg mediator for Bayer Roundup settlement talks, Reuters Business news, May 22nd, 2019 7:48, https://www.reuters.com/article/us-bayer-glyphosate-lawsuit-idUSKCN1SS2CH (zuletzt aufgerufen am 11. Juli 2019).

[5]   *Dies.,* Anm. 4.

[6]   *Dies.,* ebd.

[7]   *Dies.,* ebd.

[8]   *Dies.,* ebd.

[9]   *Dies.,* ebd.

[10]   Manager Magazin, Nach zwei Auftaktniederlagen in Glyphosat-Prozessen: US-Richter drängt Bayer zu Mediation und Vergleichen mit Klägern, v. 12. April 2019.

[11] *Elisabeth Dostert*, Die Chronik eines Desasters, in: Süddeutsche Zeitung v. 14. Mai2019, www.sueddeutsche.de/wirtschaft/bayer-monsanto-zusammenfassung-1.4419987 (zuletzt aufgerufen 21. November 2019).

[12] *Dies.*, ebd.

[13] *Julia Merlot*, Österreich beschließt Glyphosat-Verbot, SPIEGEL-Online v. 02. Juli 2019, www.spiegel.de/wissenschaft/natur/glyphosat-oesterreich-beschliesst-verbot-a-1275461.html (zuletzt aufgerufen 21. November 2019).

[14] *Dies.*, ebd.

[15] *Dies.*, ebd.

Bildnachweise

Abb. 1   *A. Savin* (Wikimedia Commons · *WikiPhotoSpace*), https://commons.wikimedia.org/wiki/File:Pano-bayer-leverkusen.jpg.

Gift und Galle –

Kommentar: Glyphosat-Konfliktfall des Bayer-Konzerns

„Hat Bayer sich mit Monsanto verzockt?", so lautete die Headline im Stern von Mai 2019. Millionenschwere Schadenersatzklagen, Stellenabbau, die Aktie auf rasanter Talfahrt und der Unternehmenswert inzwischen unter dem Wert vor dem Monsanto-Kauf statt deutlich höher wie prognostiziert. *Bayer* steht unter Zugzwang, um zu retten, was noch zu retten ist, damit die deutsche Wirtschaft nicht noch größeren Schaden nimmt!

Das Ansehen in der Öffentlichkeit ist bereits recht angeschlagen und sinkt weiter, weil der Konzern darauf setzt zu verleugnen, das Glyphosat krebserregend ist, und versucht, dies mit etwa 100 öffentlich zugänglichen Studien zu beweisen.

Richtungsweisende Schadensersatzurteile aus den USA geben den Klägern Recht – und das kann auch in Europa zu einer Klagewelle führen, deren Ausgang absehbar ist. Vermutlich werden dann auch deutsche und andere europäische Gerichte den Empfehlungen der amerikanischen Gerichte und dem öffentlichen Druck folgen und den Klägern Recht geben – egal, was die Studien belegen mögen.

Was aber auch immer als Ergebnis vermutet werden kann, es ist auf jeden Fall ungewiss; die Folgen für den Konzern sind damit nicht absehbar. Über eine Mediation bekäme *Bayer* die Chance und Möglichkeit, das Ergebnis mitzuerarbeiten und damit planbar zu machen.

Klagen und Revisionsverfahren verschlingen zudem viel Zeit: Solange die Verfahren laufen, muss der Konzern zwar nicht zahlen, aber dennoch Rückstellungen bilden, die das Unternehmensergebnis nicht unwesentlich beeinflussen werden. Auch in diesem Kontext scheint Mediation sinnvoll.

Nachdem nun in den USA ein sehr prominenter Rechtsanwalt beauftragt wurde, eine Mediation durchzuführen, hat der *Bayer*-Konzern „Gesprächen" zugestimmt – das Wording deutet meiner Meinung nach nicht darauf hin, dass dem Konzern die Struktur und der Sinn eines Mediations-verfahrens bekannt ist. Eine Konfliktkultur, in der Mediation eine Rolle spielt, ist nicht ersichtlich und im Unternehmen anscheinend auch nicht verankert.

Nach dem Glyphosatverbot in Österreich im Juli 2019 wird sich jedoch eine Auseinandersetzung mit Mediation auf Dauer auch in Deutschland und Europa nicht vermeiden lassen. *Bayer* muss wohl einen Weg finden, Schadensersatzzahlungen zu minimieren und in der Öffentlichkeit das An-sehen des Konzerns wieder zu stärken, um letztendlich den Unterneh-menserfolg zu sichern.

Dass Mediation auch in Deutschland zu besten Ergebnissen führen kann, ist unter anderem ersichtlich an den Fortschritten beim Thema „Stuttgart 21" oder dem Ergebnis der Mediation in Hamburg im Konfliktfall um das ehemalige Arbeiterviertel („Gängeviertel"), das 2016 vom Abriss bedroht war.

Für mich ist es wünschenswert, Mediation nicht nur als „strukturiertes Verfahren" in deutschen Unternehmen und auch in der Europäischen Ge-meinschaft zu etablieren, sondern als ein Instrument zur konstruktiven Konfliktbearbeitung, das der dauerhaften Sicherung des Friedens dient.

Bayer könnte sich hier als absoluter Vorreiter profilieren – mit europäischer oder sogar weltweiter Wirkung. Gut ausgebildete Mediatorinnen und Me-diatoren stehen in Deutschland und in den europäischen Nachbarländern genügend zur Verfügung und bereit, in solchen wegweisenden Verfahren zu vermitteln und dem Frieden damit einen neuen Weg zu bahnen. *Bayer* sollte sich dieser großen Möglichkeit nicht verschließen.

Sabine Sauerborn

Diplom-Betriebswirtin; Mediatorin und Coach; zert. Burnout-Beraterin; stellv. Vorsitzende des Vereins „Mediation Rhein-Ruhr" e. V.

Gift und Galle –

Kommentar: Glyphosat – Sachliche Diskussion durch Mediation?

Die derzeitige gesellschaftliche Diskussion über den Einsatz von Glyphosat kann einen Vertreter eines landwirtschaftlichen Berufsverbandes nicht ungerührt lassen. Es gibt kaum ein Thema, das in der Öffentlichkeit in Bezug auf die Landwirtschaft so intensiv und vor allem so emotional geführt wird wie der Umgang mit dem Pflanzenschutzmittel Glyphosat. Selbst die Themen Massentierhaltung oder Tierschutz scheinen oft dahinter zurückzufallen; Glyphosat dagegen wird mehr und mehr zum Sinnbild einer modernen und tendenziell abzulehnenden Landwirtschaft, gegen die sich die Gesellschaft und insbesondere die Medien mit aller Macht zur Wehr setzen wollen. Allzu gerne wird Glyphosat in der öffentlichen Meinung für den Rückgang von Insekten mitverantwortlich gemacht, obwohl es als Herbizid vornehmlich gegen unerwünschte Pflanzen in landwirtschaftlichen Kulturen zum Einsatz kommt. Im Gegensatz dazu wirken Insektizide unmittelbar auf Insekten als Schädlinge ein. Zusätzlich wird die Diskussion angefeuert durch Berichte aus anderen Ländern, beispielsweise den USA, wo einzelnen Personen Schadenersatzansprüche in erheblicher Millionenhöhe zugesprochen werden, weil erstinstanzliche Gerichte zu der Überzeugung gelangt sind, dass der Umgang mit Glyphosat und fehlende Warnhinweise auf mögliche gesundheitliche Risiken in früheren Jahren zumindest mitursächlich für eine nunmehr aufgetretene Krebserkrankung der Verwender ist. Auch in Europa zeigt die öffentliche Stimmungsmache Wirkung, wenn beispielsweise EU-Staaten wie Österreich trotz einer Verlängerung der Zulassung auf europäischer Ebene den vollständigen kurzfristigen Ausstieg aus der Verwendung von Glyphosat beschließen.

Aus Sicht eines im Umgang mit Konflikten geübten Mediators fällt dabei auf, dass in der Diskussion sachliche Argumente überhaupt keine Rolle mehr zu spielen scheinen. Anstatt sich, wie es in der Vergangenheit bei strittigen Themen in Deutschland üblich war und es dem Diskurs einer demokratischen Gesellschaft angemessen ist, sachlich mit den Vor- und Nachteilen einer speziellen Fragestellung auseinanderzusetzen, trifft man in der Öffentlichkeit nur die Darstellung von Ängsten beim Umgang mit Pflanzenschutzmitteln und die laute Forderung nach einem möglichst baldigen Ausstieg aus diesem Mittel an. Positive Äußerungen zum Thema gibt es nur in der kleinen Gruppe der Landwirte, die auf die Anwendung von Glyphosat angewiesen sind und versuchen – meist ohne Gehör zu finden –, ihre ebenfalls berechtigte Sichtweise in die Diskussion einzubringen.

Dabei hat der verantwortungsvolle und fachlich indizierte Umgang mit Glyphosat durchaus auch positive Seiten, die allerdings in der Öffentlichkeit kaum Beachtung finden:

– Wen interessiert beispielsweise, dass durch die Verwendung von Glyphosat landwirtschaftliche Erträge gesteigert werden, ohne dabei zu große Auswirkungen auf das Insekten- und Bodenleben zu haben?

– Wen interessiert es, dass durch die Verwendung von Glyphosat weitgehend auf bodenwendende landwirtschaftliche Verfahren („Pflügen") verzichtet werden kann, wenn die Böden für den Anbau landwirtschaftlicher Kulturen vorbereitet werden?

– Wen interessiert es, wenn das Verbot von Glyphosat dazu führt, dass Landwirte vermehrt auf den Pflug zurückgreifen müssen, um die Böden zur Ernte vorzubereiten, und dabei das im Boden gebundene CO_2 in großer Menge freisetzen?

– Wen interessiert es, dass Glyphosat eines der am besten untersuchten Pflanzenschutzmittel in Europa ist, dessen Auswirkungen auf die Tier- und Pflanzenwelt in vielerlei Weise erprobt und auch von deutschen Behörden als weitgehend unbedenklich erachtet wurden?

– Wen interessiert es schließlich, dass die Einstufung von Glyphosat durch die IACR als Unterorganisation der WHO, die einzelne Wirkstoffe auf ihre karzinogene Wirkung untersucht, als „wahrscheinlich krebserregend" auf einer Stufe (Risikogruppe 2A) mit Rindfleisch oder Alkohol eingestuft werden? Salami wird sogar in der Kategorie „krebserregend (Risikogruppe 1)" eingestuft. Interessanterweise bezieht sich die Einstufung nur auf den Wirkstoff selbst und lässt alle Anwendungsvorschriften etc. außer Acht. So wundert es nicht, dass die IACR bei rund tausend untersuchten Stoffen nur einen einzigen als „nicht krebserregend" klassifiziert hat.

Alle diese Argumente interessieren in der öffentlichen Auseinandersetzung in Deutschland wenige – ebenso wenig übrigens wie die Tatsache, dass die US-amerikanische Umweltbehörde das Mittel weiterhin für „nicht krebserregend" hält. Dies ist erstaunlich. denn der Grund für die bereits angesprochenen Urteile mit horrenden Schadenersatzsummen zulasten der Herstellerfirma lag weitgehend darin, dass man der Firma Monsanto vorgeworfen hat, auf der Verpackung nicht auf eine mögliche krebserregende Wirkung des Mittels hingewiesen zu haben. Ein solcher Hinweis wäre nach der Einstufung durch die US-Umweltbehörde EPA zumindest nicht unproblematisch. Das verstehe wer will, aber offensichtlich will es keiner so richtig, geschweige denn sich mit den beschriebenen Auswirkungen von Glyphosat befassen.

Aus Sicht der Mediation betrachtet, haben wir es mit zwei Positionen zu tun. Die eine – klassische – Position, vornehmlich von der Gesellschaft, von Politikern und Umweltverbänden vertreten, heißt „Glyphosat weg". Dabei werden sie von der Medienöffentlichkeit nicht unerheblich unterstützt. Die andere Position lautet nicht etwa, wie zu vermuten wäre, „Glyphosat weiter uneingeschränkt verwenden", sondern, „den Einsatz von Glyphosat vor dem Hintergrund einer sachlichen Diskussion durch fachkundige Personen weiterhin zu erlauben, um dessen positive Auswirkungen nutzen zu können". Doch keine Seite hört der anderen zu und keine nimmt offenbar die Argumente der anderen Seite ernst.

Was wir als Mediatoren gelernt haben, ist, in einer solchen Situation die Diskussion zu versachlichen und einen Rahmen zu schaffen, damit die Argumente miteinander sachlich ausgetauscht werden können. Dazu kann ein Mediationsverfahren durchaus dienen und dabei weit über den US-amerikanischen Ansatz hinausgehen, bei dem verschiedene Gerichte den Einsatz prominenter Mediatoren vorgeschlagen haben, um die tausenden von anhängigen Schadenersatzprozessen einvernehmlich beizulegen. Hierbei scheint es auch um die prozessökonomische Seite zu gehen. Nimmt man allerdings die Mediation ernst, so könnten Mediatoren durchaus eine sachliche Diskussion fördern, den Austausch der Argumente ermöglichen und auch Sorge und Ängste aufgreifen, die auf beiden Seiten beim Einsatz beziehungsweise Verbot von Glyphosat entstehen. Es ist nur zu verständlich, dass viele Verbraucher Angst vor dem unkontrollierten und ausufernden Einsatz von Glyphosat haben und gesundheitliche Risiken fürchten. Auf der anderen Seite muss es auch genauso einsichtig sein, dass Landwirte um ihre Erträge fürchten und der Anbau vieler Kulturen in Zukunft erschwert und damit auch verteuert würde. Also im Prinzip eine klassische Situation, die in einem vertrauensvollen Diskussionsprozess von Vertretern beider Seiten aufgearbeitet werden könnte.

Es stellt sich aber dann die Frage, wer denn an einer solchen Runde überhaupt teilnehmen könnte. Hier sind sicherlich an erster Stelle die Vertreter landwirtschaftlicher Organisationen wie der Deutsche Bauernverband, die Landesbauernverbände und andere zu nennen. Unbedingt teilnehmen müssen auch Verbraucherschutzverbände und Umweltverbände, da mit dem Thema Glyphosat gefühlt auch eine Beeinträchtigung der Artenvielfalt und damit ein klassisches naturschutzfachliches Thema verbunden ist. Als wichtiger Akteur sind die Umwelt- und Landwirtschaftsministerien von Bund und Ländern zu nennen, die letztlich als politische Führung der nachgeordneten zuständigen Behörden über den weiteren Einsatz von Glyphosat zu entscheiden haben. Die Industrie als Anbieterin des Mittels muss die Möglichkeit haben, ihre Sicht einzubringen. Viele andere würden sich bestimmt in diese Diskussion hineindrängen wollen, allerdings muss die Anzahl der Teilnehmer, um arbeitsfähig zu bleiben, auf ein gewisses Maß reduziert werden und zugleich Vertrauen bestehen, dass die Diskussion in der Tat sachlich geführt werden kann. Entscheiden über den Teilnehmerkreis können letztlich nur diejenigen, die in einem solchen Mediationsverfahren vertreten sind und am besten einschätzen können, wer alles an den Tisch gehört, um zweckdienliche Verhandlungen zu führen. Wichtige derzeitige Akteure sind nach dem der Mediation immanenten Grundsatz der Vertraulichkeit eigentlich außen vor: die Öffentlichkeit und die Medien, die allerdings gerade ein wichtiger Teil der derzeitigen Diskussion sind. Daher müsste nach Ansicht des Verfassers dafür von den möglichen Teilnehmern ein Modus gefunden werden, um diese Meinungsbildner in eine fachliche Diskussion einbinden zu können.

Es bleibt die Frage, wer denn die Mediatoren in einem solchen Verfahren sein könnten. Ob einer oder mehrere, sie müssen von allen Beteiligten gleichermaßen unabhängig sein, keine wirtschaftlichen Interessen verfolgen, um nicht der einen oder anderen Fraktion zugeordnet zu werden. Das ist in Deutschland allerdings recht schwierig, da die Diskussion weit fortgeschritten und emotionalisiert ist. Möglicherweise könnte Abhilfe schaffen, auf einen Vermittler aus einem anderen deutschsprachigen Land zurückzugreifen, beispielsweise aus der Schweiz, die gute Mediatoren und Mediatorinnen beheimatet, die ihr Handwerkszeug durchaus verstehen und denen als Schweizer schon das Merkmal der unerschütterlichen Neutralität mit in die Wiege gelegt wurde.

Was könnte eine Mediation letztlich bewirken? Es kann nicht darum gehen, von vornherein irgendein Ziel zu erreichen. Es muss viel mehr darum gehen, die Diskussion zu versachlichen, Ängste aufzugreifen, Interessen und Bedürfnisse aufzuarbeiten und damit die Diskussion „über den Umgang mit Glyphosat" insgesamt zu versachlichen. In der Mediationstheorie wird gerade diese Versachlichung als wichtiger Schritt hin zu einer Lösung angesehen, warum also dieses erprobte Instrumentarium nicht einmal bei einem anscheinend so schwierigen Themenkomplex ausprobieren? Ich bin sicher, dass sich die Vertreter der Landwirte, die letztlich in erster Linie vom Einsatz und zukünftigen restriktiven Umgang von Glyphosat wirt-

schaftlich betroffen sind, einem solchen Diskussionsprozess nicht ver-
schließen werden. Was fehlt, ist indes ein ernstgemeinter Vorschlag, einen
Mediator oder eine Mediatorin in dieser vertrackten Situation einzusetzen.
Vonseiten der Politik kann ein solcher Vorschlag kaum erwartet werden:
Zu groß sind die Ängste, allein schon durch die Unterbreitung eines solchen Vorschlages als Befürworter von Glyphosat angesehen zu werden
und damit in der Wählergunst zu verlieren. Ein Vertreter der das in
Deutschland unter dem Namen Round-Up vertreibenden Herstellerfirma
Bayer beziehungsweise Monsanto wird ebenfalls in der Öffentlichkeit
nicht Gehör finden. Vielversprechend kann es daher aus Sicht des Verfassers höchstens sein, wenn der Vorschlag zum Einsatz eines Mediators oder
Round Tables, wie wir ihn auch aus anderen Bereichen der deutschen Wirtschaft kennen, vonseiten derjenigen kommt, die emotional am meisten
von dem Umgang mit Glyphosat betroffen sind: vom Verbraucher und
dessen Verbänden. Vielleicht findet sich ja jemand, der diesen Gedanken
aufgreift und in die Öffentlichkeit trägt.

Marcus Hehn
Mediator und Rechtsanwalt; Justitiar beim Bauern- und
Winzerverband Rheinland Nassau in Koblenz;
Fachanwalt für Agrarrecht; Mitglied im
Geschäftsführenden Ausschuss der Arbeitsgemeinschaft
Mediation im Deutschen Anwaltverein.

Einigung auf Papyrus:
Erbschaftssachen im späten Rom

Liest man die Dokumentenbeschreibung „Notariell beglaubigte Urkunde über die Abschlussvereinbarung zwischen Aurelius Nikantinoos und Aurelius Phoibammon und seiner Ehefrau Aurelia Anastasia über ein Grundstück", so denkt man zunächst an eine mustergültige, mit Unterstützung eines externen Notars formulierte Abschlussvereinbarung, die, abhängig vom gewählten Phasenmodell, wohl in der „fünften Phase" eines erfolgreich abgeschlossenen Mediationsverfahrens von den Parteien unterschrieben worden ist. Ungewöhnlich mutet es hingegen an, wenn man das Entstehungsdatum dieser Urkunde betrachtet. Diese stammt nicht, wie man vermuten würde, aus einer aktuellen Falldokumentation, sondern datiert auf den Zeitraum zwischen 527 und 547 n. Chr. und erstaunt daher nicht nur aufgrund ihrer anscheinend zeitlosen Aktualität eines Erbschaftsstreites, sondern auch hinsichtlich der durch die seitens der Mediatoren angewendeten Techniken, wobei ein historischer Vergleich hier nicht überstrapaziert werden soll.

I. Gesellschaftlicher Kontext

Die Entstehungszeit des *Papyrus Mich. inv. 6922*,[1] namentlich der Zeitraum vom späten 3. Jahrhundert bis zum 6. Jahrhundert, der, wie *Feder* es beschreibt, durch „einen tiefgreifenden Umbau der Sozial- und Verwaltungsstruktur sowie durch die wiederholten Versuche der Wiederherstellung der Einheit und Vormachtstellung des Oströmischen Reiches als erste Macht im Mittelmeerraum" geprägt war,[2] wurde und wird in der Literatur ambivalent beurteilt. Die Beschreibungen reichen von dem düsteren Bild des spätantiken Staates als Sinnbild des „sittlichen und künstlerischen Abstiegs, der Dekadenz, des Nieder- oder Untergangs",[3] einhergehend mit zunehmenden, sich verschärfenden sozialen Gegensätzen, der Pauperisierung breiter Bevölkerungsschichten und einer Schwächung des Staatsap-

parates,[4] die sich auch auf den Bereich der Gerichtsbarkeit und außergerichtlichen Konfliktbearbeitung erstreckt haben soll, bis hin zu der eupho-
rischen Einschätzung von *Harries*, „[…] *that Roman Law in Late Antiquity
was more frequently invoked and effectively enforced than at any previous period in
Roman imperial history*",[5] was sich ebenfalls auf die Einordnung außergerichtlicher Formen der Konfliktbearbeitung in jener Zeit auswirkt. So er-
freuten sich im spätantiken bzw. frühbyzantinischen Ägypten private außergerichtliche Formen der Konfliktbearbeitung wie Verhandlung,
Schiedsverfahren sowie Mediation und Schlichtung innerhalb der Bevölkerung großer Beliebtheit, wobei insbesondere mediative Verfahrensformen, deren Ergebnisse in der Regel notariell beurkundet wurden,[6] weit
verbreitet waren.[7] *Gagos/van Minnen* beschreiben diese parallel zu den staatlichen Gerichtsverfahren bestehende Verfahrensvielfalt wie folgt: "*If one
of the parties refuses to accept the outcome of mediation, however, the settlement process
simply has to continue by other means, e. g. through a lawsuit, or arbitration, or negotiation, or mediation by other mediator*"[8]. *Schiller* stellt in diesem Zusammenhang
in seinem vieldiskutierten und umstrittenen Beitrag „*The Courts are no more*"
mit Verweis auf *Seidl* sogar die Existenz staatlicher Gerichte in diesem
Zeitraum infrage und begründet dies mit der schlechten Quellenlage für
zivile Prozesse in Ägypten für den Zeitraum von 500 bis 641 n. Chr.[9] Hierbei ist, mit Blick auf die vorliegenden, im *Papyrus Mich. inv. 6922* beschriebenen, mediativen Muster auf *Schnitzlein* zu verweisen, der insbesondere
hinsichtlich des Themenkomplexes der Erbstreitigkeiten, zu denen der in
Papyrus Mich. inv. 6922 beschriebene Fall gezählt werden kann, feststellt:
„*An die Stelle staatlicher Gerichte traten Mediatoren oder Schiedsrichter, groß angelegte
Erbprozesse erübrigten sich aufgrund privater, außergerichtlicher Einigungen [etwa] in
Form von kompensatorischen Schenkungen an Enterbte oder wenig Bedachte.*"[10]
Gagos/van Minnen bringen die Vorgehensweise der spätantiken Mediatoren
auf den Punkt: "*Mediators discuss the matter with the disputing parties and suggest
a solution. The parties then have to come up with the terms of the settlement, no doubt
assisted in doing this by the mediators and the notary, who draws up the settlement
document and can also give legal advice.*"[11]

II. Der Papyrus Michigan inv. 6922 als Fallbeispiel

Das folgende Fallbeispiel basiert auf den Übersetzungen des *Papyrus Mich. inv. 6922* der University of Michigan Library sowie der Übersetzung von *Traianos Gagos* (University of Michigan) und *Peter van Minnen* (Duke University)[12]. Es wurde für den vorliegenden Beitrag gekürzt und vereinfacht.

1. Angaben zu den Beteiligten

Beteiligte des gekürzten und vereinfachten Fallbeispiels sind:

- Aurelius Nikantinoos, Sohn des Isidoros und Onkel von Eudoxia, Antonia und Kollouthos
- Aurelius Phoibammon, Sohn des Triadelphos, Ehemann der Aurelia Anastasia
- Aurelia Anastasia, Ehefrau des Aurelius Phoibammon
- Iosephios und dessen namentlich nicht genannte Eltern
- Eudoxia, Nichte des Nikantinoos
- Antonia, Nichte des Nikantinoos
- Kollouthos, Neffe des Nikantinoos

2. Sachverhaltsschilderung

Zu Lebzeiten nutzten die Eheleute *Nikantinoos* ein ihnen gehörendes Grundstück und Anwesen namens Mounlakon, das sich in der Ebene nahe der Stadt Aphrodito südlich der Straße nach *Tmonechthe* in der ägyptischen Provinz Thebaïs befand, zur Absicherung eines Darlehens von *Iosephios* und dessen Eltern. Nach dem Tod von *Isidoros Nikantinoos* und seiner Frau ging diese Verpflichtung auf ihre Erben über, zu denen sowohl ihr Sohn *Aurelius Nikantinoos* als auch ihre Enkelkinder *Kollouthos*, *Eudoxia* und *Antonia* zählten. Das genannte Grundstück selbst wurde von *Aurelius Nikantinoos* Neffen *Kollouthos* und seinen Nichten *Eudoxia* und *Antonia* geerbt, die alsbald ihr geerbtes Grundstück an *Aurelius Phoibammon* und dessen Ehefrau *Anastasia* verkauften. In diesem Zusammenhang ist es wohl zum Streit zwischen den Erben gekommen, der sich auch auf den Verkauf des Grundstücks auszuwirken drohte. In der Folge konnte ein Gerichts-

Abb. 1

verfahren durch das Einschalten von mit den Parteien befreundeten privaten Mediatoren verhindert und ein mediatives Verfahren durchgeführt werden, dessen Ergebnis notariell beglaubigt und von Zeugen unterschrieben wurde.

3. Ablauf des Verfahrens

Über den genauen Ablauf des Verfahrens finden sich keine näheren Anhaltspunkte im *Papyrus Mich. inv. 6922*, insbesondere sind weder Beschreibungen über die Anzahl der Sitzungen oder deren Dauer erhalten noch finden sich Hinweise über den Verlauf des Verfahrens (etwa in Phasen) bzw. auf etwaige Themen und Interessen der Beteiligten. Trotz der nur rudimentären Angaben lässt der Papyrus auf ein wortreiches und zeitintensives Verfahren mit mehreren Mediatoren schließen, an dessen Ende auf Anregung der Mediatoren ein alle Beteiligten zufriedenstellender Ausgleich erzielt werden konnte. Der Vorschlag der Mediatoren gestaltete sich wie folgt: *Phoibammon* und *Anastasia* könnten einen Ausgleich in Geld und Sachleistungen an *Nikantinoos* zahlen, damit dieser die Grundschuld begleicht und dem Verkauf des Grundstücks nicht weiter im Wege steht. Diesen unverbindlichen Vorschlag der Mediatoren bezogen die Parteien in ihre Überlegungen ein und entschieden gemeinsam, ihn anzunehmen. In der Folge zahlten *Phoibammon* und *Anastasia* an *Nikantinoos* sieben Gold Solidi[13] und zwanzig Artabai[14] Weizen, woraufhin dieser die Grundschuld beglich und keine weiteren Einwände gegen den Verkauf des Grundstücks erhob. Darüber hinaus wurde der mithilfe der Mediatoren vermittelte Ausgleich in einer notariell beglaubigten Urkunde über die Vereinbarung zwischen *Aurelius Nikantinoos* und *Aurelius Phoibammon* und seiner Ehefrau *Aurelia Anastasia* niedergeschrieben und von weiteren Zeugen unterschrieben. In dieser Urkunde bestätigt *Nikantinoos,* die vereinbarten Geld- und Sachleistungen erhalten sowie die Grundschuld beglichen zu haben, und erklärt, dass die folgende Vereinbarung

- auf seinem freien Willen basiere,
- dass er diese unwiderruflich und aufrichtig bestätige,
- dass diese ohne Furcht, Zwang, Druckausübung, Arglist oder Täuschung zustande gekommen sei und
- dass er diese Vereinbarung bei vollem Verstand geschlossen habe.

Darüber hinaus erklärt *Nikantinoos*, dass

–   er das Eigentum von *Phoibammon* und seiner Ehefrau *Anastasia* an dem genannten Grundstück anerkenne,

–   weder er noch seine Erben weitere Ansprüche und Forderungen gegen *Phoibammon* und *Anastasia* und deren Erben erheben würden und dass er in dieser Angelegenheit keine weitere gerichtliche oder außergerichtliche Klärung anstreben werde,

–   er die Geldschuld bei *Iosephios* beglichen habe und dass

–   etwaige Einwände Dritter keine Auswirkung auf die geschlossene Vereinbarung haben sollten.

Abschließend bekräftigt *Nikantinoos* seine Erklärung und all ihre Einzelregelungen mit einer Eidesformel, die sich neben christlichen Elementen auch auf Kaiser *Justinian I.*[15] bezieht. Im Rahmen dieses Eides garantiert *Nikantinoos*, dass er im unwahrscheinlichen Falle eines seinerseits verschuldeten Bruchs der Vereinbarung die gesetzlich vorgeschriebene Strafe in Höhe von fünfundzwanzig Gold Solidi vorbehaltlos zahlen werde.

III. Conclusio

1. Zur Eignung der Mediation im Beispielsfall

Rückblickend stellt sich zunächst die Frage, welche Anhaltspunkte in diesem historischen Beispielsfall für eine mediative Beilegung des Konflikts sprachen. Neben einer allgemein angenommenen Eignung mediativer Verfahren bei Erbstreitigkeiten – *Beisel* spricht in diesem Zusammenhang auch von einem geradezu „klassischen Gebiet der Mediation"[16] – wirkten hier insbesondere der rechtliche und gesellschaftliche Status privater außergerichtlicher Konfliktbearbeitungsverfahren im spätantiken Ägypten sowie die

– Parallelität zwischen gerichtlichen und außergerichtlichen Formen der
  Konfliktbearbeitung und

– bestehende Wahlmöglichkeiten zwischen unterschiedlichen privaten
  außergerichtlichen Verfahrensformen,

günstig auf eine allgemeine Vorzugswürdigkeit außergerichtlicher Formen
der Konfliktbearbeitung gegenüber Gerichtsverfahren in der Gesellschaft
aus, was auch die Anwendung und Akzeptanz mediativer Verfahren zu jener Zeit förderte.[17] *Gagos/van Minnen* sprechen hierbei auch von einer
Form des „sozialen Diskurses" innerhalb der Gesellschaft.[18] Bezug neh-
mend auf den Inhalt der in *Papyrus Mich. inv. 6922* beschriebenen Abschlussvereinbarung sprachen wohl insbesondere die folgenden Aspekte
für den Versuch, den Konflikt mittels eines mediativen Verfahrens beizulegen:[19]

– Bei den herbeigerufenen Mediatoren handelte es sich um Freunde der
  Parteien, die in einem engen Verhältnis zu diesen standen.

– Das hieraus resultierende Hintergrundwissen ermöglichte es den Mediatoren, das der Erbstreitigkeit zugrunde liegende Beziehungsgeflecht zwischen den Parteien besser zu verstehen und im Rahmen ihres „aktiven Mediationsstils" zu berücksichtigen.

2. Zum Lösungsweg des in Papyrus Michigan inv. 6922 dargestellten Konflikts

Darüber hinaus stellt sich bezüglich des in *Papyrus Michigan inv. 6922* dargestellten Konflikts die Frage, auf welche Weise der Konflikt beigelegt
werden konnte bzw. welche mediativen Werkzeuge und Techniken hierbei
hilfreich waren. Mangels einer detaillierten Beschreibung des Ablaufs des
Verfahrens in *Papyrus Mich. inv. 6922* fällt eine tiefer gehende Analyse der
Beiträge der Mediatoren im Verfahren und insbesondere der Einsatz et-
waiger Tools und Techniken schwer.

Jedoch kann ein wesentlicher Aspekt, der zur Entschärfung und letztlich
zur Beilegung des Streites führte, als gesichert gelten: namentlich die Anregung der Mediatoren, dass *Phoibammon* und *Anastasia* einen Ausgleich in

Geld und Sachleistungen an *Nikantinoos* zahlen könnten, damit dieser die Grundschuld begleiche und dem Verkauf des Grundstücks nicht weiter im Wege stehe. Dieser Vorschlag erinnert an die Anwendung des in der Literatur nicht unumstrittenen Mediationsstils der sog. „aktiven Mediation", in deren Verlauf sich der Mediationsprozess auch auf das Einbringen eigener Einschätzungen, fachlicher und rechtlicher Beurteilungen sowie auf unverbindliche Lösungsvorschläge seitens der Mediatorin bzw. des Mediators erstrecken kann,[20] vorausgesetzt, es handelt sich um Vorschläge, die

- nicht bindend sind,
- keine Partei bevorzugen bzw. benachteiligen
- und die Parteien selbst entscheiden können, ob sie die seitens der Mediatorin oder des Mediators genannten Möglichkeiten in ihre Überlegungen einbeziehen möchten.[21]

Da der *Papyrus Mich. inv. 6922* an mehreren Stellen ausdrücklich die Freiwilligkeit der Parteien und das Zustandekommen der beurkundeten Vereinbarung ohne Furcht, Zwang, Druckausübung, Arglist oder Täuschung hervorhebt, kann davon ausgegangen werden, dass die Parteien die zuvor genannte Anregung seitens der Mediatoren wohl als hilfreichen Lösungsvorschlag auffassten, was insbesondere auch darin zu sehen ist, dass sie ihn letztlich auch annahmen.

3. Generalisierung

Die sich abschließend aufdrängende Frage nach dem Sinn einer Auseinandersetzung mit einem längst abgeschlossenen mediativen Verfahren, durchgeführt in einem längst erloschenen Imperium und dem daraus resultierenden Nutzen für die heute lebenden Mediatorinnen und Mediatoren lässt sich vielleicht anhand der in *Papyrus Mich. inv. 6922* geschilderten, exemplarischen, zeitlosen Thematik einer Erbstreitigkeit und den in diesem Zusammenhang überlieferten Vorgehensweisen der Mediatoren beantworten. Die notariell beglaubigte Urkunde über eine spätantike Abschlussvereinbarung des *Papyrus Mich. inv. 6922* bietet interessante Einblicke in die lange Traditionslinie mediativer Verfahren im griechisch-römischen Ägypten, deren Elemente auch auf heutige Mediationsinteressierte erstaunlich vertraut und modern wirken. So nimmt insbesondere der historisch belegbare Einsatz von frühen Formen von Prinzipien, Techniken und Vorgehensweisen, wie

–   dem Hinzuziehen eines externen Notars,

–   der strikten Einhaltung des Prinzips der Freiwilligkeit,

–   dem Anwenden eines aktiven Mediationsstils im Rahmen einer engen Thematik,

–   der Berücksichtigung und Wahrung des zwischen den Parteien bestehenden Beziehungsgeflechts und

–   einer durch die Mediatoren geförderte zukunftsorientierte Beziehungserhaltung,

heutige Verfahrensabläufe in ihren Grundzügen vorweg. Darüber hinaus wirken gerade die im Ägypten der Spätantike historisch nachweisbare Vielfalt privater, außergerichtlicher Formen der Konfliktbearbeitung, deren parallele Anwendung zum staatlichen Gerichtsverfahren und nicht zuletzt die Vorzugswürdigkeit mediativer Formen der Konfliktbearbeitung inspirierend und richtungsweisend für die heute lebenden Mediatorinnen und Mediatoren.

Marc-A. Nicolas Hermann M.M.
Absolvent des Masterstudiengangs Mediation an der Fern-Universität in Hagen; Absolvent „Program on Negotiation" an der Harvard Law School; Interessenschwerpunkte Konfliktmanagementberatung, Wirtschaftsmediation und Verhandlungsführung.

Redaktionskommentare

aus der Sitzung vom 24.10.2019

„Faszinierend, wie aktuell diese Konstellation ist ...“

„... oder wie altbacken das Erbrecht!“

* * *

„Das gab es wohl schon öfters: Ein ineffizientes Gerichtswesen wird durch ein außergerichtliches Streitbeilegungssystem kompensiert – und der Nebenweg erfreut sich großer Beliebtheit.“

---

[1]   Der *Paprus Michigan (P. Mich. inv. 6922)* ist eine von einem Amtsschreiber verfasste und notariell beglaubigte Urkunde über die außergerichtliche Beilegung eines Streits um ein Grundstück nahe der Stadt Aphrodito (Oberägypten) aus der Zeit um 537 n. Chr. Der gut erhaltene Papyrus ist ca. 20 cm breit und hat eine Länge von 180 cm. Der größte Teil des Papyrus ist seit 1946 Teil der Papyrisammlung der University of Michigan in Ann Arbor; MI (USA), und wird dort unter der Inventarnummer „P. Mich. inv. 6922“ geführt.

[2]   *Frank Feder*, Ägypten und sein Umfeld in der Spätantike, in: ders./Angelika Lohwasser (Hg.), Ägypten und sein Umfeld in der Spätantike. Vom Regierungsantritt Diokletians 284/285 bis zur arabischen Eroberung des Vorderen Orients um 635-646, Wiesbaden 2013, S. 3.

[3]   *Wolfgang Schuller*, Grenzen des spätrömischen Staates: Staatspolizei und Korruption, in: Zeitschrift für Papyrologie und Epigraphik (ZPE), 16/1975, S. 1 f.

[4]   *Jens-Uwe Krause*, Gewalt und Kriminalität in der Spätantike, München 2014, S. 1.

[5]   *Jill Harries*, Law and Empire in Late Antiquity, Cambridge University Press, Cambridge 2000, S. 98.

[6]   Der Begriff „Notar“ bezieht sich hier nach *Diethart/Worp* als terminus technicus auf die römische Kanzleipraxis, *Johannes M. Diethart/Klaas A. Worp*, Notarsunterschriften im byzantinischen Ägypten (Textband), Wien 1986, S. 9.

[7]   *Traianos Gagos/Peter van Minnen*, Settling a Dispute. Toward a Legal Anthropology of Late Antique Egypt, The University of Michigan Press, Ann Arbor, MI, 1997, S. 30.

[8]   *Dies.,* Anm. 7, S. 32.

[9]   *Moritz Schnitzlein*, Patchworkfamilien in der Spätantike, Göttingen/Bristol 2012, S. 300.

[10] *Ders.,* ebd.

[11] *Gagos/van Minnen*, Anm. 8.

[12] *Dies.,* Anm. 7, S. 50 ff.

[13] Der Aureus Solidus wurde erstmals im Jahr 309 n. Chr. durch Kaiser Konstantin den Großen eingeführt und blieb mit Modifikationen bis zur Eroberung von Konstantinopel (1453) mehr als ein Jahrtausend im Umlauf.

[14] Maßeinheit.

[15] *Justinian I.*, Kaiser des Oströmischen Reichs, Regierungszeit: 527–565 n. Chr.

[16] *Daniel Beisel*, Mediation im Erbrecht, in: Fritjof Haft/Katharina v. Schlieffen (Hg.), Handbuch Mediation, 3. Aufl. 2016, S. 732.

[17] *Gagos/van Minnen*, Anm. 7, S. 31.

[18] *Dies.*, ebd.

[19] *Dies.*, ebd.

[20] *Frank H. Schmidt/Thomas Lapp/Hans-Georg Monßen*, Mediation in der Praxis des Anwalts, München 2012, S. 106.

[21] *Dies.*, Anm. 20, S. 79.

Bildnachweise

Abb. 1   Auszug aus P. Mich. inv. 6922. Quelle: University of Michigan Library, Ann Arbor, MI.

Bei Anruf Mediation

Telefonische Verhandlung zwischen Hotelier
und säumigem Verein

Fallbeschreibung

Ein größerer Verein plant einen mehrtägigen Ausflug mit seinen Mitgliedern. Man einigt sich auf ein traumhaft gelegenes Hotel, in dessen Angebotspaket neben einigen kulinarischen Höhepunkten auch viele Freizeitaktivitäten enthalten sind. Das Hotel ist privat geführt. Der Verein bucht und leistet eine Anzahlung. Die Mitglieder sind hochzufrieden, die Reise wird ein voller Erfolg.

Sie wäre allen Beteiligten in guter Erinnerung geblieben, wenn es nicht zu Problemen bei der Begleichung des restlichen Rechnungsbetrages gekommen wäre.

Das Vereinskonto wies zum Fälligkeitsdatum keine ausreichende Deckung auf, die offenen Posten konnten nicht beglichen werden. Ursache hierfür war ein Versicherungsschaden, der Reparaturen des Vereinsinventars notwendig gemacht hatte. Aufgrund der Dringlichkeit war man hierfür in Vorleistung getreten und eine avisierte Regulierung durch die Versicherung hatte sich verzögert. Der Vereinsvorstand, Herr V., nahm Kontakt zu dem Hotel auf, erläuterte die unglücklichen Umstände und bat um einen Zahlungsaufschub.

Die Angelegenheit wurde sofort an den Senior-Chef des Hotels, Herrn S., und seinen Sohn J. herangetragen, der als Junior-Partner Mitinhaber war. Herr S. wollte keinen Aufschub erlauben. Schließlich hätte er in seinem langen Berufsleben bereits das eine oder andere erlebt; auf so mancher Rechnung sei er wegen seiner Gutgläubigkeit schon sitzen geblieben, und er vertraue nicht auf Herrn Vs Worte. Er müsse das Personal und die Energiegebühren bezahlen, für die Lebensmittel und die Freizeitaktivitäten seien auch Kosten entstanden. Was gehe es ihn an, wenn der Verein Probleme mit einer Versicherung habe? Er wolle sein Geld.

Herr S. redete sich in Rage und brachte seinen Unmut auch in einem Brief an den Vereinsvorstand zum Ausdruck.

Der Junior stimmte seinem Vater zwar inhaltlich zu, hatte aber Bedenken, ob der Klageweg bei einem zahlungsunfähigen Gegner zielführend sein würde. Ein Prozess, so argumentierte er, sei langwierig und kostspielig und letztlich mache das die finanzielle Situation des Vereins auch nicht besser. Aber er sah ein, dass irgendetwas passieren musste.

So wandte sich der Junior an die Rechtsschutzversicherung, die auf das Hotel abgeschlossen war, um zu klären, ob eine Deckungszusage für diesen Fall erteilt werden könne und wie weiter zu verfahren sei. Die Sachbearbeiterin bestätigte, dass Rechtsschutz bestehe. Sie schlug dann vor, es zunächst mit einer Mediation zu versuchen.

Vorschlag Mediation

J. hatte davon schon einmal gehört, ließ sich den Begriff und das Vorgehen aber ausführlicher erläutern, um eine valide Entscheidung treffen zu können. Die Idee, auf konsensualem Weg eine Einigung zu erzielen, gefiel ihm zwar, er war jedoch nicht sicher, ob sein Vater das gutheißen würde. Seine Ansprechpartnerin erklärte ihm, dass durch eine Mediation seine Selbstbeteiligung nicht angegriffen würde. Im Falle eines Scheiterns stehe ihm außerdem der Klageweg weiter offen und er könne die Mediation jederzeit abbrechen, ohne dass hierdurch Nachteile entstünden. Falls er zustimme, werde ihn noch heute eine Mediatorin oder ein Mediator anrufen und man könne dann alles Weitere besprechen. J. stimmte zu, bat aber um einen Anruf erst am nächsten Tag, weil er seinen Vater zunächst ins Bild setzen wolle.

Erwartungsgemäß war Herr S. von dieser aus seiner Sicht eigenmächtigen Vorgehensweise seines Sohnes wenig begeistert, insbesondere da er sich unter einer Mediation nicht so recht etwas vorstellen konnte. Er bestand darauf, den angekündigten Anruf persönlich entgegenzunehmen, um sich ein Bild davon machen zu können, was ihn da wohl erwarte.

Telefonat: Mediatorin mit Seniorchef des Hotels

So sprach dann erst am nächsten Tag die mit dem Fall beauftragte Mediatorin[1] mit dem Senior. Sofort äußerte er Bedenken zu dieser „Sache", die er nicht kenne und die ja schließlich sein Sohn zugelassen habe. Aber er erklärte sich dann bereit, sich das Verfahren und die weitere mögliche Vorgehensweise erläutern zu lassen.

Danach war er erstaunt, dass die Angelegenheit telefonisch abgewickelt werden könne. Er war davon ausgegangen, dass er mit seinem Gegner nun direkt sprechen müsse und dass dann nachfolgend bis zu dessen Einlenken bedrohliche Schreiben an diesen ergehen würden. Ansonsten werde er Herrn V. verklagen, das sei sowieso der sicherste Weg.

Die Mediatorin erklärte ihm, dass es nicht darum gehe, die andere Partei zu „besiegen", sondern darum, einvernehmlich eine Einigung zu erzielen, die auch Herrn S. zufriedenstelle. Anderenfalls müsse er das Ergebnis auch nicht akzeptieren.

Er konnte sich das zwar noch nicht vorstellen, kam aber gerne der Bitte der Mediatorin nach, ihr die Sachlage aus seiner Sicht zu schildern. Es wurde ein längeres Gespräch, bei dem ersichtlich wurde, dass Herr S. auf eine lange und erfolgreiche Karriere als Geschäftsmann zurückblickt und einen kaufmännischen Ehrenkodex für sich in Anspruch nimmt. Die Nichtzahlung des Vereins war für ihn eine Verletzung seiner Prinzipien. Natürlich ging es ihm auch um den finanziellen Aspekt, denn schließlich handelte es sich um einen vierstelligen Betrag.

Er wolle, „dass alles seine Ordnung hat". Warum solle er Herrn V. vertrauen? Er habe schon einige Verluste in seinem Geschäftsleben hinnehmen müssen, weil er zu gutmütig gewesen sei, und er werde diesmal nicht lange mit sich reden lassen.

Als alles ausgesprochen war, stimmte Herr S. zu, dass die Mediatorin es „ja einmal versuchen" könne. Sie ließ sich die Kontaktdaten von Herrn V.

geben, notierte weitere Eckdaten zur Rechnung und zu den Buchungsda-
ten und versprach, sich wieder zu melden, sobald sie mit Herrn V. gesprochen haben würde.

Telefonat: Mediatorin mit Vorstand
des zahlungsunfähigen Vereins

Die Mediatorin begann dieses Telefonat mit Herrn V. damit, dass sie sich
und ihre Rolle vorstellte und den Hintergrund ihres Anrufs erläuterte.
Herr V. war mit Mediation vertraut, er ließ sich jedoch aufzeigen, wie dies
am Telefon ablaufen solle, da er diese Variante noch nicht kannte. Schließlich willigte er in das Verfahren ein, denn er hatte schon die Befürchtung
gehabt, dass er es nun stellvertretend für den Verein mit einem Anwalt
und einer Klage zu tun bekommen würde.

Die Mediatorin erläuterte, worum es Herrn S. und seinem Sohn gehe. Herr
V. betonte, er verstehe das Anliegen von Herrn S. vollkommen, ihm sei
die Angelegenheit sehr unangenehm, aber er habe auch keine Lust auf
einen weiteren Kontakt zu Herrn S., nachdem dieser ihn in einem Brief
persönlich angegriffen habe. Schließlich stehe er nur stellvertretend für
den Verein und eine persönliche Schuld treffe ihn nicht.

Er erläuterte die finanzielle Lage des Vereins und betonte dabei die grundsätzliche Zahlungswilligkeit, aber er wisse zurzeit auch nicht, was er tun
könne, um die Situation zeitnah zu entschärfen.

Nachdem sich die Mediatorin somit ein Bild von der Sachlage auch aus
Sicht des Vereins und von dessen Interessen gemacht hatte, versprach sie,
sich bald wieder zu melden.

Erneutes Telefonat: Mediatorin mit Seniorchef des Hotels

Im nächsten Telefonat mit Herrn S. schilderte sie die Sichtweise des Ver-
einsvorstandes, der im Grundsatz der Forderung des Hotels nachkommen
wolle, sodass diese nicht streitig sei. Er fühle sich zwar nicht persönlich
verantwortlich, da er nur stellvertretend für den Verein handle, habe aber
seine Bereitschaft bekundet, die Angelegenheit möglichst zur beiderseiti-
gen Zufriedenheit abzuwickeln.

Sollte nun ein Anwalt beauftragt werden, sich dieser Angelegenheit anzunehmen? Und was würde dieser dann tun? Er würde versuchen, vor Gericht einen Titel zu erwirken, der dann von einem Gerichtsvollzieher vollstreckt werden könne, sofern Sachwerte aufseiten des Vereins vorhanden seien. Man könne aber ebenso gut einvernehmlich bei einem Notar einen Titel ausstellen lassen, ohne dass man hierzu ein Gericht involvieren müsste. Diesen Vorschlag machte sie zunächst Herrn S. gegenüber. Der Senior-Chef sah sein Bedürfnis nach einer Absicherung seiner Forderung erfüllt und stimmte der Lösung nach kurzer Rücksprache mit seinem Sohn zu.

Auch Herr V. war mit der Vorgehensweise einverstanden, wie das abschließende Telefonat zwischen der Mediatorin und dem Vereinsvorstand ergab. Er sah die Möglichkeit, einem Rechtsstreit und dem damit verbundenen Aufwand aus dem Wege zu gehen. So kam es zu einer Vereinbarung, mit der beide Seiten höchst zufrieden waren.

Situation – Eignung – Chancen

Zwischen den Konfliktparteien gab es eine große räumliche Distanz, sodass sich eine telefonische Mediation anbot. Herr S. war mit dem Verfahren anfangs nicht vertraut und hätte den Aufwand, den eine Präsenzmediation bedeuten kann, vermutlich nicht betrieben. Schließlich fühlte er sich völlig im Recht und es liegt die Vermutung nahe, dass er die Zeit und die Mühe nicht investiert hätte, selbst wenn das Verfahren bei ihm vor Ort organisiert worden wäre.

Auf die telefonische Mediation jedoch konnte er sich aus verschiedenen Gründen einlassen: Das Angebot hierfür war für ihn sehr niedrigschwellig, weil es proaktiv an ihn herangetragen wurde und weil in Aussicht stand, dass er nicht mit der anderen Konfliktpartei in direkten Kontakt treten muss. Die Mediatorin würde das erledigen; mit ihr würde er Telefonate führen, außerdem wären bei einer gerichtlichen Auseinandersetzung letztlich auch Termine wahrzunehmen gewesen. Er wurde mit Telefonmediation von seinem Sohn in Berührung gebracht, der die Argumente der

Rechtsschutzversicherung wiedergegeben hatte und das Verfahren befür-
wortete.

Im Erstgespräch mit der Mediatorin wurde Herr S. selbst über die Vorgehensweise informiert und hat verstanden, dass er im Zuge des Verfahrens
lediglich mit der Mediatorin telefonieren muss, die dann tätig wird, ohne
dass er sich direkt mit seinem Gegner auseinandersetzen muss. Er konnte
sich ohne Befürchtung eines großen Aufwands auf den Versuch einlassen.

Im beschriebenen Fall sind beiden Konfliktparteien für eine telefonische
Mediation keinerlei Kosten entstanden, da diese von einer Rechtsschutzversicherung getragen wurden. Das Verfahren steht natürlich auch Privat-
zahlern offen. Zur Eignung eines Falles und zur Einschätzung der Erfolgsaussichten wird jede seriöse Mediationsgesellschaft unverbindlich beraten.

Vorgehen – Lösungswege

Die Vorphase dieser Mediation wurde auf verschiedenen Ebenen vollzogen. Der Sohn wurde seitens der Rechtsschutzversicherung auf diese
Dienstleistung aufmerksam gemacht und er erhielt Argumente an die
Hand, warum es Sinn machen kann, eine Mediation in Anspruch zu nehmen.

Den rationalen Gründen für eine Mediation stand der Vater skeptisch gegenüber. Ein erster Teil des Vorgehens bestand in einer „Mediation in der
Mediation", als zwischen dem Senior und Junior vermittelt wurde. Dies ist
ein systemischer Ansatz, denn Herr J. war mit seiner Meinung, seinem Einfluss und seinem Vorgehen ein wichtiger Stakeholder. Ergänzend zu den
Argumenten des Sohnes erhielt Herr S. durch die Mediatorin eine eigene
Aufklärung über das Verfahren und konnte sich ein Bild machen. Diese
direkte Ansprache war sehr wichtig für ihn, um eine eigene Entscheidung
treffen zu können. Zuvor fühlte er sich vor vollendete Tatsachen gestellt,
jetzt war er im Bilde und nahm sich als angemessen involviert wahr (Freiwilligkeit und Aufgeklärtheit).

Die dann folgende genaue Beleuchtung der Sichtweisen und des Konflikts war hier – und ist generell – eine entscheidende Phase der Mediation. Im vorliegenden Fall war sie der Schlüssel dafür, dass sich der Senior-Chef überhaupt auf das Verfahren einlassen konnte. Es wurde ihm Raum gegeben, die Dinge auszusprechen, die jenseits der eigentlichen Sachlage zu finden waren bzw. „unter der Wasseroberfläche", wenn man das Eisbergmodell bemüht. In der telefonischen Mediation kann so etwas sehr gut herausgearbeitet werden.

Das Erfassen der Stimmlage, der Wortwahl, der Themenwahl etc. gestützt durch Techniken der klientenzentrierten Gesprächsführung machen ein von Empathie geprägtes Arbeiten möglich. Die Mediatorin hat sich Zeit genommen, die schlechten Erfahrungen und die Lebenseinstellung des Herrn S. anzuhören, zu verstehen und zu würdigen, sodass er Vertrauen zur ihr und dem Vorgehen fassen konnte. Somit wurde ein Versuch ermöglicht.

Herr V., der Vorstand des zahlungsunfähigen Vereins, war in einer anderen Lage, fast schon mit dem Rücken zur Wand. Auch er hatte Gelegenheit, den Fall mit seinen eigenen Themen in Verbindung zu bringen. Ihm war es wichtig, nicht persönlich als Schuldner in die Verantwortung genommen, als unseriös bezeichnet und angegriffen zu werden, da er *de facto* nur seinen Verein vertrat. Auf den Versuch einer Mediation hat er sich gerne eingelassen.

Die Lösung des Konfliktes wurde auch durch den fachlich-rechtlichen Input der Mediatorin herbeigeführt. Man könnte das als „Hinzuziehen eines Experten" betrachten, der in diesem Fall ausnahmsweise die Mediatorin selbst war. Da dies für beide Parteien gleichermaßen zielführend war, sollte nichts gegen ein wenig Pragmatismus sprechen.

Die mangelnde Bekanntheit von Mediation ist immer noch ein Hindernis, dieses Verfahren zu nutzen. Auch wenn sich dies in den letzten Jahren etwas gewandelt hat, besteht immer noch ein großer Bedarf, zu Beginn das Wesen und den Ablauf zu erläutern, wie es auch hier der Fall war. Außer-

dem hätte Herr S. aus seiner subjektiven Sicht auf eine konsensuale Einigung verzichten können, da er sich völlig im Recht fühlte und den Aufwand, den er für ein „neues", ihm unbekanntes Verfahren hätte aufbringen
müssen, nicht unbedingt betreiben wollte.

Als klassische Argumente für Mediation werden oft Zeitersparnis, die Ver-
ringerung von Kosten, Aufwand und Ärger genannt und die Aussicht, dass
die Konfliktparteien danach wieder angemessen und vertrauensvoll miteinander umgehen können. Die telefonische Mediation erfordert zudem jedoch nicht, dass sich die Konfliktparteien gegenübertreten, was oft als
Vorteil empfunden wird. Wenn es in Ausnahmefällen dazu kommt, erfolgt
dies oft erst, wenn ein gewisser Grad der Annäherung erreicht ist. Im beschriebenen Fall war das nicht nötig. Von beiden Seiten wurde es als positiv empfunden, dass die Kommunikation ausschließlich über die Mediatorin lief.

Telefonische Mediationen werden von den meisten Rechtsschutzversiche-
rungen als ergänzende Dienstleistung angeboten. Es entfällt dabei i. d. R.
der Selbstbehalt und bei einer gescheiterten Mediation bleibt dem Versi-
cherungsnehmer der Klageweg offen. Die andere Konfliktpartei, der hierbei ebenfalls keine Kosten entstehen, profitiert von diesem Verfahren,
denn selbstverständlich gilt der Grundsatz der Allparteilichkeit des Mediators oder der Mediatorin. Das hat im vorliegenden Fall auf beiden Seiten
dazu beigetragen, „es einmal zu versuchen".

Generalisierung

Konflikte erzeugen Stress. Zu den Phasen der stabilen kognitiven Bewertung einer Stress auslösenden Situation gehören das „Überschauen der Alternativen", das „Gewichten der Alternativen" und die „Erwägung der
Verpflichtung" (d. h. einer verantwortungsvollen Entscheidung, eine der
Alternativen umzusetzen oder ganz auf eine Aktion oder Reaktion zu verzichten).[2]

Das ist ein rationaler Ansatz, dem zumeist die Klärung von intrapersonel-
len Konflikten vorgeschaltet ist. Das heißt, es geht nicht immer nur um

Zahlen, Daten und Fakten, die vermeintlich objektiv nachvollziehbar sind. Oftmals gibt es ein unausgesprochenes und vielleicht unbewusstes Anliegen, über Dinge zu sprechen, die dem interpersonellen Konflikt zugrunde liegen, auch wenn sie nicht ursächlich in Zusammenhang miteinander zu stehen scheinen. Dem muss in der Mediation Rechnung getragen werden, so wie es auch im vorliegenden Fall erfolgt ist.

Worum geht es den Konfliktparteien wirklich? Warum verschärfte sich der Konflikt, z. B. durch das Versenden eines offensiven Briefes seitens Herrn S. an Herrn V.? Die Antwort auf diese Fragestellungen wurde im Zuge der Mediation herausgearbeitet. Die Möglichkeit, sich hierzu zu äußern, hat Herrn S. eine gewisse Stresslinderung verschafft. Auch wurden Alternativen besprochen, die er in Ruhe für sich bewerten konnte. Das hat ihn vermutlich dazu bewogen, eine Telefonmediation zu versuchen.

„Man kommt mit Stress besser zurecht, wenn man wahrnimmt, Kontrolle über eine Situation zu haben. Soziale Unterstützung ist dann am besten, wenn sie die Bedürfnisse eines Menschen trifft."[3].

Seinen Bedürfnissen kam auch entgegen, dass die Mediatorin für ihn den Kontakt mit der Konfliktpartei aufnahm und Herr S. sich nur auf die Einzelgespräche mit der Mediatorin einzulassen brauchte. Grundsätzlich ist es natürlich möglich, einen Austausch zwischen allen Beteiligten gleichzeitig über eine Konferenzschaltung zu eröffnen. Das war in diesem Fall nicht indiziert.

Eine Telefonmediation ist eine sehr effiziente Variante, wenn ein persönliches Gegenübertreten schwierig ist, z. B. aufgrund großer räumlicher Distanz oder wenn dies als zu belastend bzw. zu anstrengend empfunden wird. Sie gewährt einen gewissen geschützten Raum, ist daher vergleichsweise niedrigschwellig und erreicht auch die Menschen, die sich einem Konflikt aus unterschiedlichen Gründen oder zum aktuellen Zeitpunkt nicht direkt von Angesicht zu Angesicht stellen können oder möchten.

Gleichzeitig ermöglicht sie – wie im vorliegenden Fall – der Mediatorin, anhand verschiedener Kriterien die Befindlichkeit des Medianden wahrzunehmen. In einem Telefonat kommen seine Worte und seine nonverbalen

Expressionen direkt zum Ausdruck: Stimmlage, Tonfall, Sprechgeschwindigkeit, Atemfrequenz etc. Sie werden seinerseits weniger bewusst gefiltert und weniger rational kontrolliert und überlagert, als das bei einem Brief oder einer E-Mail der Fall wäre.

Einige dieser Parameter sind überhaupt nur im direkten akustischen Kontakt wahrnehmbar.

Eine Randbemerkung

Führende Tech-Konzerne sind seit vielen Jahren sehr interessiert an der Auswertung von Sprachaufnahmen ihrer User durch die jeweilig eingesetzten interaktiven Interfaces, die auf Sprachbefehle reagieren (Alexa, Cortana, Siri & Co.). Sie versprechen sich von der Interpretation der akustischen Micro-Expressionen der Stimme eine effektivere Analyse in Bezug auf Kaufvorschläge, als es eine Speicherung der per Tastatur getätigten Suchanfragen leisten könnte. Es lassen sich aus der akustischen Auswertung erheblich mehr Informationen herauslesen. Ohne das an dieser Stelle moralisch bewerten zu wollen, ist dies ein Hinweis auf die große Bedeutung sprachlicher Interaktion für die Wahrnehmung und Interpretation von Emotionen.

Aktuell leistet ein empathischer Mensch noch deutlich mehr als dies einer „KI" (Künstlichen Intelligenz) möglich ist, sofern dieser Begriff denn überhaupt schon sauber definiert ist. Ob sich ein erhöhter Einsatz von Technologie in der Mediation und der Beratung allgemein durchsetzt, wird sich in der Zukunft offenbaren.

Zurzeit sind selbst beim Austausch von Textnachrichten noch häufig Emojis nötig, um die Worte in den intendierten Kontext zu setzen. Der Klang einer Stimme sagt da meist mehr als die tausend Worte, die gesprochen werden.

Birgit de Boer

Mediatorin; Unternehmensberaterin; Gründerin von „Mediation First", Kiel; IT-Schwerpunkt im internationalen Umfeld, ehem. Managerin und Führungskraft in einem amerikanischen Konzern; Personal- und Projektverantwortung; Qualifikation als systemisch psychologische Beraterin und Coach; www.mediationfirst.de

Sabine Roselt

Rechtsanwältin und Mediatorin in eigener Kanzlei; Zusatzausbildung zur systemisch psychologischen Beraterin und Coach sowie in Cooperativer Praxis; Zusatzqualifikation im Bereich Wirtschaftsmediation; www.mediationfirst.de

Redaktionskommentare

aus der Sitzung vom 24.10.2019

„Über die Telefonmediation wurde früher kontrovers diskutiert."

•*•

„Inzwischen ist sie anerkannt. Zumindest ist sie in der Versicherungsbranche Praxis. Das ist die normative Kraft des Faktischen."

•*•

„Gut, dass die Versicherung das anbietet."

•*•

„Das mediative Element dieser Variante? Ja … wohl die Hinzuziehung eines neutralen Dritten..."

•*•

„Effizient ist die Variante. Man stelle sich vor: Die Medianden wollen oder können nicht zusammenkommen, weil es für sie zu belastend oder schwierig ist."

•*•

„In vielen Fällen ist es besser, Telefongespräche zu führen als E-Mails hin- und herzuschicken."

•*•

„Hier wohnt die Mediation nicht. Aber die Schlichtung."

•*•

„Ja, eine Kuchenvergrößerung hat nicht stattgefunden."

∗∗∗

„Aber es ist gut, dass ein Fall weniger vor Gericht gelandet ist."

---

1   Die Mediatorin wurde eingesetzt durch *Mediation First* auf Anfrage der Rechtsschutz-versicherung.
2   Vgl. *Philip Zimbardo/ Richard Gerrig,* Psychologie, München 2004, S. 575.
3   *Dies.,* Anm. 2, S. 581.

Online gebucht, online geschlichtet

Nicht nur Waren, sondern auch Dienstleistungen werden online bestellt, z. B. Onlinekurse und Coachings, die einem Unterstützung in verschiedenen Lebenslagen oder neue, innovative Geschäftsideen versprechen. Bei solchen Angeboten kann es jedoch, wie der nachfolgende Sachverhalt zeigt, zu diversen Problemen und Unstimmigkeiten kommen.

Abb. 1 Die Online-Schlichter gehören zu dem vielgestaltigen Team des Zentrums für Europäischen Verbraucherschutz e.V. und sind auf Streitfälle zwischen Verbrauchern und Unternehmern spezialisiert, deren Verträge über das Internet geschlossen wurden.

Fallbeschreibung

Eine Verbraucherin hatte einen Onlinekurs für mehr als 3.000 Euro über eine Plattform gebucht. Der Kurs sollte eine Methode vermitteln, mit der ein eigenes Geschäft aufgebaut werden kann. Der Kurs hat nach Ansicht der Verbraucherin jedoch nicht die beworbenen und gewünschten Inhalte vermittelt. Sie verlangte daher die Erstattung des bezahlten Kurspreises. Die Verbraucherin berief sich außerdem auf angebliche Werbeaussagen, die der Anbieter gemacht habe (Zufriedenheits- bzw. Geld-zurück-Garantie). Die Plattform sowie der Anbieter des Kurses wiesen die Forderung zurück, da der Kurs aus ihrer Sicht alle beworbenen Inhalte umfasst habe. Die Existenz von entsprechenden Werbeaussagen wurde bestritten.

Da die Verbraucherin keine Erstattung erhielt, wandte sie sich an unsere Schlichtungsstelle und stellte einen Schlichtungsantrag, indem sie den Fall über das Onlineformular auf unserer Homepage einreichte. Die Kommunikation mit den Beteiligten erfolgte im Weiteren ausschließlich per E-mail. Dies dient insbesondere der Kosteneffizienz sowie der Beschleunigung des Verfahrens. Im Einzelfall ist jedoch auch eine Kommunikation per Brief, Fax oder Telefon mit den Beteiligten möglich, wenn dies zur Falllösung beiträgt.

Da unsere Schlichtungsstelle nur tätig werden kann, wenn das Unternehmen seinen Sitz in Deutschland hat, kommunizieren wir mit den Beteiligten grundsätzlich in deutscher Sprache. Im Einzelfall bearbeiten wir jedoch auch Anfragen auf Englisch und Französisch. Verbraucher können sich darüber hinaus im Schlichtungsverfahren auch von anderen Personen oder Einrichtungen vertreten lassen. Spezielle Übersetzungssoftware verwenden wir nicht.[1]

Zu Beginn des Schlichtungsverfahrens mussten im konkreten Fall zunächst die Vertragsverhältnisse zwischen den Beteiligten (Verbraucherin, Onlineplattform und Anbieter) geklärt werden. Im Ergebnis stellte sich die Konstellation so dar, dass die Verbraucherin einen Vertrag mit der Onlineplattform geschlossen hat, der Kurs selbst jedoch von einem Drittanbieter durchgeführt wurde.

Problematisch war außerdem, dass es bei Vertragsschluss zwischen den Beteiligten keine gesonderte Vereinbarung darüber gab, welche Inhalte der Onlinekurs konkret haben sollte. Auch aus der Beschreibung des Kurses auf der Plattform war der genaue Inhalt nicht zu entnehmen, da die Beschreibung sehr allgemein gehalten war.

Schriftwechsel per E-Mail: Forderungen werden zurückgewiesen

Der Anbieter wies die Forderungen der Verbraucherin – auf unsere Anfrage hin – zunächst zurück. Er trug vor, dass sämtliche geschuldete Leistungen erbracht und der Vertrag damit ordnungsgemäß erfüllt worden sei. Der Anbieter gab außerdem an, dass er keine sonstigen Werbeaussagen gegenüber der Verbraucherin getroffen habe. Die Plattform selbst verwies ihrerseits im Wesentlichen auf die Aussage des Kursanbieters. Darüber hinaus trug sie vor, dass eine bloße Unzufriedenheit der Verbraucherin mit dem Kurs keine Schlechtleistung sei.

Die Verbraucherin machte daraufhin nochmals deutlich, dass der Kurs nicht die von ihr erwartete Qualität gehabt habe und daher auch der bezahlte Preis nicht angemessen sei. Die Verbraucherin fühlte sich außerdem vom Unternehmen getäuscht, da hier aus ihrer Sicht ein minderwertiger Kurs zu einem überhöhten Preis verkauft wurde.

Wer ist für welche Sachverhalte beweispflichtig?

Aufgrund der gegenteiligen Positionen konnte, trotz des umfangreichen Schriftwechsels, keine direkte Einigung zwischen den Beteiligten erreicht werden. Wir haben daher zum Abschluss des Verfahrens einen Schlichtungsvorschlag erarbeitet, der nach Fertigstellung an die Beteiligten verschickt worden ist.

Im Schlichtungsvorschlag wurden zunächst der unstrittige Sachverhalt sowie die jeweiligen Schilderungen der Beteiligten dargelegt. Im Anschluss hieran haben wir die Rechtslage sowie die jeweiligen Beweis- und Prozessrisiken beurteilt.

Bei Online-Schlichtungsverfahren besteht regelmäßig die Problematik, dass eine Beweiserhebung nicht bzw. nur sehr eingeschränkt möglich ist. Sofern der Sachverhalt, wie im vorliegenden Fall, zwischen den Parteien streitig ist, kann daher keine abschließende Aufklärung des tatsächlichen Sachverhaltes erfolgen.

Stattdessen wird berücksichtigt, wer im Rahmen der Beweislastverteilung für welche Tatsachen beweispflichtig wäre und welche Prozessrisiken hierdurch bei einem möglichen gerichtlichen Verfahren bestehen würden.

Die Beweislast für eine Schlechtleistung trug im vorliegenden Fall die Verbraucherin als Anspruchstellerin. Auch das Vorliegen einer arglistigen Täuschung hätte sie belegen müssen. Gleiches gilt für das Bestehen der Zufriedenheits- bzw. Geld-zurück-Garantie, auf die sich die Verbraucherin berufen hat.

Diese Beweise hätte die Verbraucherin nur schwer erbringen können. Hierbei war insbesondere zu berücksichtigen, dass weder der genaue Vertragsinhalt noch der Inhalt von angeblichen Gesprächen mit den beteiligten Unternehmen belegt werden konnten.

Es musste allerdings auch berücksichtigt werden, dass die Verbraucherin fehlende Inhalte gerügt sowie verschiedene Probleme umfassend vorgetragen hat. Die Plattform und der Anbieter haben demgegenüber lediglich pauschal erwidert, dass alle Leistungen vollständig und einwandfrei erbracht worden seien. Auf die einzelnen Kritikpunkte der Verbraucherin sind sie hingegen nicht eingegangen. Die Unternehmen sind außerdem Nachweise darüber schuldig geblieben, welche Leistungen im Einzelnen erbracht wurden.

Es konnte also auch nicht ausgeschlossen werden, dass die von der Verbraucherin geschilderten Umstände zumindest teilweise eine Schlechtleistung darstellen, die etwa Schadensersatzansprüche begründen kann.

Im Ergebnis wurde daher festgehalten, dass die Verbraucherin unter Berücksichtigung aller dargelegten Punkte ein deutlich höheres Beweis- und Prozessrisiko trägt. Gleichzeitig wurde dargelegt, dass das Vorliegen einer

Schlechtleistung nicht ausgeschlossen werden kann und daher auch das Unternehmen ein gewisses Prozessrisiko trägt.

Unter Berücksichtigung der vorstehenden Umstände haben wir vorgeschlagen, dass die Plattform als Vertragspartnerin der Verbraucherin ein Fünftel des bezahlten Kurspreises erstattet. Der Vorschlag trug damit der Verteilung des Beweis- und Prozessrisikos der Beteiligten Rechnung.

Nach Erhalt und Prüfung des Schlichtungsvorschlags haben beide Seiten den unterbreiteten Schlichtungsvorschlag angenommen. Zur Prüfung hat die Verbraucherin nach eigenen Angaben zusätzliche Rechtsberatung in Anspruch genommen.

Fazit: Unzufriedenheit begründet keinen Schadensersatz

Wenn Verbraucher einen Onlinekurs buchen, dessen Inhalt nur grob umrissen, aber nicht genau definiert ist, können sich verschiedene Probleme ergeben.

Abb. 2 Die Online-Schlichter befinden sich unter dem Dach des Zentrums für Europäischen Verbraucherschutz e.V. in Kehl.

Ohne eine Vereinbarung über die einzelnen Inhalte kann im Nachhinein nicht beurteilt werden, ob die Inhalte vollständig und fehlerfrei erbracht worden sind. Der Einwand einer Schlechtleistung bzw. unvollständigen

Leistung kann daher nur schwer begründet werden. Die subjektive Unzufriedenheit mit einem gebuchten Kurs stellt nicht notwendigerweise eine Schlechtleistung dar und begründet damit auch nicht zwingend einen Anspruch auf Schadensersatz.

Darüber hinaus lassen sich auch sonstige, angebliche Vereinbarungen und Aussagen kaum belegen, wenn diese nicht schriftlich erfolgt sind.

Andererseits sollten auch Unternehmen im Idealfall nachweisen können, welche Leistungen vereinbart und tatsächlich erbracht worden sind, um den Einwand der Schlechtleistung entkräften zu können.

Weitere Erläuterungen

Die Fallbeschreibung zeigt, dass Verbraucher solche und ähnliche Angebote oftmals buchen, ohne sich zuvor über den genauen Inhalt des Angebots zu informieren. Teilweise wird auch die Seriosität der Anbieter im Vorfeld nicht bzw. nicht ausreichend überprüft.

Wer allerdings die sprichwörtliche Katze im Sack kauft, kann anschließend nur schwer geltend machen, dass diese nicht den eigenen Vorstellungen entsprochen habe. Die Vorstellungen des Verbrauchers können nicht der alleinige Maßstab für eine Schlechtleistung oder eine arglistige Täuschung sein. Auch der Nichteintritt des erhofften Erfolgs (z. B. das Scheitern der Geschäftsidee oder das Ausbleiben des erwarteten Zuverdiensts) führt nicht automatisch zu einem Schadensersatzanspruch des Verbrauchers.

Positiv hervorzuheben ist allerdings, dass im vorliegenden Fall sowohl die Verbraucherin als auch das Unternehmen an einer Lösung mitgewirkt und die tatsächliche sowie rechtliche Einschätzung des Falls mitgetragen haben.

Da die Teilnahme an unseren Schlichtungsverfahren freiwillig ist, sind wir auf die Mitwirkung der Beteiligten angewiesen. In der Praxis nimmt die Mehrzahl der Unternehmen an unseren Verfahren teil.

Unsere Antragstellerinnen und Antragsteller beginnen das Verfahren darüber hinaus oft mit eigenen Vorstellungen über die tatsächliche bzw. rechtliche Lage. Im Verlauf eines Verfahrens zeigt sich jedoch häufig, dass die Sachlage umstritten und die Rechtslage komplex ist. Es kommt insofern typischerweise zu einem Auseinanderfallen der Vorstellungen der Verbraucher und der tatsächlichen Sach- und Rechtslage. Die umfassende Begründung unserer Einschätzungen und Vorschläge führt indes dazu, dass sie von den Verbrauchern in der Regel akzeptiert werden.

In einzelnen Fällen kann es allerdings vorkommen, dass Verbraucher auf dem subjektiven Gefühl, „im Recht zu sein", bestehen, selbst wenn es hierfür eigentlich keinen Raum gibt.

Ein Schlichtungsverfahren ist aber immer nur dann möglich, wenn beide Seiten bereit sind, sich auf das Verfahren einzulassen. Nur wenn beide Seiten mitwirken und im Zweifel auch bereit sind, Zugeständnisse zu machen, kann ein Verfahren durchgeführt und im Idealfall eine Einigung erreicht werden. Es bedarf bei allen Beteiligten einer Ergebnisoffenheit für den Ausgang der Schlichtung.

Alexander Wahl

Volljurist; Online-Schlichter;
Mitglied des Zentrums für Europäischen
Verbraucherschutz e. V.

Benedikt Schauberer-Stein

Volljurist; zertifizierter Mediator;
Mitglied des Zentrums für Europäischen
Verbraucherschutz e. V.

Redaktionskommentare
aus der Sitzung vom 02.10.2019

„Eine mustergültige Schlichtung!"
„Ja, das ist moderne, alternative Konfliktlösung. Man sieht:
Es geht auch ohne Gericht."
„Ein paar E-Mails hin und her – und der Konflikt ist vom Tisch.
Das hat sicher Zukunft."
„Konfliktlösung bei maximaler Schonung der Ressourcen: Frisst viel weniger
Zeit, Geld und Nerven als die herkömmliche Rechtsverfolgung."

∗∗∗

„Es gab keinen wirklichen Verlierer und keinen wirklichen Sieger.
Deshalb konnten beide Seiten das Ergebnis akzeptieren."

∗∗∗

„Ich tue mich hier mit dem Begriff Schlichtung schwer, und ich weiß gar nicht,
wie das hier mit der Abgrenzung zum Vergleich ist."

∗∗∗

„Eigentlich ist das ein Vergleich. Genau so hat das auch mein früherer Richter
immer gemacht. Wer hat die Beweislast? Wie sieht das Prozessrisiko aus?
Um wieviel Prozent muss deshalb die Forderung runter?"

∗∗∗

„Beide Beteiligten haben freiwillig mitgewirkt. Die Lösung wurde von beiden
Seiten mitgetragen. Daraus wird noch keine Mediation, aber man erkennt doch
die mediative Grundeinstellung: Man will den Konflikt gemeinsam und im
Einvernehmen lösen".
„Dann wäre ja jeder gerichtliche Vergleich Mediation."
„Also, vor Gericht ist ja mindestens eine Seite nicht gerade freiwillig dabei."

∗∗∗

„Also von Mediation kann ja hier nicht die Rede sein, und die Autoren sprechen
ja auch ausdrücklich von ‚Schlichtung'."

∗∗∗

„Der Fall wäre ja schon gar nicht mediationsgeeignet.
Ein typischer Einmal-Konflikt."
„Ja genau, wie willst du da einen Konsens finden?"

∗∗∗

„Das ist nicht der Punkt. Möglichkeiten gibt es immer.
Der Kundin ging es ja nicht nur um Geld, sondern auch um fehlende Information. Und für einen Internetanbieter sind glückliche Käufer manchmal mehr
wert als zahlende Kunden."

• * •

„Aus juristischer Sicht finde ich den Fall aber schon ausgesprochen
beunruhigend."
„Du meinst, da ist partout kein Anspruch?"
„Der Onlinekurs wurde gebucht, bezahlt und durchgearbeitet. Man kann ja auch
kein Buch kaufen, durchlesen und nachher sagen, bitte, war nicht so, wie ich es
mir vorgestellt habe, Geld zurück."
„Aber hier hat man sich schließlich einvernehmlich geeinigt. Das Ergebnis sollte
den Konflikt lösen, es musste nicht unbedingt genau der Rechtsordnung entsprechen. Dafür gilt der Konsens ja auch nur für diesen einen Fall."

• * •

„Aber ist das nicht ein bisschen wenig?"
„Was fehlt dir denn?"
„Zum Beispiel persönliche Transformation: Veränderung der Einstellung, wie in
dem einen „Project" der alten USA-Mediation."
„Ja, es hat aber auch keiner behauptet, dass das hier Mediation ist."

• * •

„Aber was mir auffällt, die Grundeinstellung ist dieselbe: freiwilliges Verfahren,
kein staatliches Gericht und eine konsensuale Lösung,
möglichst interessengerecht."
„Darunter fällt dann aber eine ganze Menge, was nichts mit Mediation
zu tun hat".
„Stimmt. Aber falls du den ganzen Komplex der Verbraucher- und Onlinestreit-
beilegung[2] meinst: Natürlich ist das meiste davon keine schulmäßige Mediation,
aber wir dürfen nicht vergessen, auf welchem Weg diese Formen zustande kamen: im Fahrwasser der europäischen und nationalen Mediationsbewegung."[3]
„Das mit dem Fahrwasser ist gut. Das ist noch mal ein neuer Aspekt."
„Heißt das: Die Mediation wohnt nicht nur zu Lande,
sondern auch im Fahrwasser?"

• * •

„Bisher haben wir viel von den ‚Wurzeln' der Mediation gesprochen, woher der
mediative Ansatz kommt, von Vorformen und Entwicklungslinien. Ist es nicht
genauso aufschlussreich, wenn sich heute – infolge der Hinwendung zur Mediation – neue Formen bilden?"

„Ich darf noch mal ergänzen: Die neuen Formen könnten genauso wie die alten Verfahren helfen, das Grundmuster der Mediation zu verstehen."

✳✳✳

„Wohnt hier also die Mediation?

Nein. Sie hat dieses Heim entworfen und mitgestaltet, und in diesem Entwurf wohnt ein Teil ihrer Seele, glimmt ein Stück ihres Lichts, aber sie selbst ist nie eingezogen."

---

1   Bei der Verwendung von entsprechender Software würden sich auch datenschutzrechtliche Fragen stellen. Insbesondere die Verwendung von populären Onlinediensten wie Google-Übersetzer ist problematisch, weil die dort eingegebenen Daten vom Anbieter u. a. gespeichert, ausgewertet und weiterverwendet werden können.

2   Gesetz über die alternative Streitbeilegung in Verbrauchersachen (Verbraucherstreitbeilegungsgesetz, VSBG) vom 19. Februar 2016 mit der Verbraucherstreitbeilegungs-Informationspflichtenverordnung (VSBInfoV), erlassen auf Grund von Richtlinie 2013/11/EU des Europäischen Parlaments und des Rates vom 21. Mai 2013 über die alternative Beilegung verbraucherrechtlicher Streitigkeiten und zur Änderung der Verordnung (EG) Nr. 2006/2004 und der Richtlinie 2009/22/EG sowie die ODR-VO, d. h. Verordnung (EU) Nr. 524/2013 des Europäischen Parlaments und des Rates vom 21. Mai 2013 über Online-Streitbeilegung in Verbraucherangelegenheit und zur Änderung der Verordnung (EG) Nr. 2006/2004 und der Richtlinie 2009/22/EG.

3   Etwa das Grünbuch über alternative Verfahren zur Streitbeilegung, Richtlinie 2008/52/EG (Mediationsrichtlinie), das deutsche Mediationsgesetz (2012).

Bildnachweise

Abb. 1   Zentrum für Europäischen Verbraucherschutz e. V.
Abb. 2   Zentrum für Europäischen Verbraucherschutz e. V.

Von Dissonanz zur Harmonie

Mediation unter Musikern

Kann eine Mediation funktionieren an nur einem Termin? Welche Faktoren müssen erfüllt sein? Und was waren die Fallstricke? Der Autor, selbst seit mehr als fünfzehn Jahren in Bereich der Mediation tätig, beleuchtet in seinem Beitrag das unübersichtliche Feld der Mediation innerhalb eines Teams, das zwischen Freundeskreis und eingetragenem Verein changiert, ergänzt mit einigen wissenschaftlichen Überlegungen.

„Auf unserem Weg durchs Leben lassen wir uns normalerweise von Eindrücken und Gefühlen leiten, und das Vertrauen, das wir in unsere intuitiven Überzeugungen und Präferenzen setzen, ist in der Regel gerechtfertigt. Aber nicht immer. Wir sind oft selbst dann von ihrer Richtigkeit überzeugt, wenn wir irren, und ein objektiver Beobachter erkennt unsere Fehler mit höherer Wahrscheinlichkeit als wir selbst." – *Daniel Kahneman*

Mediation unter Musikern

Äußerer Rahmen:

- vorab Einzelgespräche
- ein gemeinsamer Termin (Samstag, vier Stunden)
- an einem neutralen Ort (bedingt)
- die Verpflegung wurde selbst organisiert
- sieben Teilnehmer

Innerer Rahmen:

- Grundtenor „wir brauchen dafür eine Mediation!" war vorhanden
- Menschen aus dem Bereich Kunst und Kultur haben in der Regel einen guten Zugang zu den eigenen Gefühlen und Anliegen
- klare Auftragsklärung
- Vorschlag für ein Prozessdesign trotz engen Zeitfensters
- Räumliche und inhaltliche Nähe des Mediators

Herausforderungen:

- Die Professionalisierung des eingetragenen Vereins hinkt den Anforderungen der Geldgeber hinter her

- Die Vereinsstruktur ist insgesamt unübersichtlich. Neben den regionalen Vereinen gibt es noch einen Verein auf nationaler Ebene und auch auf internationaler Ebene, die zum Teil in Personalunion geführt werden

Vorgeschichte

„Hallo, Herr Pfeiffer, hier ist Burkhard Kubicek*. Ich habe auf Ihrer Internetseite gesehen, dass Sie Mediator sind. Wir bräuchten dringend eine Mediation – vielleicht können wir in den nächsten Tagen mal telefonieren. Meine Telefonnummer lautet [...] Das war – *Burkhard Kubicek*." Mit dieser Nachricht auf dem Anrufbeantworter in meinem Büro begann Anfang Januar dieses Jahres eine spannende Reise in die Welt der Musiker.

Ausgangslage

Nach den ersten Gesprächen stellte sich die Ausgangssituation wie folgt dar: Ein Netzwerk von engagierten Musikern organisiert in regelmäßigen Abständen verschiedene Treffen, bei dem es vor allem um das gemeinsame Musizieren geht, über gesellschaftliche und politische Grenzen hinweg. Bis zum nächsten Festival im süddeutschen Raum waren es vom Januar aus gesehen noch etwa sechs Monate. Es gab aktuell kein „Orga-Team", stattdessen Vorwürfe, Missverständnisse, Kränkungen sowie eine Menge organisatorischer Unklarheiten. Die finanziellen Zusagen sowohl vonseiten der Sponsoren als auch von kommunaler und regionaler Seite verstärkten in diesem Fall noch den Konflikt (Erfolgsdruck). Die Gruppe hatte auch schon Zeit und Ort für einen Termin für eine Mediation festgelegt.

Phase I – Auftragsklärung

Im Rahmen der Auftragsklärung wurde vereinbart, dass in dem angesetzten Termin primär einige Missverständnisse und Konfliktlinien aus den vergangenen Monaten geklärt werden sollten. Im Hinblick auf die Mediationsprojekte nach *Breidenbach* sollte es primär um die Projekte *Social Transformation* und *Individual Autonomy* gehen, weniger um das Projekt *Service-Delivery* – also stand die reine Projektorganisation nicht im Vordergrund. Die Gruppe hatte demnach bereits ein Einverständnis erzielt, dass die Störungen Vorrang haben. Damit waren die Teilnehmer schon in einer mediativen Haltung gemeinsam unterwegs.

Nach der äußeren Beauftragung (über den eingetragenen Verein) waren es noch acht Tage bis zu dem angesetzten Termin. Da die involvierten Parteien an verschiedenen Orten wohnten, wurde ebenso vereinbart, dass die Personen ein Vorgespräch mit dem Mediator führen sollten, wenn sie es wollten. Damit war die Prinzipien der Freiwilligkeit und Selbstverantwortung der Parteien gewahrt. Diese Möglichkeit nahmen sechs von sieben Teilnehmenden wahr. Die Vorgespräche waren als Einzelgespräche konzipiert, d. h., der Mediator hat von diesen Gesprächen, die aus organisatorischen Gründen telefonisch stattfanden, keinerlei Inhalte in die große Runde eingebracht, um dem Prinzip der Vertraulichkeit Rechnung zu tragen. Das wurde auch mit den Parteien innerhalb der Telefonate so vereinbart.

Gemeinsamer Termin mit Phase II (Themensammlung) und Phase III (Interessenfindung)

Beim gemeinsamen Termin war vonseiten der Teilnehmer in der Anfangssequenz eine große Erleichterung zu spüren: Mit dem Umstand, gemeinsam an einem Ort zu sein und die anderen „real" zu erleben, hörte die bisherige Phase der Kommunikation über WhatsApp, E-Mail und Telefon auf. Darüber hinaus war der Wille spürbar, die entstandenen Missverständnisse und Konflikte anzugehen.

Thematisch ging es den Parteien um die Aspekte, die in den letzten Jahren aus den verschiedenen Anforderungen und Dynamiken entstanden sind: Die Anforderungen des Vereins müssen, etwa wenn es um die korrekte Mittelverwendung bei den Projekten geht, nicht identisch sein mit den Anforderungen aus dem Netzwerk, das in Teilen auch einen privaten Freundeskreis darstellt. Gleichzeitig waren die Anforderungen an die Vergabe der Projektgelder bis zu diesem Zeitpunkt auch nicht ausreichend kommuniziert und transparent gemacht worden.

Methodisch half den Parteien der Hinweis des Mediators, dass die Akteure in der Kommunikation mit anderen Mitgliedern des Netzwerks zukünftig transparenter darstellen sollten, in welcher Rolle oder in welcher Funktion sie gerade ihr Anliegen an die anderen Partner formulieren, beispielsweise als Mitglied des Organisationsteams, in Vertretung von jemandem, aus dem lokalen Netzwerk heraus oder aus Sicht des Vereins.

Der Wendepunkt innerhalb der Mediation kam dadurch, dass die gekränkten und verletzten Bedürfnisse erstmals seit Monaten einen eigenen Raum haben durften. Methodisch hatte der Mediator die Phase der Interessenfindung sowohl in der Auftragsklärung, in den Einzelgesprächen als auch in der Einleitung des gemeinsamen Termins eingeführt. In der Gemengelage von Vorwürfen, Missverständnissen und Gerüchten unterstützte die Konzentration auf „Ich brauche – ich biete". Diese sehr simple Technik half den Parteien, ihren individuellen Fokus auf ihre Bedürfnisse und Interessen zu richten, sich ihrer Anliegen bewusst zu werden und diese dann an einzelne Mitglieder aus dem Netzwerk zu adressieren („ich brauche von dir…").

Aus zeitlichen Gründen konnte die zweite Phase innerhalb der Technik („ich biete") nicht mehr im Rahmen des gemeinsamen Termins erfolgen. Aber der Weg zu einem wieder konstruktiven Miteinander wurde in dieser Sitzung geebnet. Im Nachgang berichteten die Teilnehmer, dass sie sehr gut mit der Technik („ich brauche – ich biete") weiterarbeiten konnten; „die Zusammenarbeit hat eine neue Stufe erreicht".

Resümee

Das skizzierte Verfahren funktionierte, weil einige wichtige Parameter erfüllt waren:

– Einige Teilnehmende hatten grundsätzliche Kenntnisse über das Verfahren Mediation und

– konnten für sich damit die positive Grunderwartung verbinden, dass die Mediation ihnen konkret in ihrer Situation helfen kann.

– Es gab einen Konsens innerhalb der Gruppe, dass es zu dem Zeitpunkt keinen Sinn machen würde, sich den organisatorischen Fragen zu widmen und die „Querelen" beiseite zu schieben, sondern umgekehrt: Die Gruppe war sich einig, dass erst die Störungen bearbeitet werden müssten.

– Dem Mediator ist es gelungen, in der vorhandenen Zeit einerseits klare Absprachen (Auftragsklärung) zu erzielen, andererseits auch die erforderliche Nähe und das nötige Vertrauen aufzubauen (insbesondere durch die Einzelgespräche).

– Die Mediation verlief im Grunde von Phase I (Auftragsklärung) bis Phase III (Interessenfindung).

– Da die Parteien innerhalb der vom Mediator strukturierten und geführten Zeit an ihre Interessen herankamen, konnten sie selbstständig Lösungsmöglichkeiten (Phase IV – Optionen) entwickeln.

Anmerkung des Autors

Der vorliegende Praxisbericht[1] stellt kein Plädoyer dar, für Mediationsverfahren grundsätzlich nur einen Termin anzusetzen. Dieser holzschnittartige Einblick in die Arbeit eines Mediators soll vielmehr verdeutlichen, dass es zum einen Konstellationen geben kann, bei denen man mit einem vergleichsweise geringen zeitlichen Aufwand bereits konfliktregulierende Erfolge erzielen kann, zum anderen entscheidet auch hier das handwerkliche Können des Mediators, insbesondere die Haltung, die klaren Absprachen in der Auftragsklärung, die Prinzipien und die Phasen der Mediation, über Erfolg oder Misserfolg des Verfahrens.

* Name anonymisiert.

Dipl.-Theol. Marc H. Pfeiffer

Abschluss in Kath. Theologie mit dem
Schwerpunkt Christliche Sozialwissenschaft; Mediator;
Leiter von cor.dialogue – das Dialoghaus;
Tätigkeitsschwerpunkte auf lokaler und regionaler
Ebene der innerbetrieblichen und öffentlichen
Mediation sowie der Moderation von Gruppen und
Teams; Dozent in den Weiterbildenden Studiengängen
Mediation an der FernUniversität in Hagen.

---

1   Schrifttum: *Gerrit Horstmeier* Das neue Mediationsgesetz, München 2013; *Alex von Sinner/Michael Zirkler*, Hinter den Kulissen der Mediation – Kontexte, Perspektiven und Praxis der Konfliktbearbeitung, Bern 2005; *Jürgen Wüst/Marc H. Pfeiffer,* Konflikte als Triebkraft gesellschaftlicher Entwicklung. Hintergründe und Voraussetzungen, in: Johann-Dietrich Wörner (Hg.), Das Beispiel Frankfurt Flughafen. Mediation und Dialog als institutionelle Chance, Dettelbach 2003; *dies.*, Konfliktmanagement in lokalen Beteiligungsprozessen, in: Michael Haus (Hg.), Bürgergesellschaft, soziales Kapital und lokale Politik. Theoretische Analysen und empirische Befunde, in: Hellmut Wollmann (Hg.), Stadtforschung aktuell, Band 86, Opladen 2002.

Jetzt wird abgerechnet: Mediation zwischen Krankenkassen und Krankenhäusern[1]

Bei einem Schlaganfall zählt jede Sekunde – nicht umsonst heißt der Laientest FAST (Face – Arms – Speech – Time), der nach diesen Kriterien erkennen helfen soll, ob ein Schlaganfall eingetreten ist: Kann der oder die Betroffene nicht gleichzeitig lächeln, die Arme heben und einen einfachen Satz sagen, muss sofort ein Notarzt verständigt werden.

Um die Hilfe für Patienten zu beschleunigen, haben die Krankenhäuser im ganzen Bundesgebiet sog. Stroke Units eingerichtet, die auf die Behandlung von Hirninfarkten spezialisiert sind. Es dauert nur Minuten, bis ein eingelieferter Patient mit entsprechendem Verdacht auf Schlaganfall ein CT bekommt. Per Video können in den großen Kliniken rund um die Uhr in Bereitschaft gehaltene Neurochirurgen zugeschaltet werden, die dem Arzt vor Ort Anweisungen bei der Diagnose und Erstbehandlung erteilen. Bei komplizierteren Fällen (etwa fünf Prozent der Patienten) muss eine Verlegung in eine Groß- bzw. Spezialklinik veranlasst werden.

Abb. 1

Hier setzt der Fall des Streits zwischen Kliniken und Krankenkassen an: Um Anreize für die schnelle Behandlung und Verlegung solcher Patienten zu schaffen, zahlten Krankenkassen eine Prämie für die Geschwindigkeit der Verlegung von betroffenen Patienten aus regionalen in überregionale Stroke-Unit-Zentren. Bislang wurde diese Prämie ausgezahlt, wenn die Zeit, die der Patient in einem geeigneten Transportmittel (z. B. einem Rettungshubschrauber) verbracht hatte, 30 Minuten nicht überschritt.

Und nun wird es kompliziert:

Im Zuge eines am 9. November 2018 verabschiedeten Gesetzes (Pflegepersonal-Stärkungsgesetz, PpSG) wurden die Verjährungsfristen für Ansprüche der Krankenkassen gegen Kliniken von vier auf zwei Jahre verkürzt: Ursprünglicher Gedanke war es, so das Bundesministerium für Gesundheit, die Kliniken vor einer Klagewelle der Krankenkassen zu schützen. Das Gegenteil ist indes passiert: Die Krankenkassen fürchteten um den Verlust ihrer Ansprüche und reichten im Nachgang der Gesetzesverabschiedung allein in Bayern über 14.000 Klagen ein.

Hintergrund diese Klageflut waren zwei am 19. Juni ergangene Urteile des Bundessozialgerichts (B 1 KR 38/17 R sowie B 1 KR 39/17 R), in denen das Gericht feststellte, dass die bisherige Praxis der Kliniken, die „höchstens halbstündige Transportzeit" als alleinige Zeit im Transportmittel auszulegen und sodann nach dem Schlüssel OPS 8-98b abzurechnen (das war die oben beschriebene Zusatzprämie), fehlerhaft war. Dazu führte das Gericht aus, dass „die höchstens halbstündige Transportentfernung […] sich nach dem Zeitintervall zwischen Rettungstransportbeginn, dem Ingangsetzen der Rettungskette durch die Entscheidung, ein Transportmittel anzufordern, und Rettungstransportende, der Übergabe des Patienten an die behandelnde Einheit im Kooperationspartner-Krankenhaus" bemesse.[2]

Damit stand fest, dass Kliniken landauf, landab eine in den Augen des Gerichts unrechtmäßige Abrechnungspraxis betrieben haben, die nun Rückforderungsansprüche der Krankenkassen begründeten, und zwar rückwirkend auf vier Jahre, wie das Gericht ebenfalls feststellte.

Das neue Gesetz wirkt damit wie ein – missglückter – Versuch der Politik, die Kliniken vor genau diesen Ansprüchen zu schützen; eine Reaktion auf eine durchaus plötzliche und aus Patientenbedarfsperspektive weltfremde Änderung der ständigen Rechtsprechung des Bundessozialgerichts, das bis vor Kurzem noch standhaft verfocht, OPS-Kodes und Abrechnungsregeln seien „allgemein streng nach ihrem Wortlaut sowie den dazu vereinbarten Abrechnungsregeln" zu handhaben.[3]

Die Krankenkassen überziehen die Kliniken nun also bundesweit mit Klagen wegen falscher Abrechnungen. Den Krankenhäusern drohen damit Millionenschäden, die sie – so die Diagnose führender Neurochirurgen – damit wettmachen werden, ihre regionalen Stroke-Units zu schließen, weil diesen ja nun auch in Zukunft die Finanzierung durch die Zusatzprämie fehlen wird.[4] Das Ergebnis: Die Versorgung von Schlaganfallpatienten in ländlichen Regionen wird zusammenbrechen. Hinzu tritt, dass die Forderung des Bundessozialgerichts, der Transportweg, wie es ihn auslegt, müsse „regelmäßig" unter einer halben Stunde absolviert werden, nach Einschätzung der Deutschen Gesellschaft für Neurologie und der Deutschen Schlaganfall Gesellschaft utopisch sei: „Selbst in hochverdichteten Regionen Deutschlands kann eine solchermaßen definierte Transportzeit nicht eingehalten werden".[5]

Weiter heißt es: „Die Konsequenz des Urteils ist, dass sich bedarfsnotwendige Krankenhäuser aus der Schlaganfallversorgung zurückziehen werden, da sie keine angemessene Vergütung mehr für ihre Leistungen erhalten. Eine solche Entwicklung wäre gänzlich zum Nachteil der Patienten, die beides brauchen, die schnell erreichbare lokale Schlaganfalleinheit wie auch solche vernetzten Zentren für spezialisierte Therapien."[6]

Unter diesem Eindruck entstand etwa im Gesundheitsministerium des Landes Rheinland-Pfalz ein Runder Tisch, zu dem Gesundheitsministerin *Sabine Bätzing-Lichtenthäler* (SPD) betroffene Krankenkassen und Kliniken einlud. Geleitet werden die Gespräche von Mediator Ernst Merz, dem Präsidenten des Landessozialgerichts Rheinland-Pfalz a. D.

Nachdem auf Bundesebene bereits eine Einigung in Sicht kommt – das Bundesgesundheitsministerium empfahl eine Rücknahme der Klagen –, zeichnet sich auch im Südwesten ein Konsens ab; dazu *Merz*: „Heute ist deutlich geworden, dass es bei den Handelnden in Rheinland-Pfalz die Bereitschaft gibt, auf Basis der Bundesempfehlungen eine für alle Beteiligten akzeptable Lösung zu erarbeiten und umzusetzen. Mit dem heutigen Gespräch sind wir auf diesem Weg einen großen Schritt weitergekommen. […] Die Beteiligten haben Einvernehmen erklärt, bis dahin Detailfragen zu klären". Merz wolle auch das Vertrauen der Bürgerinnen und Bürger in unser Gesundheitssystem stärken und zugleich eine Entlastung der Sozialgerichtsbarkeit erreichen.[7]

Dr. Lewis Johnston

---

[1]   Quellen: SWR Aktuell; www.br.de; dpa-Newskanal.

[2]   BSG, Urt. v. 19. Juni 2018, – B 1 KR 38/17 R – Rn 21, www.sozialgerichtsbarkeit.de.

[3]   Dazu die gemeinsame *Pressemitteilung der Deutschen Gesellschaft für Neurologie (DGN) und der Deutschen Schlaganfall Gesellschaft (DSG)*, „Urteil des Bundessozialgerichts gefährdet die Versorgung von Schlaganfallpatienten", nachzulesen bei: https://www.dgn.org/presse/pressemitteilungen/56-pressemitteilung-2018/3627-urteil-des-bundessozialgerichts-gefaehrdet-die-versorgung-von-schlaganfallpatienten (zuletzt aufgerufen am 21. November 2019).

[4]   Vgl. *dies.*, ebd.

[5]   *Dies.*, ebd.

[6]   *Dies.*, ebd.

[7]   Aus „Ernst Merz: Runder Tisch der Ministerin ist auf gutem Weg", https://msagd.rlp.de/de/service/presse/detail/news/detail/News/ernst-merz-runder-tisch-der-ministerin-ist-auf-gutem-weg-1/ (zuletzt aufgerufen am 21. November 2019).

Bildnachweise

Abb. 1   *Robert Kneschke*, Fotolia.

Jetzt wird abgerechnet: Mediation zwischen Krankenkassen und Krankenhäusern

Kommentar: Round Table als geeignetes Mittel?

Als Mediator der ersten Stunde bin ich natürlich geneigt, etwas verkürzt zu kommentieren, dass ich keinen – ja, wenn schon, dann keinen runden – Tisch gebrauchen kann, da ich zu allen Teilnehmern gleichermaßen einen grundsätzlich unverstellten Blickkontakt als Kommunikationskanal zum Mediieren brauche.

Aber wichtiger erscheint mir zunächst, entlang der in der Präventionsmedizin üblichen Einordnung festzustellen, dass es sich bei dem (Rechts-)Fall doch schon um eine tertiäre Prävention handelt, d. h. ein Unterfangen, die bereits aus anderen Lösungsstrategien erworbenen Beschädigungen zu begrenzen.

Abb. 1

Im Sinne einer primären Prävention hätte man wohl vorbeugend alle späteren Konfliktparteien zusammengesetzt, hier vielleicht wirklich an einen runden Tisch, um, die dort noch vorhandene Kooperationsfähigkeit nutzend, die möglichst kreativste und für alle befriedigendste Regelung des Problems zu finden.

Sekundäre Prävention, d. h. in dieser Analogie bleibend die Konfliktkommunikation zwischen den Konfliktparteien zu „heilen", scheint mir am besten mein Mediationsverständnis widerzuspiegeln. Die Konfliktkommunikation nämlich, die entstand durch das gesetzgeberische Hineinregieren und die Reaktion der Betroffenen, sich auch für den gerichtlichen, fremdbestimmten Regelungsversuch zu entscheiden. Mediation bietet hier explizit alternativ zur gerichtlich heteronomen Lösung eine auf selbstbestimmte, also autonome Lösungen zielende Verfahrensart. An den Bedürfnissen und Interessen entlang kooperativ zu arbeiten, statt über die Positionen und Standpunkte entscheiden zu lassen, ist das Ziel, sprich: die „Heilung". Um dies zu erreichen, muss aber zunächst die entstandene Streitlust bzw. kortikale „Konfliktverblödung" mittels des dem Mediationsverfahren eigenen strukturierten Ablaufs und der Beachtung der Grundwerte zurückgedrängt werden. Wenn dies dem Mediator bzw. der Mediatorin durch kommunikative Führung gelingt, ist der Weg frei für ein kooperatives Erarbeiten kreativer Lösungen.

Ein Verhinderer von Mediation ist m. E. in der Konsequenz die weit verbreitete Vorstellung, dass der Mediator oder die Mediatorin Expertin im Konfliktgegenstand zu sein hätte oder eben gleich, wie im obigen Fall, eine Persönlichkeit aus dem gerichtlichen Umfeld. Natürlich ist eine gewisse Feldkompetenz nötig, welche die Orientierung im Problemfeld erlaubt. Aber darüber hinausgehendes Expertentum behindert das authentische Erfragen von Interessen und Bedürfnissen und lässt viel zu schnell die unterschiedlichen Perspektiven und deren Auswirkungen aus dem Blick geraten, um auf schnelle Sachlösungen i. S. eines oft nachzuverhandelnden Kompromisses zu springen. Das hinterlässt negative Mediationserfahrungen bei den Konfliktparteien. Zusammen mit der so erlebten geringen Kosten/Nutzen-Relation solcher Verfahren erklärt sich die geringe Nachfrage.

Die fragende Haltung und Neugier ist m. E. die zentrale Kunst des Mediierens und vielfach eher mit der Funktion eines Narren zu vergleichen, dem es erlaubt ist, auch Kritisches zu erfragen, was sich meist keiner der

Medianden unbeschadet erlauben dürfte, aber doch sehr oft die Konflikt-zusammenhänge hilfreich erhellt.

Kommen wir wieder zu dem (Rechts-)Fall Krankenkassen contra Kliniken zurück, so scheint mir, der abgehaltene Runde Tisch einer tertiären Prävention zu entsprechen, und diese Schadensbegrenzung durch Round Table wiederum scheint ein Innehalten aller Konfliktparteien erreicht zu haben. Aber ist der Konflikt bzw. die erworbene Streitlust behandelt?

Ich denke, es wäre jetzt an der Zeit, ein Mediationsverfahren anzuschließen, das auf die Eigenverantwortlichkeit aller Konfliktparteien (auch des Gesetzgebers) zielt, so die sozialen Beziehungen verbessert und erfahrungsgemäß eine größere Nachhaltigkeit erreicht. Auch konfliktträchtige Problemlagen in der Zukunft hätten so eine Chance, kooperativ und kreativ gelöst zu werden, statt Gefahr zu laufen, im Schwarz-Weiß der justiziellen Bearbeitung Gewinner und vor allem Verlierer zu hinterlassen, die sich weiter bekriegen.

Dipl.-Psych. Roland Breinlinger

Dipl.-Psychologe; approbierter Psychologischer Psychotherapeut mit systemisch-therapeutischer Ausrichtung; Mediator; Supervisor und Coach; Gründer des Praxis-Instituts Breinlinger in Frankfurt/Main; Leitung von Seminaren und Workshops zur Konflikt-Kommunikation; umfangreiche Lehrtätigkeit für verschiedenste Universitäten, u. a. für den Masterstudiengang Mediation der Fernuniversität Hagen.

Bildnachweise

Abb. 1   shoot4u, Fotolia.

Nobelpreis für Völkerversöhner[1]

Am 10. Dezember wird in Oslo wie jedes Jahr der wichtigste Friedenpreis der Welt vergeben. Nach Maßgabe des Stifters *Alfred Nobel* ist die Auszeichnung für den bestimmt, der „am meisten oder am besten auf die Verbrüderung der Völker hingewirkt" und damit „im vergangenen Jahr der Menschheit den größten Nutzen erbracht hat". Auf diese Weise solle „der Würdigste den Preis" erhalten, „ob er Skandinavier sei oder nicht."

Dieses Jahr wurde der Preis „Afrika verliehen, er wurde Äthiopien verliehen" – so sagte es Äthiopiens Ministerpräsident *Abiy Ahmed* dem Nobelpreiskomitee am Telefon. Vor allem wurde er *Abiy Ahmed* verliehen, einem Mann, dessen Leistungen in den eineinhalb Jahren

Abb. 1

seiner Regierungszeit ein nahezu unerreichtes Beispiel sind für gelebte Mediation und das, was sie zu erreichen vermag.

Wenige Monate nach seinem Amtsantritt war es ihm gelungen, den Grenzkonflikt mit dem Nachbarland Eritrea zu beenden, einen Streit, dem seit 1998 mehrere hunderttausend Menschen zum Opfer gefallen waren. Zwar war schon 2002 ein Friedensabkommen in Den Haag ausgehandelt worden, wonach das umstrittene Ödland an Eritrea gehen sollte, doch *Abiys* Vorgänger, *Meles Zenawi* und *Hailemariam Desalegn*, hatten sich beharrlich geweigert, die Vereinbarung anschließend zu unterzeichnen. Der Kriegszustand war nie offiziell aufgehoben worden.

Der neue Ministerpräsident hingegen war schon nach wenigen Wochen auf die Nachbarn zugegangen und hatte erklärt, er werde keinen Anspruch auf das Grenzgebiet erheben. Bei der Unterzeichnung des Friedensvertrags sagte er mit Tränen in den Augen, es gebe nun „keine Grenze mehr zwischen Äthiopien und Eritrea", eine „Brücke der Liebe" habe sie zerstört.

Auch zu den anderen Nachbarländern hat *Abiy* sofort begonnen, Brücken zu bauen. Im „Ogaden" genannten Osten Äthiopiens kämpft die *Ogaden National Liberation Front* seit 1984 für eine Vereinigung mit Somalia. Um diese Region zu befrieden, wurde erstmals unter *Abiy* eine regionale Kooperation zwischen Äthiopien und Somalia vereinbart. Im Sudan hatten seit dem Sturz des islamistischen Diktators Omar al Baschir im April 2019 das Militär und die zivile Opposition um die Macht gerungen.

Es ist unter anderem der Vermittlung *Abiys* zu verdanken, dass eine Einigung über die Bildung einer gemeinsamen Übergangsregierung erreicht werden konnte. Innenpolitisch führte *Abiy* einen radikalen Bruch mit dem alten autoritären System herbei. Jahrelang wurde die Meinungs- und Pressefreiheit unterdrückt, die Volksgruppe der *Tigray*, die nur sechs Prozent der Bevölkerung ausmacht, hatte alle staatlichen Machtpositionen inne. Demonstrationen marginalisierter Minderheiten wurden gewaltsam unterbunden.

Abiy schlug einen gänzlich neuen Weg ein. Er ließ politische Gefangene frei, stellte die Pressefreiheit wieder her, liberalisierte die Wirtschaft und kam ins Gespräch mit Gruppen, die vor Kurzem noch auf der Terrorliste gestanden hatten. Im Sommer erlangte Äthiopien die Aufmerksamkeit der Welt durch das Pflanzen von 350 Millionen Bäumen innerhalb von zwölf Stunden.

Abb. 2

Doch *Abiy* steht auch vor großen Herausforderungen, die möglicherweise weder durch Brücken-Bauen noch durch Bäume-Pflanzen zu bewältigen sind. Die Spannungen zwischen den rund 120 verschiedenen ethnischen Gruppen haben sich so verstärkt, dass es 2018 fast 3,2 Millionen Binnenflüchtlinge gab, doppelt so viele wie im vorigen Jahr. Zwar setzen die Menschen große Hoffnungen in *Abiy*, der als Sohn zweier Völker, einer *Amharin* und eines *Oromo*, prädestiniert dafür scheint, die Volksgruppen zu versöhnen. Aber er stößt auch auf Widerstand: Erst im Juni unternahm ein *Amhare* einen Putschversuch gegen ihn – ein General, den *Abiy* zuvor aus dem Gefängnis entlassen hatte. Viele sehen es auch kritisch, jemanden auszuzeichnen, der lange Zeit als Soldat des alten repressiven Regimes ausgerechnet gegen Eritrea gekämpft hat. Und immerhin ist der 43-Jährige erst eineinhalb Jahre im Amt. Niemand kann wissen, ob er sich langfristig als würdig erweisen oder ob das Nobelpreiskomitee seine Entscheidung nicht noch bereuen wird.

Taktisch könnte es also unklug gewesen sein, den Preis an denjenigen zu verleihen, der am meisten und am besten auf die Verbrüderung der Völker hingewirkt und damit im letzten Jahr der Menschheit den größten Nutzen erbracht hat. Versöhnungshalber könnte man jedoch einwenden: Selbst wenn Äthiopien unter den ethnischen Unruhen zerfallen sollte, eines hat die Preisvergabe in jedem Fall bewirkt – Hoffnung für Äthiopien, Hoffnung für Afrika.

Anna von Schlieffen
Studentin, Rechtswissenschaft

Kommentare

Beispielhafter Auszug aus 493 Kommentaren[2] auf ZEIT online vom 11. Oktober 2019 unter dem Beitrag „Äthiopiens Ministerpräsident Abiy Ahmed Ali erhält Friedensnobelpreis. Das Nobelkomitee hat den äthiopischen Regierungschef Abiy Ahmed Ali ausgezeichnet. Den Nobelpreis erhält er für die Friedenspolitik gegenüber dem Nachbarland Eritrea."[3]

„Gute Entscheidung, seine Annäherung zwischen Äthiopien und Eritrea nach Jahren des Krieges verdient diese Auszeichnung unbedingt!"

* * *

„Absolut verdient. Ein toller Mann. Bewirkt in seinem Land zum Klimaschutz unglaublich viel – ganz im Sinne von Greta. Die kommt auch noch dran. Das wäre jetzt zu platt gewesen."

* * *

„Eine exzellente Wahl!

* * *

Der Mann ist wirklich ein Lichtblick, jemand der ganz unkonventionell Politik macht und bereit ist, alte Feindschaften ohne Vorbedingungen zu beerdigen.

* * *

Leider wird über gute Entwicklungen in Afrika viel zu wenig berichtet, das passt wohl auch nicht in das paternalistische Afrikabild, das die Medien zeichnen und weite Teile der Öffentlichkeit glauben.

* * *

Die Völker Afrikas sind durchaus in der Lage, aus eigener Kraft und ohne europäische Mahnungen, Hilfen und Mitleid Positives zu bewirken. Abiy Ahmed Ali ist der lebende Beweis!

* * *

Und natürlich ist es auch gut, dass der Friedens(!)nobelpreis für Bemühungen um Frieden verliehen wird und nicht für Klimaschutz o.Ä."

* * *

„Die Alternativen sind sicherlich enttäuscht, dass es nicht Trump geworden ist, da er ja in Nordkorea so viel bewegt hat."

* * *

„Gratulation an einen Mann, der sich wirklich für Frieden eingesetzt hat – und jetzt ethnische Konflikte anheizt."

* * *

„Man sollte wirklich einmal damit aufhören, diesen Preis Politikern zu verleihen, bevor die ihre Karriere noch nicht abgeschlossen haben. Hat schon bei Aung

San Suu Kyi nicht so recht geklappt, Obama war auch kein würdiger Preisträger."

•*•

„Eine gute Entscheidung. Der Mann hat einen 20-jährigen Konflikt beendet. Ein würdiger Preisträger."

•*•

„Ich stimme Ihnen zu! Wirklich mal eine Nachricht, die mich sehr freut! Frieden in Ostafrika. Was noch positiv ist, ist die Tatsache, dass der Nobelpreisträger zusätzlich noch seinem Land zu einer wirtschaftlichen Öffnung verholfen hat, die viele Menschen aus der Armut herausgeführt hat. Zusätzlich wurde unter seiner Ägide ein Müllverbrennungswerk in Addis Abbeba errichtet (eines der wenigen in Afrika), welches einen großen Teil der Energieversorgung der Hauptstadt sicherstellt. Dazu kommt ein gigantisches Staudammprojekt, welches Äthiopien zum Exporteur nachhaltiger Energie macht. Okay, die letzten Punkte sind nicht wirklich friedensstiftende, aber sehr positiv für das zweitgrößte (demografisch) Land Afrikas!"

•*•

„Gratulation; Ehrungen treffen also doch nicht immer die Falschen. Möge das für diesen mutigen Mann auch Ansporn sein, in seinem Engagement nicht nachzulassen. Schwer genug dürfte es für ihn in dieser Region weiterhin bleiben."

•*•

„Sehr gute Wahl, jedenfalls wesentlich besser, als den Friedensnobelpreis Greta Thunberg zu geben (was wohl tatsächlich zur Wahl stand)."

•*•

„Scheint mir eine Entscheidung zu sein, die sehr im Sinne des Stifters gewesen wäre. Nobel dachte damals ja primär an Leute, die einen aktiven Krieg beendeten. Mangels erklärter Kriege war es in jüngerer Vergangenheit schwer, solche Personen zu finden, weshalb man versucht hat, mit der Preisvergabe „Gesellschaftspolitik" zu betreiben, was ich sehr bedauerlich finde, da das immer zu sehr unterschiedlichen Bewertungen der Preisvergaben führt. Meiner Ansicht nach wäre es besser, einfach mal keinen Preis zu verleihen, wenn kein wirklich den von Nobel aufgestellten Kriterien entsprechender Kandidat da ist. In den 1920er, 1930er und 1940er Jahren hat man genau das getan und es hat dem Ansehen des Preises sicher nicht geschadet."

•*•

„Das Ding nennt sich (Friedens-) Nobelpreis, insofern ist die Auszeichnung nicht für „Klimaaktivisten" vorgesehen. Eine gute Entscheidung."

•*•

„Ohne intaktes Klima gibt es keinen Frieden. Lehrt die Vergangenheit."

1   Quellen: *Philipp Hedemann*, Im Land des Friedensnobelpreisträgers hat die Gewalt stark zugenommen, in: DIE WELT v. 12. Oktober 2019, https://www.welt.de/politik/ausland/article201782730/Abiy-Ahmed-Die-schwierige-Mission-des-Friedensnobelpreistraegers.html; cht/bam/dpa; *Christoph Titz*, Äthiopischer Premier Abiy Ahmed mit Friedensnobelpreis ausgezeichnet, in: SPIEGEL online v. 11. Oktober 2019; *Christiane Hoffmann,* Klimaaktivistin Greta Thunberg geht leer aus. Friedensnobelpreis geht an äthiopischen Premierminister Abiy Ahmed, in FOCUS online v. 11. Oktober 2019.

2   Die Kommentare wurden redaktionell bearbeitet, ohne den Inhalt zu verändern.

3   https://www.zeit.de/politik/ausland/2019-10/friedensnobelpreis-fuer-abiy-ahmed-ali?page=10# comments.

Bildnachweise

Abb. 1   Positionskarte von Äthiopien, Urheber NordNordWest. Quelle: eigenes Werk mittels: United States National Imagery and Mapping Agency data, World Data Base II data.

Abb. 2   *Aron Simeneh,* PM Abiy Ahmed at an inauguration event in Addis Ababa, Quelle: https://www.flickr.com/photos/145325932 @N03/31058066597/in/dateposted-public.

Hühnersuppe im Himmel –

Versöhnungsritual im Strafvollzug

In diesem Beitrag möchte ich einen Fall aus meiner Praxis als Mediatorin für Strafsachen vorstellen, den ich in einer Justizvollzugsanstalt durchgeführt habe. Dieser Fall war besonders, weil er einen tiefer gehenden Prozess von Vergebung und Transformation ermöglicht hat. Es konnte allerdings kein klassischer Täter-Opfer-Ausgleich (TOA) durchgeführt werden, da das Opfer durch den Täter getötet wurde. Gemeinsam mit dem Gefangenen und dem Anstaltspastor ist es indes gelungen, einen Prozess zu gestalten und ein Ritual zu entwickeln, in dem es zur Vergebung kommen konnte.

Schilderung der Taten

Von Herrn K. erhielt ich aus der JVA Lübeck einen Antrag, in dem er sein Interesse an einem Täter-Opfer-Ausgleich mitteilte und um ein Informationsgespräch bat. Über den Gefängnisseelsorger war er auf die Möglichkeit eines TOA aufmerksam gemacht worden. In dem folgenden Gespräch

*Abb. 1 Die JVA-Schreibwerkstatt, geleitet von Peter Brandhorst, ebnet den Strafgefangenen den Weg,
die Taten zu reflektieren und damit auch aufrichtig zu bereuen.*

schilderte er die Taten und ich informierte ihn über die Voraussetzungen eines TOA und den möglichen Ablauf. Herr K. ist wegen Mordes und zwei Raubüberfällen zu lebenslanger Haft verurteilt worden. Herr K. trägt die Verantwortung für den Tod eines Menschen und die Traumatisierung von zwei weiteren Opfern. Um seine Drogensucht zu finanzieren, hat er einen Kiosk, eine Tankstelle und ein Antiquitätengeschäft überfallen.

Die Taten lassen sich auf der Grundlage des Urteils und den Schilderungen von Herrn K. wie folgt beschreiben: Herr K. überfällt 2009 eine Tankstelle. Er bedroht die Kassiererin Frau L. mit einem Brotmesser und erbeutet 400 Euro. Auf die Geschädigte wirkte der Angeklagte nervös. Er sei verschwitzt gewesen, seine Hände hätten gezittert und er habe insgesamt einen ungepflegten Eindruck gemacht.

Dieser Überfall hatte weitreichende Folgen für die Geschädigte. Sie wurde zunächst krankgeschrieben und begab sich in therapeutische Behandlung. Nach einigen Monaten fing sie wieder an, in Spätschichten zu arbeiten. Aus Angst führte sie dabei immer Pfefferspray mit sich. Sie litt unter Alpträumen, die sich infolge der Ladung zur Hauptverhandlung zirka vier Monate nach der Tat reaktualisierten.

Vier Tage nach dem Tankstellendelikt überfiel Herr K. ein Antiquitätengeschäft, an dem er zufällig vorbeikam. Herr K. bedrohte auch die hier anwesende Mitarbeiterin Frau P. mit einem Brotmesser, das er in Richtung ihres Halses hielt, teilte ihr mit, dass es sich um einen Überfall handele, und forderte sie auf, die Kasse zu öffnen. Frau P. öffnete aber nicht die Kasse, sondern konnte Herrn K. das Messer aus der Hand schlagen. Hierbei erlitt sie eine leichte Schnittverletzung. Sie floh aus dem Geschäft. Dabei stürzte sie zunächst, bevor sie ins Freie gelangen und nach Hilfe rufen konnte. Die Geschädigte begab sich nach der Tat in psychotherapeutische Behandlung. In Folge des Tatgeschehens musste Frau P. ihre Tätigkeit in dem Antiquitätengeschäft aufgeben, da sie sich nicht mehr in der Lage sah, dort alleine zu arbeiten.

Zwei Tage später überfiel Herr K. den Herrn H. gehörenden Kiosk, an dem er auch zufällig vorbeikam. Er betrat den Kiosk, bedrohte den 84-

jährigen Kioskbesitzer und forderte ihn zur Herausgabe von Geld auf. Wider Erwarten kam der ältere Herr dieser Aufforderung nicht nach. An dem Tresen hingen zwei Schwerter zum Verkauf. Ab hier gingen die Tatschilderungen auseinander. Im Urteil wird das Tatgeschehen so beschrieben, dass Herr K. auf Herrn H. mit dem mitgebrachten Brotmesser mehrfach einstach, um seiner Forderung Nachdruck zu verleihen. Herr K. stellte dar, dass in seiner Wahrnehmung Herr H. nach einem der beiden Säbel gegriffen habe, woraufhin K. zugestochen habe. Herr K. nahm dann eine Dose mit 50-Cent-Münzen im Wert von 80 Euro und eine Schatulle mit Armbanduhren an sich. Herr H. verstarb kurz darauf an den schwerwiegenden Stichverletzungen.

Der Täter – Herr K.

Nach den Überfällen bestellte Herr K. mit dem jeweils erbeuteten Geld bei seinem Dealer Kokain, das ihm umgehend von einem „Läufer" gebracht wurde.

Ein paar Stunden später und nachdem er das Kokain zu sich genommen hatte, rief Herr K. per Notruf die Polizei. Kurz darauf trafen zwei Polizeibeamt*innen bei seiner Wohnung ein. Auf die Beamt*innen machte Herr K. einen apathischen Eindruck. Er teilte mit, dass er „Scheiße gebaut" habe und sich stellen wolle, weil er jemanden niedergestochen habe. Er äußerte hierbei die Hoffnung, dass die betreffende Person noch lebe. Während der Fahrt teilte er mit, dass er in den letzten Tagen auch eine Tankstelle überfallen habe.

Nach anfänglich erfolglosen Bemühungen gelang es Herrn K., die beiden Polizeibeamt*innen zum Tatort zu lotsen. Diese fanden Herrn H. tot in seinem Kiosk auf.

Zum Zeitpunkt der Taten hatte Herr K. mit dem Konsum von Kokain, Heroin, Alkohol, Diazepam und Rivotril eine bereits über 20-jährige Drogenmissbrauchsgeschichte hinter sich. Er hatte sich diversen Entzugs-, Entwöhnungs- und Langzeittherapien in unterschiedlichen Kliniken und

Therapieeinrichtungen unterzogen, war aber immer wieder rückfällig geworden.

In der Vergangenheit waren Verurteilungen und Haftstrafen wegen Diebstahls, Hehlerei, unerlaubten Besitzes von Betäubungsmitteln, einer Körperverletzung und einer versuchten räuberischen Erpressung ergangen. Zum Zeitpunkt der Taten wurde Herr K. mit Methadon substituiert und ambulant betreut. Er stand unter Bewährung und hatte seit 2008 eine gesetzliche Betreuung; damals kam es zu psychotischen Episoden.

Der gerichtliche Gutachter stellte aber klar, dass bei Herrn K. trotz seines Drogenkonsums keine erhebliche Beeinträchtigung des Steuerungsvermögens und der Einsichtsfähigkeit vorlägen. In dieser Zeit seien keine psychotischen Episoden zu erkennen gewesen. Zwar läge bei Herrn K. eine krankhafte seelische Störung vor, die aber seine Steuerungsfähigkeit nicht beeinträchtigt habe.

Im Urteil wurde dargestellt, dass Herr K. sich zwar eine therapeutische Behandlung gewünscht habe, es ihm aber an der Fähigkeit fehle, sich auf einen solchen therapeutischen Prozess einzulassen, weil er keinen vertrauensvollen Kontakt zu Therapeut*innen aufbauen könne. Erschwerend kämen sein mangelndes Reflexions- und Introspektionsvermögen hinzu.

Voraussetzungen für einen Täter-Opfer-Ausgleich

In den Gesprächen, die ich mit Herrn K. geführt habe, wurde deutlich, dass er seine Taten zutiefst bereut. Er stellte dar, dass ihn diese auch Jahre später noch sehr belasten. In einer Deliktbearbeitungsgruppe in der JVA Lübeck hat er sich mit seinen Taten und den Folgen für die Opfer auseinandergesetzt. Herr K. ist auch Mitglied einer Schreibgruppe, in der er Texte über seine Biografie, seine Drogengeschichte und seine Taten verfasst. Dieser Schreibprozess ermöglicht Herrn K. eine gewisse Reflexion des Geschehenen.

Bei schweren Straftaten ist für mich eine tiefer gehende Auseinandersetzung mit der Tat, die eigene Verantwortungsübernahme und der Ausdruck von Reue Grundvoraussetzung, um einen Täter-Opfer-Ausgleich durchzuführen. Zu diesem Zwecke beziehe ich auch Therapeut*innen oder andere Professionelle mit ein, die über einen längeren Zeitraum mit dem Gefangenen gearbeitet und Gespräche geführt haben. In diesem Fall erfolgte eine Kontaktaufnahme zum Gefängnisseelsorger Herrn Kleine, der über mehrere Jahre Gespräche mit Herrn K. geführt hat. Zu Herrn Kleine konnte Herr K. ein gutes Vertrauensverhältnis aufbauen. Herr Pastor Kleine hat bei einem Sonderbesuch die Familie des Täters kennengelernt und kennt den Hamburger Stadtteil gut, in dem Herr K. aufgewachsen ist, weil Kleine dort ehemals als Gemeindepastor tätig war.

In den Gesprächen zwischen Herrn K. und Pastor Kleine wurde deutlich, dass bei Herrn K. die von mir vorausgesetzte Auseinandersetzung stattgefunden hatte und er aufrichtig Reue empfand. Damit waren für mich die Voraussetzungen zur Durchführung eines TOA gegeben.

Dem Urteil konnte ich die Namen der Geschädigten von den Raubüberfällen entnehmen und habe das zuständige Gericht um die Mitteilung der jeweiligen Adresse gebeten. Grundsätzlich ist auch in einem Mordfall ein TOA mit den Hinterbliebenen denkbar. In diesem Fall gab es aber keine Hinterbliebenen. Die Ehefrau des Ermordeten war bereits zu einem früheren Zeitpunkt verstorben und das Ehepaar hatte keine Kinder.

Wie kann Vergebungsritual aussehen?

In dem geschilderten Prozess habe ich mich weniger als Mediatorin gesehen, sondern in Anlehnung an den englischsprachigen Begriff als *facilitator*, die für einen guten Rahmen sorgt, um diesen Prozess zu ermöglichen. Ein wesentliches Merkmal von Restorative-Justice-Maßnahmen ist die Partizipation aller am Prozess Beteiligten. Herr K., Herr Kleine und ich haben gemeinsam überlegt, wie so ein Prozess der Vergebung aussehen kann.

Durch eine TOA-Kollegin bin ich auf das hawaiianische „Ho´oponopono-Ritual"[1] aufmerksam geworden. Dieses Ritual beschreibt einen Vergebungsprozess, der es Opfern und Tätern ermöglicht, sich von negativen Emotionen, Verletzungen und Erinnerungen zu befreien und Erlösung zu erfahren. Diesen Ansatz habe ich in unsere Diskussion eingebracht.

Herrn K. war es besonders wichtig, einen an das Opfer gerichteten Brief zu formulieren. In diesem Brief wollte er unter anderem schildern, wie es zur Tat gekommen ist, welche Schuldgefühle ihn belasten, weil er Herrn H. das Leben genommen hat, und dass er ihn um Vergebung bitten möchte.

Herr Kleine schilderte, wie ein christlich geprägtes Ritual aussehen könne, in dem es Herrn K. möglich sei, Vergebung zu erfahren. Herr K. ist getauft und vom evangelischen Glauben zum Islam konvertiert. Zu seinem Glauben teilte er mit, dass er auch alle anderen Religionen akzeptiere. Nach einem gemeinsamen Kommunikationsprozess haben wir uns für eine christliche, konfessionsübergreifende Zeremonie entschieden.

Stattfinden sollte das Ritual in der sakralen Atmosphäre der Kirche. Den Abschluss sollte ein gemeinsames Kaffeetrinken in dem Büro des Pastors bilden.

Am verabredeten Tag finden wir uns im Seelsorgerbüro in der JVA zusammen und gehen gemeinsam in die Kirche, um diese herzurichten. Die evangelische Anstaltskirche in der JVA ist ein eher kleiner Raum mit einem Altar, Kirchenbänken und Holzelementen, stammt aus der Zeit um 1910 und hat eine gute Atmosphäre. Die Kirche ist zwar räumlich in der JVA gelegen, aber dennoch ein Raum, der nicht Teil des Systems ist. Wir richten den Raum so ein, dass unsere Stühle dicht zum Altar ausgerichtet stehen. Wir schaffen so einen Raum, der auf eine Dritte Kraft, die wir Gott nennen können, aber nicht müssen, ausgerichtet ist.

In den Eingangsworten beschreibt Pastor Kleine, dass wir uns zusammengefunden haben, um für Herrn K. um Vergebung zu bitten. Herr Kleine stellt die Biografie des Täters Herrn K. dar und beschreibt den Tathergang. Ich skizziere – auf Grundlage der Informationen aus dem Urteil – Wesentliches aus dem Leben des Opfers Herrn H. und versuche damit, Herrn H. als Person sichtbar zu machen. Herr K. liest dann seinen Brief an das

Opfer vor. Er drückt aus, wie schuldig er sich fühle, ihm das Leben genommen zu haben, und dass er seine Verantwortung anerkannt habe. Er schildert, wie seine Drogensucht dazu geführt habe, diese schreckliche Tat zu verüben. Er beschreibt seine Hoffnung, Herrn H. zu treffen, nachdem K. selbst verstorben sein werde, und hat dabei das Bild vor Augen, dass sie gemeinsam die von seiner verstorbenen Oma gekochte Hühnersuppe essen. Herr K. bittet dann um Vergebung.

Nach dem Vorlesen wird der Brief in einem Metallgefäß auf dem Altar verbrannt, verbunden mit der Vorstellung, dass die Worte Herrn H. erreichen. Die Flamme ist so stark, dass das Feuer auch physisch zu spüren ist.

Nach dem Erlöschen der Flamme sprechen wir eine Fürbitte für Herrn K., dass Gott ihm vergeben möge. Herr Kleine legt die Hand auf den Kopf von Herrn K. und spricht ihm den Segen aus. Herr K. wirkt danach sehr gelöst – ich würde sogar sagen *er*löst, als sei eine schwere Last von ihm gefallen.

Das Vergebungsritual lassen wir im Anschluss im Büro von Herrn Kleine ausklingen. Mit Kuchen, Kaffee, Kerze und persönlichem Gespräch findet die Zeremonie einen würdevollen Abschluss.

Ganz wesentlich für diesen Prozess war die gemeinsame Erarbeitung und Gestaltung. Dieses partizipative Element soll auch Bestandteil dieses Beitrages sein. Auf meine Anfrage haben Herr K. und Herr Pastor Kleine ihre Bereitschaft mitgeteilt, an diesem Artikel mitzuwirken. Ich habe sie gebeten, jeweils aus ihrer Perspektive den Prozess zu beschreiben.

Das Verfahren aus Sicht des Täters

1. Beitrag:

„Ich habe immer ein schlechtes Gefühl in mir, weil ich nicht damit klarkomme, was ich gemacht habe, um meine Heroin- und Kokainsucht zu finanzieren. Bis heute plagt mich mein schlechtes Gewissen, worüber ich auch mit Pastor Kleine gesprochen habe. Er hat mir dann vom Täter-Opfer-Ausgleich erzählt.

Zuerst stand ich diesem Thema skeptisch gegenüber. Aber je länger ich darüber nach-
gedacht habe, umso fester wurde mein Entschluss, das durchzuziehen. Jetzt bin ich froh,
den Täter-Opfer-Ausgleich – dank Frau Stibbe von der „Resohilfe", die eine tolle Frau
ist – gemacht zu haben. Ich kann jetzt mit meiner Tat besser leben, denn ich habe einen
Strich gezogen nach zehn Jahren. Ich kann jetzt endlich mit meiner Tat beziehungsweise
mit meinen Taten abschließen.

Ich habe ja zwei Menschen schwer traumatisiert und einem Menschen das Leben ge-
nommen! Kann man das eigentlich wiedergutmachen? Nein, aber man kann versuchen,
ein besserer Mensch zu werden, oder? Und man kann alles dafür tun, um künftig
straffrei zu leben. Um das zu erreichen, ist es meiner Meinung nach wichtig, seine Taten
aufzuarbeiten, damit man nach der Haft einen Neuanfang starten und sich selbst sagen
kann: ‚Jetzt fange ich ein neues Leben an, ohne harte Drogen und Kriminalität'.

So sehe ich das. Gutmachen kann ich nichts mehr. Und ich werde immer ein schlechtes
Gewissen haben. Aber wenn man den TOA von sich aus macht, hilft es einem, einen
Neuanfang zu starten! Denn es ist ein gutes Gefühl, wenn die Opfer einem verzeihen
und alles Gute für die Zukunft wünschen.

Meiner Meinung nach sollte jeder Gefangene einen TOA machen. Denn erst dann setzt
man sich mit seiner Straftat auseinander und nur dann erkennt man, was man einem
Menschen Schreckliches antut, wenn man ihn zum Beispiel ausraubt und vergewaltigt.
Einem anderen Menschen etwas antun, tut ja selbst ein Einbrecher, denn ein Einbruch
traumatisiert einen Menschen. Früher dachte ich immer, Einbruch ist eine Lappalie.
Jetzt weiß ich es besser.

Ich weiß nicht, ob ich nochmal drogenrückfällig werde. Aber eines weiß ich genau: Ich
werde nicht mehr straffällig, egal was kommt!"

2. Beitrag:

„Also zuerst stand ich der Sache skeptisch gegenüber und erst nach längerem Nachden-
ken konnte ich mich mit der nötigen Ernsthaftigkeit einbringen und der schönste Mo-
ment war, wo Frau Stibbe mir eröffnet hat, dass ein Opfer mir verziehen hat. Ich erlebte
ein Hochgefühl der Freude und mein Rucksack wurde leichter. Ja, ich habe mich richtig
gefreut und ich fühlte mich erleichtert. Und habe innerlich eine Zufriedenheit gespürt.
Und konnte das erste Mal wirklich zu mir selbst sagen: Mehr kann ich nicht mehr

tun. Noch fünf Jahre und dann möchte ich auf Therapie, ein besserer Mensch werden und keine Scheiße mehr bauen. Also ich kann sagen, der Täter-Opfer-Ausgleich ist eine gute Sache, denn man macht sich Gedanken über seine Tat und einem wird erst hinterher bewusst, was man Schreckliches getan hat, und das hilft, nicht mehr straffällig zu werden."

Das Verfahren aus Sicht des Seelsorgers

„Als mich Gabriela Stibbe nach der Möglichkeit eines Vergebungsrituals für Herrn K. fragte, habe ich überlegt, welche Form für ihn angemessen und hilfreich sein könnte. In der christlichen Tradition gibt es das Ritual der Beichte, die im staatlichen Recht unter dem besonderen Schutz des Beichtgeheimnisses steht. Die konstitutiven Elemente der Beichte sind: Schuldbekenntnis und Lossprechung (Absolution). Im Katechismus Martin Luthers heißt es: ‚Die Beichte begreift zwei Stücke in sich: eins, dass man die Sünden bekenne; das andere, dass man die Absolution oder Vergebung vom Beichtiger empfange als von Gott selbst, und ja nicht daran zweifele, sondern fest glaube, die Sünden seien dadurch vergeben vor Gott im Himmel.'

Die liturgisch vollzogene Beichte wird seit der 2. Hälfte des 20. Jahrhunderts überwiegend als entleertes Ritual erlebt. Angepasst an das Normengefüge der Kirche, verknüpft mit Abendmahlszulassung und Kirchenzucht, geriet sie zum Verhör, zur Pflicht und verschwand weitgehend aus der selbstverständlichen Tradition.[2] Trotzdem gibt es weiterhin Situationen, in denen Menschen ein Beichtritual wünschen, vor allem in Krisensituationen des Lebens.

In der Gefängnisseelsorge kommt es gelegentlich vor, dass Gefangene sich an den Pastor/die Pastorin wenden mit dem Wunsch, die Beichte abzulegen. In meiner Arbeit im Gefängnis achte ich darauf, dass der Beichte eine Reihe von Gesprächen mit dem Klienten vorausgeht, die im Seelsorgebüro geführt werden. Die Beichte selbst wird in der Anstaltskirche als einem „anderen Ort" in der JVA abgenommen. Sie ‚stellt den Endpunkt eines längeren und für die Betroffenen schwierigen Prozesses in der Verarbeitung von Schuld dar. Erst die Schwere oder Härte der Auseinandersetzung mit der eigenen Schuld bereitet darauf vor, nun auch Vergebung wirklich anzunehmen. Nicht zufällig sprechen Psychologen auch von Vergebungs- bzw. Versöhnungsarbeit.'[3] Bei Klienten mit psychotischen Erlebnisweisen ist in den vorbereitenden Gesprächen besondere Sensibilität geboten. ,Die Form der liturgischen Beichte muss dem jeweiligen Gegenüber angepasst werden.'[4]

Ich schlug Herrn K. ein modifiziertes Ritual vor, das die zentralen Elemente des Schuldbekenntnisses und des Zuspruchs der Vergebung enthält, gleichwohl Herrn K. nicht überfordert und ihm ein hilfreiches Erlebnis von Trost, Zuspruch und Vergebung vermittelt.

Als sinnlich erfahrbares und bildhaftes Zeichen der Vergebung griff ich auf ein Element aus meiner Konfirmandenarbeit zurück. Den Jugendlichen veranschauliche ich den Zusammenhang von menschlicher Schuld und Gottes Vergebung, indem ich sie auf kleine Zettel schreiben lasse, was sie als Schuld bezeichnen würden. Die Jugendlichen legen ihre Zettel zusammengefaltet in ein Metallgefäß. Diese übergieße ich mit etwas Feuerzeugbenzin und lasse sie in Flammen aufgehen. In der Stille betrachten wir das Feuer, wie es allmählich herunterbrennt und am Ende ein kleines Häuflein Asche übrigbleibt. Mit den Worten, ,Gott sagt dir zu: deine Schuld ist dir vergeben. Du kannst neu anfangen, er traut dir das zu', und dem anschließenden Beten des Vaterunsers endet die Übung.

Beim Ritual in der Anstaltskirche saß Herr K. zwischen zwei ihm vertrauten Personen: der Mediatorin und dem Seelsorger (implizit die gute Mutter, den guten Vater repräsentierend? Vertrauen und Glaube sind eng miteinander verwandt, insofern war Glaube als konstitutives Element des Vergebungsrituals anwesend). Herr K. las den Brief vor, den er an sein Opfer geschrieben hatte und für den es keinen lebenden Adressaten mehr gab. Durch die Ausrichtung auf eine dritte Instanz (Gott) konnte die Fixierung von Herrn K. auf seine Schuld gegenüber seinem Opfer in ritualisierter Form gelöst werden. Das Verbrennen des Briefes legte das Anliegen von Herrn K. in Gottes Hand. Herrn K.s Fantasie ,Wir essen dann später im Himmel die Hühnersuppe von Oma' deute ich als ein für ihn tröstliches Bild von Versöhnung, das er mithilfe des Beichtrituals möglicherweise dauerhaft in sein inneres Erleben integrieren kann. Das Gebet um Vergebung und der abschließende Segen mit Handauflegung nahm das Beichtelement der Lossprechung/Absolution auf und sprach Herrn K. im Sinne der christlichen Rechtfertigungslehre zu: ,Gott liebt dich, so wie du bist/obwohl du so bist, wie du bist' (Römerbrief 3,28).

Hervorheben möchte ich die Bedeutung des Kaffeetrinkens aller Beteiligten im unmittelbaren Anschluss an das Ritual, aber an einem anderen Ort: im Seelsorgebüro. Die christlichen Rituale Taufe, Konfirmation, Trauung und Beerdigung finden ihre Fortsetzung und ihren Abschluss immer in Form des festlichen Beisammenseins aller Teilnehmenden mit gemeinsamem Essen und Trinken. Das klassische Beichtritual wiederum endet mit der Feier des Abendmahls. Der Philosoph Byung-Chul Han erinnerte unlängst an die gemeinschaftsstiftende Bedeutung des Rituals: ‚Rituale bringen eine Resonanzgemeinschaft hervor.[5] *Das Kaffeetrinken fand in gelöster Atmosphäre statt, Herr K. konnte sich als Teil einer Gemeinschaft erleben, die durch den Vollzug des Rituals verbunden war. Wir konnten zugleich fröhlich und traurig sein und die ambivalenten Gefühle gut aushalten. Es war unmittelbar zu spüren: ‚Rituale … entlasten das Ich von der Bürde des Selbst, sie entpsychologisieren und entinnerlichen das Ich.'*[6]

Der geschilderte Fall zeigt meines Erachtens eine Möglichkeit auf, das Beichtritual für bestimmte Konstellationen in der Restorative Justice fruchtbar zu machen, auch wenn es explizit nicht so benannt werden muss. „Der rituelle, gewissermaßen objektive Rahmen der Beichthandlung ermöglicht Distanz und Kontrolle von Emotionen; gleichzeitig bietet das Ritual eine Sprache an, die das Benennen der Schuld (…) erleichtert. Und schließlich wird durch den rituellen Rahmen die (…) unbedingte Dimension der Vergebung glaubhaft: Nicht der freundliche Pfarrer vergibt mir hier, sondern in seiner Handlung Gott selbst. Von dieser Zusage her kann ich neu leben. Die Vergebung bekommt durch die liturgische Gestaltung einen besonderen Ernst, sie vermittelt die Zusage in sinnlicher Gestalt (…) und sie fügt ein in die Gemeinschaft und Solidarität derer, die ebenfalls auf dem Weg sind. "[7]

Das Verfahren aus Sicht der Mediatorin

Wenn ich von Gefangenen eine Anfrage erhalte, dass sie Interesse an einem TOA haben bzw. sich hierüber informieren möchten, weiß ich weder, mit welcher Straftat der Gefangene an mich herantritt noch ob die Voraussetzungen zur Durchführung eines TOA erfüllt sind. Dies war auch bei Herrn K. der Fall. Ich konnte damals noch nicht ahnen, wie sich der TOA-Prozess gestalten würde, und ich freue mich, dass wir gemeinsam einen guten Weg gefunden haben, um diesen transformativen Prozess zu ermöglichen.

Während des Rituals hat mich der von Herrn K. formulierte Brief an das Opfer sehr berührt. In der Vorbereitung hat Herr K. es sich offengehalten, ob er diesen Brief vorliest. Für mich ist im Nachhinein deutlich geworden, dass es bedeutsam war, den Brief vorzutragen, in dem Sinne sich zur eigenen Schuld zu bekennen, die Verantwortungsübernahme zu benennen, Reue zu zeigen und explizit um Vergebung zu bitten. Dies erfolgte vor anderen. Herr Kleine und ich können dies bezeugen, stellvertretend für die Gemeinschaft oder die Gesellschaft.

Das Bild des gemeinsamen Hühnersuppenessens zwischen Herrn H. und Herrn K. bei der Oma von Herrn K. finde ich beeindruckend, sehr tröstlich und versöhnlich. Es zeigt meiner Meinung nach den Wunsch von Herrn K., mit Herrn H., seinem Opfer, in Kontakt und Beziehung zu kommen, um Wiedergutmachung anzustreben.

Ich würde mich nicht als besonders christlichen oder spirituellen Menschen bezeichnen, aber das Ritual, insbesondere das Vorlesen und Verbrennen des Briefes und der Moment, in dem Herr K. Vergebung zugesprochen und er gesegnet wurde, habe ich als sehr kraftvoll und heilsam erlebt. Es hat mich innerlich stark berührt, dass Erlösung für Herrn K. geschehen konnte. Auch wenn dies sehr spekulativ anmutet, halte ich es für möglich, dass diese Botschaft bei Herrn H., dem Opfer, angekommen ist.

Das abschließende Kaffeetrinken war für mich ein guter Abschluss, um den sehr emotionalen Prozess ausklingen zu lassen, nachzuspüren, das Geschehene zu würdigen und sich auf den Übergang zum Alltag vorzubereiten.

Die Grundlage für diesen Prozess war die Entwicklung einer guten und vertrauensvollen Beziehung. Bemerkenswert ist, dass Herr K. sich öffnen und Vertrauen aufbauen konnte. Dies ist in einer abgeschotteten, streng hierarchisch organisierten Institution wie einer JVA eher die Ausnahme. Hilfreich ist hierbei, dass ich von außen und von einem freien Träger komme und auch Herr Kleine als Pastor in der JVA eine Sonderstellung hat und Vertraulichkeit zusichern kann. Es ist auch insofern bemerkenswert, als im Urteil bezweifelt wird, ob Herr K. sich auf vertrauensvolle Kontakte einlassen könne. In diesem Kontext war er hierzu in der Lage und zeigte sich auch reflektiert.

Nach der Zeremonie in der Kirche wirkte Herr K. viel entspannter und befreiter, als sei eine große Last von ihm gefallen. Durch die erfahrene Vergebung hat er nun die Chance, nach vorne zu schauen, die Last hinter sich zu lassen und sein Leben in die Zukunft gerichtet zu gestalten. In einem Gespräch zur Vorbereitung dieses Beitrages zum Jahrbuch Mediation hat Herr K. auch genau dies formuliert. Er stellte dar, dass sein Gewissen leichter geworden sei, er sich nicht mehr so viele Gedanken mache und nach vorne schaue.

Die Psychoanalytikerin *Verena Kast* beschreibt, wie wichtig der Prozess des Verzeihens bei quälenden Schuldgefühlen ist. Hierbei geht es nicht um das Verzeihen als moralischen Faktor, sondern um eine psychologische Fähigkeit, einen Konflikt innerlich durchzuarbeiten, um dann loszulassen und sich neu auf das Leben einlassen zu können. Voraussetzung hierfür ist, sich der eigenen Schattenseiten bewusst zu werden und sich die tiefe Enttäuschung über das eigene moralische Versagen einzugestehen. Dies drückt sich in der Reue und im schlechten Gewissen aus. Hieraus kann dann die Motivation entstehen, die Dinge wieder in Ordnung bringen zu wollen. In diesem Sinne wirkt sich die Integration des Geschehenen positiv auf das eigene Selbstwertgefühl aus.

Wenn ein Täter durch einen Prozess gegangen ist, in dem er sich mit seiner Tat und seinen Schattenseiten auseinandergesetzt hat, Verantwortung für sein Handeln übernommen hat und aufrichtig Reue zeigt, sollte ihm wegen der positiven Effekte die Möglichkeit gegeben werden, Vergebung zu erhalten. Deshalb war es für mich wichtig, den Rahmen eines TOA-Verfahrens so zu erweitern und zu gestalten, dass dies möglich ist.

Herr K. ist durch seine Drogensucht und Psychose stark psychisch belastet. Durch dieses Ritual wird er nicht wieder gesund, aber aus seinen Beschreibungen wird deutlich, dass sich seine Lebensqualität ebenso wie sein Selbstwertgefühl nach dem Prozess deutlich verbessert haben.

In diesem Vergebungsritual ging es nicht nur darum, dass Herrn K. vergeben wird, sondern auch darum, dass er sich mit sich selbst versöhnt. Nachdem er sich selbst verzeihen konnte, ist es ihm möglich, die Last hinter sich zu lassen. Er hat nun die Chance, sein Leben in die Zukunft gerichtet zu gestalten.

Für das „Sich-selbst-verzeihen-Können" kann auch der Ansatz des „Ho´oponopono" hilfreich sein. Hierbei geht es darum, einen Weg zu beschreiten, um mit sich, den Menschen, Gott und der Natur „ins Reine" zu kommen. Um hiermit zu arbeiten, ist es meiner Ansicht nach wichtig, sich tiefer mit diesem Konzept auseinanderzusetzen.

Einen wichtigen Impuls für diesen Prozess habe ich durch einen Vortrag von *Kristel Buntinx* erhalten (Bemiddelingsdienst Leuven, Belgien), bei dem sie sehr eindrucksvoll aus ihrer praktischen Arbeit mit dem Schwerpunkt TOA bei Verbrechenstatbeständen im Gefängnis berichtet und Fälle beschreibt, in denen sie zwischen Hinterbliebenen von Mordopfern und den Tätern mediiert hat. Hierdurch habe ich erfahren, wie sinnvoll auch bei solchen Straftatbeständen ein TOA sei kann.

Bei einem unserer Arbeitstreffen der Landesarbeitsgemeinschaft TOA Schleswig-Holstein hatten wir das Glück, dass *Allan MacRae* seine Arbeit als Mediator im neuseeländischen System und den Ursprung von *„family group conferences"* darstellte. Er schilderte, wie sich durch die Vorherrschaft der weißen Neuseeländer die Lebensbedingungen der Maori verschlechtert haben. Viele Jugendliche wurden alkoholabhängig und kriminell. Es wurde befürchtet, dass eine große Zahl von Jugendlichen inhaftiert würde und damit ihrer Gemeinschaft verloren ginge. Um dies zu verhindern, wurde nach Alternativen zum strafenden System gesucht und es wurde das „Family-group-conferencing"-Verfahren entwickelt, das aktuell das vorrangige Verfahren im Jugendstrafrecht von Neuseeland darstellt.

Dies lässt sich meines Erachtens auch auf den geschilderten Fall übertragen. Demnach sollten auch Täter schwerwiegender Straftaten nicht der Gesellschaft verloren gehen, sondern sie sollten darin unterstützt werden, sich wieder in die Gesellschaft zu integrieren. Auch unter dem Aspekt der Resozialisierung spielen Restorative-Justice-Maßnahmen eine wichtige Rolle. Denn Untersuchungen zeigen, dass Täter, die sich mit ihrer Tat auseinandergesetzt und Verantwortung für ihr Handeln übernommen haben, seltener rückfällig werden.

Rückblickend ist mir deutlich geworden, dass auch mit dem Ansatz des Kreisverfahrens eine sinnvolle Aufarbeitung und ein heilsamer Prozess im Kontext von *Restorative Justice* möglich gewesen wäre. Insbesondere das Konzept der „*peace circles*" wäre hierfür geeignet. Wichtige Aspekte und Grundwerte der Friedenszirkel, wie gegenseitiger Respekt, Begegnung auf Augenhöhe, Empathie und Demut, waren auch die Grundlage für den beschriebenen Vergebungsprozess. Weitere Informationen zum Konzept des Kreisverfahrens finden sich in dem Beitrag „Zurück zum Kreis – Ein Plädoyer für Kreisverfahren im Strafvollzug" von *Silke Fiedler*.[8]

Bei den TOA-Anfragen in Fällen von schweren Verbrechenstatbeständen sollte genau geprüft werden, ob sich der Täter ernsthaft mit der Tat auseinandergesetzt hat und aufrichtig Reue zeigt. Da dies für mich schwierig zu beurteilen ist, ziehe ich, nachdem ich von der Schweigepflicht entbunden wurde, z. B. behandelnde Therapeut*innen oder andere Professionelle hinzu. Dies ist auch wichtig, um eine Instrumentalisierung durch Täter zu vermeiden. Dies wäre z. B. der Fall, wenn ein Täter nur einen TOA durchführen möchte, weil er sich bessere Chancen auf Vollzugslockerungen oder eine vorzeitige Entlassung erhofft. Wichtig ist auch, sich von der Ernsthaftigkeit der TOA-Motivation zu überzeugen, bevor Kontakt zu den Opfern oder deren Anwälten aufgenommen wird, um einen möglichst konstruktiven Verlauf des TOA- Verfahrens zu sichern.

Bei Betrachtung des Falles kann die kritische Frage gestellt werden, wo sich genau der beschriebene Fall verorten lässt. Auch wenn ich den Begriff

TOA verwendet habe, weil dieser in Deutschland bekannter und gebräuchlicher ist, handelt es sich meiner Meinung nach bei dem beschriebenen Prozess eher um eine Restorative-Justice-Maßnahme.

In der Systematik von *McCold* und *Wachtel* lässt sich unser dargestelltes Verfahren in den Überschneidungskreisen von Täter/Verantwortungsübernahme und Gemeinschaft/Aussöhnung/Sozialer Frieden einordnen.

Täter-Opfer-Ausgleich zwischen Opfer des Raubüberfalles und Herr K.

Der TOA-Anfrage von Herrn K. lagen drei Taten zugrunde. Wie im Vorhergehenden geschildert, hat er innerhalb von ein paar Tagen einen Kiosk, eine Tankstelle und ein Antiquitätengeschäft überfallen. Die weiblichen Opfer der Raubüberfälle auf die Tankstelle und das Antiquitätengeschäft wurden namentlich im Urteil erwähnt. Um Kontakt zu ihnen aufnehmen zu können, habe ich das Gericht um Mitteilung der Adressen gebeten. Ich wurde darüber informiert, dass Frau B., die Mitarbeiterin des Antiquitätengeschäftes, nicht mit der Weitergabe der Adresse einverstanden sei.

Da mir die Adresse von Frau L. mitgeteilt wurde, habe ich sie angeschrieben. Ich habe ihr mitgeteilt, dass der Täter die Tat aufrichtig bereue und an einem TOA mit ihr interessiert sei. In dem Schreiben habe ich sie über die unterschiedlichen Möglichkeiten von direkter und indirekter Mediation informiert und ein unverbindliches Vorgespräch angeboten. In solchen Schreiben weise ich besonders darauf hin, dass es sich hierbei um ein freiwilliges Verfahren handelt, in dem die Bedürfnisse des Opfers im Mittelpunkt stehen und das nicht gegen den Willen des Opfers durchgeführt wird.

Frau L. antwortete auf dieses Schreiben mit einer E-Mail. Sie teilte mit, dass sie selbst vor einigen Jahren den Entschluss gefasst habe, Herrn K. zu verzeihen, und nicht gewusst habe, wie sie den Kontakt zu ihm hätte herstellen können. Sie habe so den schrecklichen Überfall und die Todesangst, die sie gespürt habe, gut verarbeiten können. Sie habe viele Gespräche mit ihrer Familie und Freunden geführt und sei, wie sie selbst schreibt, von einer „wunderbaren Therapeutin" unterstützt worden. Sie habe akzeptieren können, dass dieses Ereignis in ihr Leben gekommen sei und nur sie alleine die Macht habe, dies als Teil ihrer Vergangenheit zu betrachten und hinter sich zu lassen. Frau L. erklärte sich per E-Mail damit einverstanden, dass ich Herrn K. darüber informieren könne, dass sie ihm verziehen habe.

In einem weiteren Gespräch wurden Herr K. die E-Mails von Frau L. vorgelesen. Er drückte aus, wie sehr er sich darüber freue und wie wichtig es für ihn sei, dass sie ihm verziehen habe. Er selbst habe nicht zu hoffen gewagt, dass sie ihm wirklich verzeihen könne. Auch nach diesem Gespräch wirkte Herr K. erleichtert und befreit.

Betrachtung und Reflexion zur Geschädigtenperspektive

Der Geschädigten[10] ist es mit therapeutischer Unterstützung gelungen, dem Täter zu verzeihen. Sie konnte die Tat und die Tatfolgen aufarbeiten und wurde hierbei durch ihr soziales Umfeld unterstützt. Das Verzeihen-Können hat ihr einen Befreiungsprozess ermöglicht und die schreckliche Tat hat nicht mehr ihr Leben bestimmt. Wesentlich ist, dass sie aus einer passiven Opferhaltung heraustreten und zur aktiv Handelnden werden konnte. Sie hat eine Bewältigungsstrategie gefunden, um mit dem Erlebten abschließen zu können, und konnte das Geschehene integrieren. Zu beachten ist, dass Versöhnung meist keine Entscheidung ist, sondern das Ergebnis eines intensiven, oft auch schmerzhaften Prozesses der Aufarbeitung.

Ein solcher Bewältigungsprozess kann auch durch ein TOA-Verfahren realisiert werden. *Gabriele Bindel-Kögel* u. a. [11] kommen in ihrer qualitativen Studie zu dem Ergebnis, dass der TOA auch für Opfer schwerer Straftaten eine erhebliche Chance bietet, positive Bewältigungsstrategien zu befördern. Wichtig ist es, bei schweren Straftaten intensive Vorgespräche mit beiden Seiten zu führen. In ihrer Handreichung für Vermittler*innen beschreiben *Bindel-Kögel* u. a., welche Anforderungen und Voraussetzungen für einen TOA erfüllt sein sollten, und geben ausführliche Anregungen, wie Geschädigte adäquat im Coping-Prozess unterstützt werden können.

Entscheidend ist es, dass die Betroffen einer Straftat ein TOA-Angebot erhalten, sie über die Möglichkeiten des Verfahrens informiert werden und sich dann dafür oder dagegen entscheiden können. Auch wenn sich Geschädigte gegen einen TOA entscheiden, habe ich bezüglich der geführten Vorgespräche positive Rückmeldungen erhalten, weil diese Gespräche als hilfreich empfunden wurden. Es konnte über das Erlebte gesprochen werden, es konnten Bewältigungsstrategien thematisiert und die Handlungsmöglichkeiten erörtert werden. Und es gibt den Geschädigten die Macht, selbst darüber zu entscheiden, ob sie einen TOA durchführen möchten oder nicht. Sie können auch entscheiden, ob sie eine persönliche Begegnung möchten oder eine indirekte Vermittlung stattfinden soll.

Bei sogenannten Shuttle-Mediationen werden Gesprächsinhalte zwischen den Betroffenen über die Mediatorin transportiert, wenn es zu keinem persönlichen Kontakt kommen soll. Hier geht es z. B. darum, dass der Täter Fragen beantwortet, sich schriftlich entschuldigt und eine Wiedergutmachungszahlung vermittelt wird. Möglich sind auch Videobotschaften, in denen ein moderiertes Gespräch zwischen Täter und Mediator*in aufgezeichnet und den Geschädigten gezeigt wird. Es kann auch darum gehen, dass der Täter auf Wunsch der Geschädigten eine schriftliche Zusage macht, z. B. nach der Entlassung bestimmte Orte nicht aufzusuchen. Auch wenn es nicht zu einer persönlichen Begegnung kommt, kann – wie eine Geschädigte mir einmal schrieb – diese Form der Vermittlung dazu führen, den inneren Frieden wiederzufinden.

In den Fällen, in denen sich die Beteiligten einer schweren Straftat für ein persönliches Mediationsgespräch entscheiden, ist es wichtig, dass beide Seiten durch Vorgespräche gut vorbereitet sind, um einen konstruktiven Verlauf zu ermöglichen und Enttäuschungen vorzubeugen. Gerade im direkten Kontakt entfaltet ein Täter-Opfer-Ausgleich transformative Kraft, wenn Geschädigte und Täter in persönlichen Kontakt kommen, über das

Geschehene kommunizieren, es zu einer Geste der Entschuldigung und einer Wiedergutmachung kommt.

In ihrer explorativen Studie[12] beschreibt *Kim Magiera*, wie die von ihr befragten Geschädigten den TOA erlebt haben. Die Geschädigten wurden gebeten, ihr Erleben bildnerisch auszudrücken. Die Bilder wurden analysiert und gemeinsam mit den Interviews ausgewertet. Als positive Effekte nannten die Geschädigten, dass sie Ärger und Wut hätten abbauen können, sich ihr gesamtes Befinden verbessert habe und ihr Selbstbewusstsein gestärkt worden sei.

In dem Dokumentarfilm „*Beyond punishment*"[13] wurde unter anderem ein Fall dargestellt, in dem ein junger Mann seine Freundin umgebracht hat. Dem Vater der jungen Frau und dem Täter wurde ein gemeinsames Gespräch angeboten. Der Vater entscheidet sich dagegen. Nachdem der Film bei uns im kommunalen Kino gezeigt wurde, fand ein Publikumsgespräch statt. Eine Zuschauerin teilte ihren, wie ich fand, sehr treffenden Eindruck mit: Auf sie habe der Vater gewirkt, als sei er in einem unsichtbaren Gefängnis. Sie äußerte die Vermutung, dass dem Vater das Gespräch bei der Aufarbeitung der schrecklichen Tat und bei der Verarbeitung des Verlustes seiner Tochter hätte helfen können.

In dem Dokumentarfilm „*Ich muss ihm in die Augen sehen*"[14] schildert eine Mutter, deren Tochter ermordet wurde, wie wichtig es für sie war, dem Täter zu verzeihen, um sich selbst zu befreien. So war es ihr möglich, ihr Leben wieder so gestalten, dass sie wieder glücklich sein konnte. Zum Schluss des Filmes wird das Fazit gezogen: „*Verzeihen ist eine großherzige Gabe an den anderen, vor allem aber an sich selbst.*" In den Dienst des Vergebens und Verzeihens gestellt, können TOA-Verfahren und andere RJ-Maßnahmen den Rahmen bieten, um solche Prozesse zu ermöglichen.

Auch wenn Verzeihen-Können für die Betroffenen enorm heilsam sein kann, ist dies immer eine sehr individuelle Entscheidung, und es ist wichtig zu respektieren, wenn Menschen diesen Weg nicht gehen können oder wollen.

Fazit und Vision

In meinem Beitrag habe ich dargestellt, wie auch unter schwierigen Voraussetzungen ein heilsamer Prozess kreiert werden kann, um Vergebung und Transformation zu ermöglichen. Vergebung wirkt sich positiv auf die Geschädigten und die Täter aus. Es hilft, einen Abschluss zu finden, das Erlebte zu integrieren und den eigenen Frieden zu finden.

Durch das Vergeben-Können sind Opfer nicht mehr mit der Tat verbunden. Sie können sich von Belastendem befreien und die Tat bestimmt nicht mehr ihr Leben. Sie erlangen die Kontrolle über das eigene Leben zurück, das Leben erscheint wieder lebenswert und kann zukunftsorientiert gelebt werden. Täter, die Vergebung erfahren haben, lassen den destruktiven Kreislauf von Schuldgefühlen und Scham hinter sich. Auch ihr Leben wird wieder lebenswerter und ihr Selbstwertgefühl nimmt zu. Dies sind wichtige Voraussetzungen für eine gelingende Resozialisierung. Prozesse von Vergebung und heilsamer Transformation können mithilfe von TOA oder anderen RJ-Maßnahmen realisiert werden. Diese Verfahren bieten die Möglichkeit, auf die Bedürfnisse von Opfern, Tätern und der Gemeinschaft einzugehen.

In meinem Beitrag habe ich einen sehr speziellen und untypischen Fall für Täter-Opfer-Ausgleich dargestellt. Zum Abschluss möchte ich die Perspektive erweitern:

Nach deutschem Recht gibt es für den TOA keine Begrenzung hinsichtlich der Schwere der Straftat, d. h. auch bei schweren Verbrechenstatbeständen ist die Durchführung eines TOA möglich. Geregelt ist auch, dass nach § 155 StPO in jedem Stadium des Verfahrens ein TOA durchgeführt werden kann, d. h. im Vorverfahren, bevor Anklage erhoben wurde, nach Anklage und nach der Verurteilung.

In der Praxis aber spielen in Deutschland Restorative-Justice-Maßnahmen nur eine marginale Rolle. So werden weniger als 2 % der Beteiligten einer Straftat ein TOA oder eine andere RJ-Maßnahme angeboten. Dagegen gehen Fachleute davon aus, dass sich ca. 25-30 % der Strafverfahren für ein TOA-Verfahren eignen.

In Ländern wie Neuseeland, Nordirland und Belgien werden RJ-Maßnahmen bei straffällig gewordenen Jugendlichen mit Erfolg vorrangig durchgeführt. In Deutschland ist der prozentuale Anteil des Jugend-TOA noch geringer als im Erwachsenenbereich. Ein wesentlicher Hintergrund hierfür ist die Frage, wer die Maßnahmen zu finanzieren hat: die Kommunen, weil es sich um eine Jugendhilfemaßnahme, oder das Land, weil es sich um justizielle Maßnahmen handelt. Dies ist sehr ärgerlich, da bei RJ-Maßnahmen für Jugendliche zu den positiven Effekten, wie sie bereits im Vorhergehenden beschrieben wurden, noch die pädagogischen und erzieherischen Effekte hinzukommen.

Auch wenn nicht in jedem Fall eine RJ-Maßnahme möglich und sinnvoll ist oder von den Beteiligten gewünscht wird, habe ich in meiner Mediationspraxis in Hunderten von Fällen erlebt, wie durch einen TOA eine Tataufarbeitung und ein Ausgleich zur Zufriedenheit der Geschädigten wie auch der Täter erreicht werden konnte.

Wissenschaftliche Untersuchungen und Studien zeigen, dass Täter, die an einer RJ-Maßnahme teilgenommen haben, seltener rückfällig werden. Bei den Geschädigten zeigt sich bei näherer Betrachtung, dass sie in der Mehrzahl weniger an Strafe interessiert sind als daran, dass ihr Leid anerkannt, der Schaden wiedergutmacht wird und/oder der Täter, z. B. durch Therapie, sein Verhalten ändert und nicht erneut straffällig wird.

Dies bietet eine gute Grundlage für die Vision, dass zukünftig in Deutschland allen Betroffenen einer Straftat ein TOA oder eine andere RJ-Maßnahme angeboten werden. Hierfür ist ein Paradigmenwechsel nötig, weg von strafrechtlichen Sanktionen hin zu wiederherstellenden Gerechtigkeitsmaßnahmen, welche die Bedürfnisse von Geschädigten, Tätern und der Gemeinschaft berücksichtigen.

Von dem in meiner Heimatstadt Lübeck geborenen Politiker und Rechtswissenschaftler Gustav Radbruch (1878-1949) stammt der Ausspruch, dass wir nicht ein besseres Strafrecht brauchen, sondern etwas, das besser ist als das Strafrecht. Diese Einschätzung ist weiterhin hochaktuell. Etwas

Besseres ist mit den unterschiedlichen und vielfältigen Ansätzen und Methoden von Restorative Justice bereits vorhanden. Nun braucht es noch den Mut und die Überzeugung zur politischen Umsetzung, um die Vision von Restorative Justice in einer relevanten Größenordnung in Deutschland Wirklichkeit werden zu lassen.

Dipl.-Soz.päd. Gabriela Stibbe

Dipl.-Sozialpädagogin und systemische Beraterin;
Mediatorin in Strafsachen für den Lübecker Verein
„Rechtsfürsorge e. V. – Resohilfe"; Beteiligung an
EU-Projekten zum Täter-Opfer-Ausgleich/
Restorative Justice; Sprecherin der
Landesarbeitsgemeinschaft TOA; Mitglied
einer Steuerungsgruppe Restorative Justice des
Justizministeriums Schleswig-Holstein.

Redaktionskommentare

aus der Sitzung vom 24.10.2019

„Also, mich hat der Fall beeindruckt."

* * *

„Aber von der Schulkonstellation ist er doch denkbar weit entfernt."

* * *

„Ja, eigentlich ist es Mediation mit sich selber."

* * *

„Warum? Das Opfer ist doch im Geist dabei, es wird ja auch direkt mit dem
Brief adressiert..."

* * *

„Ich habe mir tatsächlich eine Hühnersuppe gekocht, nachdem ich den Fall
gelesen habe."

* * *

„Ich finde es toll, dass hier die Versöhnung im Mittelpunkt steht. Wir kennen
§ 46a StGB und Strafmilderung, aber der Versöhnungsgedanke wird zu oft unterschätzt. Durch den Täter-Opfer-Ausgleich wird Versöhnung möglich.
Der Täter hatte ein Bedürfnis nach Absolution, und hat nun Hoffnung
auf Restitution."

* * *

„Für mich auch ein gutes Beispiel für eine Mediation ohne Konflikt."

***

„Warum? Wenn Totschlag kein Konflikt ist…?"

***

„Der Konflikt ist doch beendet, wenn auch nicht konsensuell…"

***

„Vielleicht keine sehr passende Bemerkung — aber es stimmt irgendwie."

---

1   Vertiefend hierzu in diesem Werk *Marc-A. Nicolas Hermann,* Ho'oponopono – Der traditionelle hawaiianische Konfliktbearbeitungsprozess und seine mediativen Elemente.

2   *Michael Klessmann,* Seelsorge. Ein Lehrbuch, Neukirchen-Vluyn 2012, S. 91.

3   *Ders.,* Anm. 2, S. 243.

4   *Ders.,* Anm. 2, S. 90.

5   *Byung-Chul Han,* Vom Verschwinden der Rituale. Eine Topologie der Gegenwart, Berlin 2019.

6   *Ders.,* Anm. 5, S. 23.

7   *Klessmann,* Anm. 3.

8   *Silke M. Fiedler,* Zurück zum Kreis – Ein Plädoyer für „Kreisverfahren" im Strafvollzug, Teil 2, in: MEDIATOR, Heft 03/2014, Hagen 2014.

9   *Paul McCold/Ted Wachtel,* Restorative Justice Theory Validation, in: Elmar G. M. Weitekamp/Hans-Jürgen Kerner (Hg.), Restorative Justice: Theoretical Foundations, Devon (UK) 2001, S. 110-142.

10 Statt „Opfer" verwende ich den Begriff „Geschädigte", um das Stereotyp des hilflosen und ohnmächtigen Opfers zu vermeiden.

11 *Gabriele Bindel-Kögel, Kari-Maria Karliczek, Wolfgang Stangl,* Bewältigung von Gewalterlebnissen durch außergerichtliche Schlichtung. Täter-Opfer-Ausgleich und Tatausgleich als opferunterstützendes Element, Weinheim/Basel 2016.

12 *Kim Magiera,* Wie erleben Geschädigte den TOA? Eine explorative Studie mittels narrativer Interviews und der Draw-and-talk-Methode, in: Evangelische Stimmen, Evangelischer Presseverband, Norddeutschland 2011.

13 *Hubertus Siegert,* Dokumentarfilm: Beyond Punishment, 2015.

14 *Tina Soliman,* Dokumentarfilm: Ich muss ihm in die Augen sehen. Kann man einen Mord verzeihen?, 2018.

Bildnachweise

Abb. 1   Hempels Straßenmagazin

Streitbeilegung 2019
im statistischen Vergleich

Die außergerichtliche Streitbeilegung wurde in den vergangenen Jahren von der EU und von Deutschland erheblich gefördert. So wurden auf der europäischen Ebene etwa die *Verordnung über Online-Streitbeilegung in Verbraucherangelegenheiten* (EU-VO 524/2013)[1], die *Mediationsrichtlinie* (2008/52/EG)[2] sowie die *Richtlinie über alternative Streitbeilegung in Verbraucherangelegenheiten* (2013/11/EU)[3] auf den Weg gebracht und in Deutschland durch das MediationsG[4] sowie das *Verbraucherstreitbeilegungsgesetz* (VSBG)[5] umgesetzt. Nicht nur aufgrund der erheblichen Personallücke von derzeit circa 2.000 Richtern und Staatsanwälten und der bevorstehenden Pensionierungswelle, in deren Verlauf bis 2030 etwa 10.000 Richter und Staatsanwälte aus dem Dienst ausscheiden,[6] besteht ein erhebliches Interesse des Staates, die außergerichtliche Streitbeilegung weiter auszubauen. Dementsprechend bezweckt das MediationsG, „die Mediation und andere Verfahren der außergerichtlichen Konfliktbeilegung zu fördern"[7] sowie „die außergerichtliche Konfliktbeilegung und insbesondere die Mediation im Bewusstsein der Bevölkerung und der in der Rechtspflege tätigen Berufsgruppen stärker zu verankern"[8]. Auch das BVerfG führte dahingehend aus, dass es „in einem Rechtsstaat grundsätzlich vorzugswürdig gegenüber einer richterlichen Streitentscheidung" sei, eine „zunächst streitige Problemlage durch eine einverständliche Lösung zu bewältigen"[9]. Trotz aller Bemühungen ist den außergerichtlichen Streitbeilegungsverfahren der Durchbruch in Deutschland bislang jedoch noch nicht gelungen.[10] Im Folgenden werden einige aktuelle Zahlen zur außergerichtlichen Streitbeilegung vorgestellt, um ein detaillierteres Bild über ihre Anwendungspraxis zu erhalten.

I. Verbraucherschlichtungsstellen i. S. d. VSBG

Gemäß § 2 Abs. 1 VSBG ist eine Verbraucherschlichtungsstelle „eine Einrichtung, die 1. Verfahren zur außergerichtlichen Beilegung zivilrechtlicher

Streitigkeiten durchführt, an denen Verbraucher oder Unternehmer als Antragsteller oder Antragsgegner beteiligt sind, und 2. nach diesem Gesetz oder auf Grund anderer Rechtsvorschriften als Verbraucherschlichtungsstelle anerkannt, beauftragt oder eingerichtet worden ist". Derzeit bestehen in Deutschland 27 gemäß § 24 VSBG anerkannte Verbraucherschlichtungsstellen.[11]

1. Verbraucherschlichtungsbericht

Die *Zentrale Anlaufstelle für Verbraucherschlichtung*, also gemäß § 32 Abs. 1 VSBG das *Bundesamt für Justiz*, veröffentlichte 2018 und danach alle vier Jahre einen Verbraucherschlichtungsbericht über die Tätigkeit der Verbraucherschlichtungsstellen im Bundesgebiet (§ 35 Abs. 1 VSBG). Der Bericht stützt sich dabei auf die gemäß § 34 Abs. 1 S. 1 VSBG jährlich zu erstellenden Tätigkeitsberichte der Verbraucherschlichtungsstellen.[12] Für den Verbraucherschlichtungsbericht standen Tätigkeitsberichte von 18 (2016) bzw. 22 (2017) Schlichtungsstellen zur Verfügung.[13]

Im Jahr 2017 gingen bei den 22 Verbraucherschlichtungsstellen 68.538 Anträge auf Durchführung eines Streitbeilegungsverfahrens ein, sodass ein Anstieg von 11 % im Vergleich mit dem Vorjahr verzeichnet werden konnte, in dem 61.694 Anträge bei den damals 18 Verbraucherschlichtungsstellen eingingen. Mit Abstand am häufigsten gingen diese 2017 bei den Verbraucherschlichtungsstellen *Versicherungsombudsmann e. V.,* mit 19.384 Anträgen, und *söp Schlichtungsstelle für den öffentlichen Personenverkehr e. V.,* mit 15.601 Anträgen, ein, gefolgt von 6.708 Anträgen bei der Verbraucherschlichtungsstelle *Ombudsmann Private Kranken- und Pflegeversicherung.*[14]

Von den im jeweiligen Berichtsjahr abschließend bearbeiteten Anträgen wurden 2016 20 % und 2017 18 % abgelehnt, weil dem Antragsteller ein berechtigtes Interesse zur Durchführung fehlte, etwa weil der Anspruch verjährt oder die Streitigkeit bereits bei einem Gericht oder einer anderen Verbraucherschlichtungsstelle anhängig war.[15] Vor Verbraucherschlichtungsstellen, bei denen die Unternehmen freiwillig[16] teilnehmen können, endeten 2016 87 % und 2017 90 % der Streitigkeiten mit einer Einigung. Vor den anderen Verbraucherschlichtungsstellen erfolgte dagegen 2016 in

59 % und 2017 sogar nur in 45 % der Streitigkeiten eine Einigung.[17] Aus den Zahlen lässt sich ableiten, dass die Freiwilligkeit der Teilnahme an Streitbeilegungsverfahren zu einer erheblichen Steigerung der Einigungswahrscheinlichkeit führt. Hinsichtlich der Verfahrensdauer wurde 2016 und 2017 die gesetzliche Frist von 90 Tagen eingehalten und vielfach sogar deutlich unterschritten.[18]

	Schlichtungsstellen	Anträge	Einigungen (freiw. Teiln.)	Einigungen (sonst. Verf.)
2016	18	61.694	87 %	59 %
2017	22	68.538	90 %	45 %

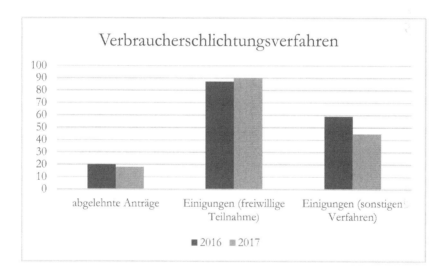

2. Zwischenbericht zur Funktionsweise der Allgemeinen Verbraucherschlichtungsstelle

Gemäß § 43 Abs. 1 VSBG fördert das *Bundesministerium der Justiz und für Verbraucherschutz* bis zum 31. Dezember 2019 die Arbeit einer ausgewählten Allgemeinen Verbraucherschlichtungsstelle, die bundesweit tätig ist. Die Förderung wird gemäß § 43 Abs. 2 VSBG bis zum 31.12.2020 von einem Forschungsprojekt begleitet, um Erkenntnisse in Bezug auf Inanspruchnahme, Fallzahlen, Arbeitsweise, Verfahrensdauer, Erfolgsquoten,

Kosten und Entgelte zu sammeln und auszuwerten. Ausgewählt wurde die *Allgemeine Verbraucherschlichtungsstelle des Zentrums für Schlichtung e. V.* und *Creutzfeldt/Steffek* wurden mit dem Forschungsvorhaben beauftragt. Diese haben Ende 2018 einen „*Zwischenbericht zur Funktionsweise der Allgemeinen Verbraucherschlichtungsstelle*" veröffentlicht.[19]

Am 01.04.2016 hat die *Allgemeine Verbraucherschlichtungsstelle des Zentrums für Schlichtung e. V.* ihre Tätigkeit begonnen. Seit dem Beginn bis zum 31.07.2018 wurden von Verbrauchern insgesamt 6.334 Anträge bei der Schlichtungsstelle gestellt. Davon wurden 82 Anträge über die *Europäische Plattform für Online-Streitbeilegung* eingereicht. Allerdings waren von den Anträgen im Zeitraum von 01.04.2016 bis zum 31.12.2016 33 % und im Zeitraum vom 01.01.2017 bis zum 31.12.2017 20 % der Anträge unzulässig. Etwa ein Zehntel aller Anträge scheiterte an der Unzuständigkeit der Schlichtungsstelle. Von den Verbrauchern äußerten sich 61 % und von den Unternehmen 67 % zufrieden mit dem nicht obligatorischen Schlichtungsverfahren. Nach der Auffassung der Verbraucher bzw. Unternehmer sei das Streitbeilegungsverfahren im Vergleich mit Gerichtsverfahren einfacher (jeweils 89 %), schneller (87 % bzw. 100 %) sowie kostengünstiger (92 % bzw. 89 %). 60 % der Verbraucher bzw. 56 % der Unternehmer gaben eine Verfahrensdauer von unter einem Monat, 36 % bzw. 33 % eine Verfahrensdauer von einem Monat bis zu drei Monaten und 4 % bzw. 11 % eine längere Verfahrensdauer an. 92 % der Verbraucher und 78 % der Unternehmen äußerten sich zufrieden mit der Verfahrensdauer.[20]

Im Zeitraum vom 01.08.2017 bis zum 31.07.2018 wurden von 2.217 Anträgen 2.210 formal abgeschlossen. Mit einer formalen Einigung innerhalb oder außerhalb des Verfahrens endeten lediglich 12,7 % der Verfahren (281). Zu beachten ist jedoch, dass hinsichtlich 508 Anträgen die Stelle z. B. wegen Unzulässigkeit nicht tätig werden konnte und sich die Unternehmen in 1.402 Fällen nicht an dem Verfahren beteiligt haben, da es sich um ein freiwilliges Verfahren handelt, sodass sich eine formale Erfolgsquote von 93,7 % ergibt.[21]

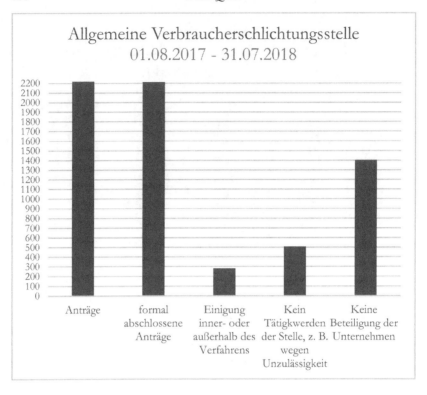

Die Ergebnisakzeptanz fällt dagegen deutlich schlechter aus. Von den am Ende des Verfahrens befragten Verbrauchen gaben auf die Frage, ob sie bereit sind, den Schlichtungsvorschlag bzw. den Inhalt der Einigung zu akzeptieren, 50 % an, dass sie „sehr bereit" (33 %) bzw. „eher bereit" (17 %) sind, 28 %, dass sie „eher nicht bereit" (11 %) bzw. „überhaupt nicht bereit" (17 %) sind und 22 % waren sich „nicht sicher". Von Verbrauchern, die das Ergebnis ablehnten, wurde beispielsweise geäußert, dass „kein befriedigendes Ergebnis" erreicht wurde.[22]

Allgemeine Verbraucherschlichtungsstelle
Bereitschaft, den Schlichtungsvorschlag bzw.
den Inhalt der Einigung zu akzeptieren

- "sehr bereit"   - "eher bereit"
- "nicht sicher" - "eher nicht bereit"
- "überhaupt nicht bereit"

II. Europäische Plattform für Online-Streitbeilegung

In Ergänzung zur Richtlinie über alternative Streitbeilegung in Verbraucherangelegenheiten (2013/11/EU)[23] wurde die Verordnung über Online-Streitbeilegung in Verbraucherangelegenheiten (EU-VO 524/2013)[24] geschaffen.[25] Die Verordnung verfolgt gemäß Art. 1 den Zweck, „durch Erreichen eines hohen Verbraucherschutzniveaus zum reibungslosen Funktionieren des Binnenmarktes, insbesondere seiner digitalen Dimension, beizutragen, indem eine Europäische OS[26]-Plattform[27] [...] eingerichtet wird, die eine unabhängige, unparteiische, transparente, effektive, schnelle und faire außergerichtliche Online-Beilegung von Streitigkeiten zwischen Verbrauchern und Unternehmern ermöglicht". Gemäß Art. 5 Abs. 4 der Verordnung kommen der Plattform insbesondere die Funktionen der Ermittlung der zuständigen AS[28]-Stelle(n) und der Übermittlung der Beschwerde an die AS-Stelle, auf die sich die Parteien gemäß Art. 9 der Ver

ordnung geeinigt haben (lit. c), sowie die Funktion einer kostenlosen Bereitstellung eines elektronischen Fallbearbeitungsinstruments zu, das es
den Parteien und der Stelle zur außergerichtlichen Streitbeilegung ermöglicht, das Streitbeilegungsverfahren online über die OS-Plattform durchzuführen (lit. d).

Im Zeitraum zwischen dem 15.02.2017 und dem 14.02.2018 wurde die
Plattform insgesamt von etwa 5 Mio. Menschen aufgerufen. In den zwölf
Monaten wurden 36.133 Fälle eingereicht und damit etwa 50 % mehr als
im ersten Jahr nach der Einführung, in dem im Zeitraum zwischen dem
15.02.2016 und dem 14.02.2017 25.555 Fälle eingereicht wurden.[29] Die
Länder, deren Verbraucher die meisten Beschwerden im Zeitraum zwischen dem 15.02.2017 und dem 14.02.2018 eingereicht haben, waren
Deutschland (8.130), Großbritannien (6.576) und Frankreich (3.329). Die
Unternehmen, gegen die am häufigsten Beschwerden eingereicht wurden,
lagen in Deutschland (9.057), Großbritannien (7.045) und Ungarn (2.674).
Davon waren insgesamt etwa 40 % grenzüberschreitende Sachverhalte
und die Hauptgründe für die Beschwerden der Verbraucher waren Probleme mit der Lieferung der Waren (25 %), die Nichteinhaltung der Bestel-
lung (15 %) und Probleme mit mangelhaften Waren (12 %).[30]

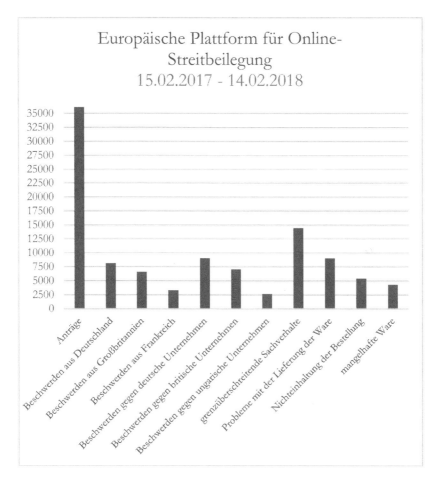

Nur in 2 % der Fälle konnte die jeweilige Beschwerde nach einer Einigung zwischen dem Unternehmen und dem Verbraucher an eine AS-Stelle weitergeleitet werden (Art. 9 Abs. 6 VO). 81 % der Beschwerden wurden automatisch geschlossen, da sich die Parteien nicht innerhalb der gesetzlichen Frist von 30 Tagen auf eine AS-Stelle einigen konnten (Art. 9 Abs. 8 S. 1 VO). Bei 37 % der automatisch geschlossenen Beschwerden wurden die Verbraucher jedoch zuvor direkt vom Unternehmer kontaktiert, um den Streit schnell beizulegen. Bei 13 % der nicht automatisch geschlossenen Beschwerden gaben die Unternehmer an, sich nicht an dem Streitbei-

legungsprozess beteiligen zu wollen, überwiegend (etwa 9 % aller Beschwerden), um mit dem Verbraucher direkt in Verhandlungen zu treten.
In etwa 4 % der Fälle haben sich die Parteien aus dem Verfahren zurück-
gezogen, woraus von der EU-Kommission auf eine Einigung geschlossen
wird.[31]

Das *Zentrum für Europäischen Verbraucherschutz e. V.* ist seit dem 01.04.2016
nach Beleihung durch das *Bundesamt für Justiz* gemäß § 40 Abs. S. 1 VSBG
die deutsche OS-Kontaktstelle[32] i. S. d. Art. 7 VO und die AS-Beratungsstelle[33] i. S. d. Art. 14 der *Richtlinie über alternative Streitbeilegung in Verbraucherangelegenheiten* (2013/11/EU). Gemäß Art. 7 Abs. 2 VO kommt der
Kontaktstelle insbesondere die Aufgabe zu, die Beilegung der Streitigkeiten im Zusammenhang mit Beschwerden, die über die OS-Plattform eingereicht werden, zu unterstützen, indem sie auf Verlangen die Kommunikation zwischen den Parteien und der zuständigen AS-Stelle erleichtert,
z. B. durch Hilfe bei der Einreichung der Beschwerde oder die Bereitstellung von Informationen. Der AS-Beratungsstelle kommt gemäß Art. 14
Abs. 1 RL die Aufgabe zu, dafür zu sorgen, dass die Verbraucher bei Streitigkeiten, die sich aus grenzübergreifenden Kauf- und Dienstleistungsver-
trägen ergeben, Unterstützung erhalten, um in einem anderen Mitglied-
staat die AS-Stelle zu finden, die für ihre grenzübergreifende Streitigkeit
zuständig ist. 2016 (3.097) und 2017 (5.452) gingen beim *Zentrum für Europäischen Verbraucherschutz e. V.* insgesamt 8.549 Anfragen ein, wovon 89 %
die Funktion als OS-Kontaktstelle und 11 % die Funktion als AS-Beratungsstelle betrafen.[34] Zuständig war das *Zentrum für Europäischen Verbraucherschutz e. V.* als AS-Beratungsstelle in 99 % (2016) bzw. 85 % (2017) der
Fälle, als OS-Kontaktstelle dagegen nur in 33 % (2016) bzw. 38 % (2017)[35]
der Fälle.

III. Der Online-Schlichter

Das Projekt „*Der Online-Schlichter*" vom *Zentrum für Europäischen Verbraucherschutz e. V.* wird von sieben Bundesländern, der *DEVK* und dem *Bundesverband Direktvertrieb Deutschland e. V.* gefördert[36] und ist keine der 27

anerkannten Verbraucherschlichtungsstellen nach dem VSBG. Die entsprechenden Zahlen werden daher im Folgenden gesondert vorgestellt. Die Schlichtungsstelle ist gemäß § 1 ihrer Schlichtungsordnung[37] zuständig für zivilrechtliche Streitigkeiten im Bereich des Online-Handels, die die Lieferung von Waren oder die Erbringung von Dienstleistungen betreffen. Antragsberechtigt sind nach § 1 Schlichtungsordnung zudem nur Verbraucher mit Wohnsitz in den Förderländern Baden-Württemberg, Bayern, Berlin, Brandenburg, Hessen, Rheinland-Pfalz und Schleswig-Holstein, wenn Antragsgegner ein Unternehmen mit Sitz in Deutschland ist, und Verbraucher aus dem EU-Raum einschließlich Deutschlands, wenn der Antragsgegner ein Unternehmen mit Sitz in den vorgenannten Förderländern ist. Darüber hinaus werden Fälle mit Bezug zur *DEVK* und zum Direktvertrieb bearbeitet. Gemäß § 3 der Schlichtungsordnung soll die Kommunikation zwischen der Schlichtungsstelle und den Verfahrensbeteiligten ausschließlich über das Internet erfolgen. Eine Kommunikation per Brief, Fax oder Telefon ist jedoch möglich, sofern für die Verfahrensbeteiligten eine Kommunikation über das Internet nicht möglich ist oder es der Falllösung dient.

Insgesamt gab es im Jahr 2018 930 Schlichtungsanträge, während 2017 noch 1.085 Schlichtungsanträge eingingen, also etwa 16 % weniger als im Vorjahr. 2018 konnte eine Erfolgsquote in Höhe von 79 % und 2017 in Höhe von 73 % erreicht werden. Der Streitwert betrug durchschnittlich 504 € (2018) bzw. 400 € (2017) und die Verfahren dauerten im Schnitt fünf Wochen (2018) bzw. sechs Wochen (2017).[38]

	Schlichtungsanträge	Erfolgsquote	Streitwert	Verfahrensdauer
2017	930	73 %	400 €	6 Wochen
2018	1.085	79 %	504 €	5 Wochen

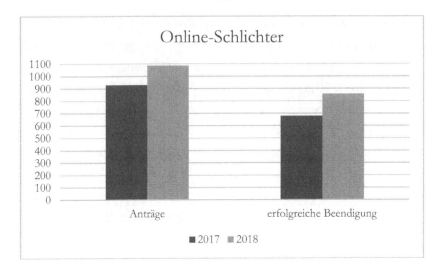

IV. DIS-Verfahren

Die *Deutsche Institution für Schiedsgerichtsbarkeit e. V.* (DIS) bezweckt gemäß § 1 Abs. 1 ihrer Satzung die Förderung der deutschen und internationalen Schiedsgerichtsbarkeit.[39] Allerdings können über die *DIS* z. B. auch Mediations-[40] bzw. Schlichtungsverfahren[41] eingeleitet oder Schiedsgutachten[42] eingeholt werden. Im Jahr 2018 liefen über die *DIS* insgesamt 162 und 2017 160 Verfahren. Dabei handelte es sich unter anderem um 153 (2018) bzw. 152 (2017) Schieds-, jeweils drei (2018 und 2017) Schlichtungs-, zwei (nur 2018) Mediations- und ein (nur 2018) Schiedsgutachterverfahren.[43]

DIS	Schiedsverfahren	Schlichtung	Mediation	Schiedsgutachten
2017	152	3	0	0
2018	153	3	2	1

V. ROLAND Rechtsreport

Die *ROLAND Rechtsschutz-Versicherungs-AG* veröffentlicht jährlich den *ROLAND Rechtsreport*, in dem in den vergangenen Jahren unter anderem auch die Mediation einen Schwerpunkt darstellte. 2017 gaben 73 % der Befragten[44] an, bereits von der Möglichkeit der Mediation gehört zu haben. 27 % hatten noch nie etwas von der Mediation gehört. Im Jahr zuvor kannten 69 % die Mediation. Innerhalb von sieben Jahren erhöhte sich der Wert von 57 % auf die 73 % im Jahr 2017.[45]

2018 gaben der 84 % der Befragten[46] an, dass sie bereits von der Möglichkeit einer außergerichtlichen Streitbeilegung gehört haben. Nach der Mediation wurde nicht mehr gesondert gefragt. Nur 16 % äußerten, noch nicht von der Möglichkeit der außergerichtlichen Streitbeilegung gehört zu haben.[47]

Weiter wurden die teilnehmenden Personen nach dem Lesen einer kurzen Beschreibung der Mediation (2017) bzw. außergerichtlicher Streitbeilegungsverfahren (2018) danach gefragt, ob sie glauben, dass man mit einem solchen Verfahren viele rechtliche Auseinandersetzungen beilegen kann, oder ob sie dahingehend skeptisch sind. Hinsichtlich der Mediation gaben 2017 49 % an, dass viele rechtliche Auseinandersetzungen mit dem Verfahren beigelegt werden könnten, 37 % waren eher skeptisch und 14 % haben keine Angaben gemacht bzw. waren unentschieden. Die vorgenannten Werte blieben innerhalb der vergangenen Jahre weitgehend auf gleichem Niveau.[48] Dementsprechend gaben auch hinsichtlich der außergerichtlichen Streitbeilegung 50 % an, dass viele rechtliche Auseinandersetzungen mit den Verfahren beigelegt werden könnten. 36 % waren eher skeptisch und wiederum 14 % haben keine Angaben gemacht bzw. waren unentschieden.[49]

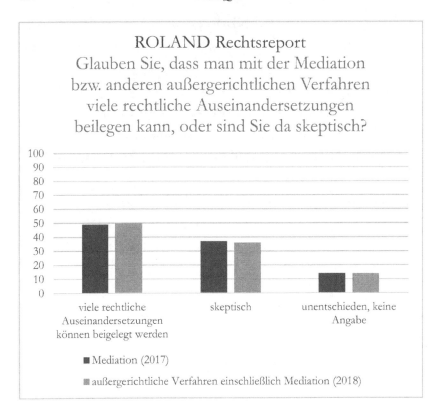

ROLAND Rechtsreport
Glauben Sie, dass man mit der Mediation
bzw. anderen außergerichtlichen Verfahren
viele rechtliche Auseinandersetzungen
beilegen kann, oder sind Sie da skeptisch?

■ Mediation (2017)

■ außergerichtliche Verfahren einschließlich Mediation (2018)

VI. Güterichter in Zivilsachen

Die Verankerung des Güterichters in der ZPO erfolgte ebenso wie die
Schaffung des MediationsG durch das *Gesetz zur Förderung der Mediation und
anderer Verfahren zur außergerichtlichen Konfliktbeilegung* im Jahr 2012.[50] Gemäß
§ 278 Abs. 5 S. 1 ZPO kann das Gericht nunmehr „die Parteien für die
Güteverhandlung sowie für weitere Güteversuche vor einen hierfür bestimmten und nicht entscheidungsbefugten Richter (Güterichter) verweisen". Dabei können die Güterichter gemäß § 278 Abs. 5 S. 2 ZPO „alle
Methoden der Konfliktbeilegung einschließlich der Mediation einsetzen".

Die Neuzugänge von Zivilverfahren sind seit Jahren rückläufig. Während
vor den Amtsgerichten 2005 noch 1.400.724 Verfahren neu eingingen, waren es 2018 nur noch 923.933.[51] Ein ähnliches Bild ergibt sich bei den

Landgerichten[52] und Oberlandesgerichten[53]. Auch hier gehen die Neuzugänge jedes Jahr tendenziell weiter zurück, jedoch mit einem leichten Anstieg im Jahr 2018. 2005 gab es 424.525 Neuzugänge bei den Landgerichten sowie 57.876 vor den Oberlandesgerichten, 2018 dagegen nur noch 338.021 bzw. 51.549.

Neuzugänge	2012	2013	2014	2015	2016	2017	2018
AG	1.150.663	1.138.419	1.107.028	1.093.454	986.139	936.979	923.933
LG	355.623	358.792	332.044	330.035	321.996	307.718	338.021
OLG	52.560	51.363	49.444	48.656	49.953	46.448	51.549

2018 wurden vor den Amtsgerichten insgesamt 923.179 Verfahren erledigt. Eine Verweisung an den Güterichter hat in 6.663 der erledigten Verfahren stattgefunden. Bei 3.162 dieser Verfahren wurde der Konflikt vor dem Güterichter vollständig, bei 136 teilweise und bei 3.365 nicht beigelegt. Die Erfolgsquote des Güterichterverfahrens liegt damit vor den Amtsgerichten bei knapp unter 50 %. Die durchschnittliche Verfahrensdauer war mit 8,3 Monaten etwa doppelt so lang wie bei den sonstigen Verfahren (durchschnittlich 4,9 Monate), wenn eine Konfliktbeilegung vor dem Güterichter stattgefunden hat.[54] Im Vergleich mit den Jahren 2014,[55] 2015,[56] 2016[57] und 2017[58] ergibt sich folgendes Bild:

Erledigte Verfahren vor den Amtsgerichten, in denen eine Verweisung an den Güterichter stattgefunden hat

■ vollständig beigelegt ■ teilweise beigelegt ■ nicht beigelegt

Vor den Landgerichten hat 2018 von den insgesamt 347.023 erledigten Verfahren (303.993 erstinstanzlich, 43.030 in der Berufungsinstanz) bei den Verfahren in der ersten Instanz bei 6.507 Verfahren und in der Berufungsinstanz bei 248 Verfahren eine Verweisung vor den Güterichter stattgefunden. Von diesen Verfahren wurden 2.901 Konflikte vor dem Güterichter erstinstanzlich und 91 in der Berufungsinstanz vollständig, 78 bzw. 3 teilweise und 3.528 bzw. 154 nicht beigelegt. Für die erstinstanzlichen Güterichterverfahren vor dem Landgericht ergibt sich damit eine Erfolgsquote in Höhe von etwa 45 % und für die Berufungsverfahren von etwa 36 %. Die erstinstanzlich vor dem Landgericht erledigten Verfahren, in denen eine Konfliktbeilegung vor dem Güterichter stattgefunden hat, dauerten durchschnittlich 15 Monate. Die entsprechenden Verfahren in der Berufungsinstanz dauerten durchschnittlich 10,5 Monate. Die übrigen erstinstanzlichen Verfahren dauerten 10,3 und die übrigen Verfahren in der Berufungsinstanz 7,1 Monate.[59] Im Vergleich mit den Jahren 2014,[60] 2015,[61] 2016[62] und 2017[63] ergibt sich folgendes Bild:

Vor den Oberlandesgerichten wurden 2018 insgesamt 49.160 Verfahren erledigt. Bei 282 der erledigten Verfahren hat eine Verweisung vor den Güterichter stattgefunden. Bei 148 dieser Verfahren haben die Beteiligten den Konflikt vor dem Güterichter vollständig, bei 4 teilweise und bei 130 nicht beigelegt. Die Erfolgsquote des Güterichterverfahrens beträgt damit vor den Oberlandesgerichten etwa 53 %. Die Verfahren, bei denen auch eine Konfliktbeilegung vor dem Güterichter stattgefunden hat, dauerten durchschnittlich 12,7 Monate. Die übrigen Verfahren dauerten dagegen durchschnittlich nur 9,6 Monate.[64] Im Vergleich mit den Jahren 2014,[65] 2015,[66] 2016[67] und 2017[68] ergibt sich folgendes Bild:

Daniel Quast

Volljurist; ehem. Rechtsanwalt in einer mittelständischen
Handels- und Gesellschaftsrechtskanzlei;
wissenschaftlicher Mitarbeiter am Lehrstuhl für
Öffentliches Recht, juristische Rhetorik und
Rechtsphilosophie, FernUniversität in Hagen.

1 ABl. L 165 vom 18. Juni 2013, S. 1 ff.
2 ABl. L 136/3 vom 24. Mai 2008.
3 ABl. L 165 vom 18. Juni 2013, S. 63 ff.
4 BGBl. 2012 I, S. 1577.
5 BGBl. 2016 I, S. 254.
6 Siehe dazu die Zahlen vom Deutschen Richterbund (DRB), abrufbar unter
   https://www.drb.de/positionen/verbandsthemen/belastung/ (zuletzt aufgerufen am
   21. November 2019).
7 Gesetzentwurf der Bundesregierung, BT-Drs. 17/5335, 1.
8 Gesetzentwurf der Bundesregierung, BT-Drs. 17/5335, 11.
9 BVerfG, NJW-RR 2007, 1073, 1074.
10 Siehe z. B. zur Mediation *Die Bundesregierung*, Bericht der Bundesregierung über die
   Auswirkungen des Mediationsgesetzes auf die Entwicklung der Mediation in Deutschland und über die Situation der Aus- und Fortbildung der Mediatoren, 2017, S. 203 ff.,
   sowie zu außergerichtlichen Streitbeilegungsverfahren in der Wirtschaft *Quast*, in:
   Schlieffen (Hg.), Jahrbuch Mediation 2018, S. 192, 193 ff.
11 *Bundesamt für Justiz*, Liste der Verbraucherschlichtungsstellen gemäß § 33 Absatz 1 des
   Verbraucherstreitbeilegungsgesetzes (VSBG), 2019.
12 Auf eine Auswertung sämtlicher Tätigkeitsberichte der Verbraucherschlichtungsstellen
   für das Jahr 2018 wird an dieser Stelle verzichtet. Die Tätigkeitsberichte können über
   den Internetauftritt der jeweiligen Schlichtungsstelle eingesehen werden.
13 *Bundesamt für Justiz*, Verbraucherschlichtungsbericht 2018, 2018, S. 9.
14 *Dass.* Anm. 13, S. 60 ff.
15 *Dass.* Anm. 13, S. 63 ff.
16 Gemäß § 15 Abs. 2 VSBG werden die Verfahren, an dem der Antragsgegner nicht

teilnehmen oder es nicht fortsetzen will, beendet, sofern nicht Rechtsvorschriften, Satzungen oder vertragliche Abreden etwas anderes bestimmen.

[17] *Bundesamt für Justiz*, Anm 13, S. 66 ff.

[18] *Dass.*, Anm 13, S. 69.

[19] *Naomi Creutzfeldt/Felix Steffek*, Zwischenbericht zur Funktionsweise der Allgemeinen Verbraucherschlichtungsstelle, BT-Drs. 19/6890.

[20] *Dies.*, Anm 19, S. 9.

[21] *Dies.*, Anm 19, S. 68.

[22] *Dies.*, Anm 19, S. 78.

[23] ABl. L 165 vom 18. Juni 2013, S. 63 ff.

[24] ABl. L 165 vom 18. Juni 2013, S. 1 ff.

[25] Erwägungsgrund 12 der Richtlinie über alternative Streitbeilegung in Verbraucherangelegenheiten (2013/11/EU).

[26] „Online-Streitbeilegung", siehe Erwägungsgrund 6 der Verordnung über Online-Streitbeilegung in Verbraucherangelegenheiten.

[27] https://ec.europa.eu/consumers/odr/main/?event=main.home2.show (zuletzt aufgerufen am 21. November 2019).

[28] „Alternative Streitbeilegung", siehe Erwägungsgrund 3 der Verordnung über Online-Streitbeilegung in Verbraucherangelegenheiten.

[29] *Europäische Kommission*, Functioning of the European ODR Platform, Statistics 2nd year, 2018, S. 2.

[30] *Europäische Kommission*, Anm. 29, S. 3.

[31] *Europäische Kommission*, Anm. 29, S. 4.

[32] https://www.evz.de/de/schlichtung-und-online-streitbeilegung/kontaktstelle-fuer-online-streitbeilegung/ (zuletzt aufgerufen am 21. November 2019).

[33] Ebd.

[34] *Bundesamt für Justiz*, Anm. 13, S. 29.

[35] *Dass.*, Anm. 34.

[36] *Zentrum für Europäischen Verbraucherschutz e. V.*, Tätigkeitsbericht 2018, Der Online-Schlichter, 2019, S. 11.

[37] Die Schlichtungsordnung ist abrufbar unter https://www.online-schlichter.de/schlichtungsordnung/ (zuletzt aufgerufen am 21. November 2019).

[38] *Zentrum für Europäischen Verbraucherschutz e. V.*, Jahresbericht 2018, 2019, S. 28; *Zentrum für Europäischen Verbraucherschutz e. V.*, Jahresbericht 2017, 2018, S. 28.

[39] Die Satzung ist abrufbar unter http://www.disarb.org/de/13/content/satzung-id9 (zuletzt aufgerufen am 21. November 2019).

[40] Siehe dazu die DIS-Mediationsordnung, abrufbar unter http://www.dis-arb.org/de/16/regeln/dis-mediationsordnung-10-medo-id19 (zuletzt aufgerufen am 21. November 2019).

[41] Siehe dazu die DIS-Schlichtungsordnung, abrufbar unter http://www.dis-arb.org/de/16/regeln/dis-schlichtungsordnung-02-id6 (zuletzt aufgerufen am 21. November 2019).

42 Siehe dazu die DIS-Schiedsgutachtensordnung, abrufbar unter www.dis-arb.org/de/16/regeln/dis-schiedsgutachtensordnung-10-schgo-id20 (zuletzt aufgerufen am 21. November 2019).

43 *Deutsche Institution für Schiedsgerichtsbarkeit e. V.*, Statistiken 2018, S. 1, abrufbar unter http://www.arbitrating-in-germany.de/upload/statistics/DIS-Verfahrensstatistik%202018.pdf (zuletzt aufgerufen am 21. November 2019).

44 1.443 Personen der deutschen Wohnbevölkerung ab 16 Jahren in der Bundesrepublik Deutschland, *ROLAND Rechtsschutz-Versicherungs-AG*, ROLAND Rechtsreport 2018, S. 2, abrufbar unter https://www.roland-rechtsschutz.de/media/rechtsschutz/pdf/unternehmen_1/ROLAND_Rechtsreport_2018.pdf (zuletzt aufgerufen am 21. November 2019).

45 *Ders.* Anm. 44, S. 22.

46 1.242 Personen der deutschen Wohnbevölkerung ab 16 Jahren in der Bundesrepublik Deutschland, *ROLAND Rechtsschutz-Versicherungs-AG*, ROLAND Rechtsreport 2019, 2019, S. 2, abrufbar unter https://www.roland-rechtsschutz.de/media/rechtsschutz/pdf/unternehmen_1/ROLAND_Rechtsreport_2019.pdf (zuletzt aufgerufen am 21. November 2019).

47 *Ders.* Anm. 46, S. 26.

48 *Ders.* Anm. 44, S. 25.

49 *Ders.* Anm. 46, S. 27.

50 BGBl. 2012 I, S. 1577.

51 *Statistisches Bundesamt*, Zivilgerichte – Fachserie 10 Reihe 2.1 – 2018, 2019, S. 12 f., abrufbar unter https://www.destatis.de/DE/Themen/Staat/Justiz-Rechtspflege/Publikationen/Downloads-Gerichte/zivilgerichte-2100210187004.pdf?__blob=publicationFile (zuletzt aufgerufen am 21. November 2019).

52 *Dass.*, Anm. 51, S. 42 f.

53 *Dass.*, Anm. 51, S. 88 f.

54 *Dass.*, Anm. 51, S. 34.

55 *Dass.*, Zivilgerichte – Fachserie 10 Reihe 2.1 – 2014, 2015, S. 34, abrufbar unter https://www.destatis.de/GPStatistik/receive/DEHeft_heft_00035134 (zuletzt aufgerufen am 21. November 2019).

56 *Dass.*, Zivilgerichte – Fachserie 10 Reihe 2.1 – 2015, 2016, S. 34, abrufbar unter https://www.destatis.de/GPStatistik/receive/DEHeft_heft_00056850 (zuletzt aufgerufen am 21. November 2019.

57 *Dass.*, Zivilgerichte – Fachserie 10 Reihe 2.1 – 2016, 2017, S. 34, abrufbar unter https://www.destatis.de/GPStatistik/receive/DEHeft_heft_00071142 (zuletzt aufgerufen am 21. November 2019.

58 *Dass.,* Zivilgerichte – Fachserie 10 Reihe 2.1 – 2017, 2018, S. 34, abrufbar unter https://www.destatis.de/GPStatistik/receive/DEHeft_heft_00083616 (zuletzt aufgerufen am 21. November 2019.

59 *Dass.*, Anm. 51, S. 64, 84.

60 *Dass.*, Anm. 55, S. 64, 84.

61 *Dass.*, Anm. 56, S. 64, 84.

[62] *Statistisches Bundesamt*, Anm. 57, S. 64, 84.
[63] *Dass.*, Anm. 58, S. 64, 84.
[64] *Dass.*, Anm. 51, S. 110.
[65] *Dass.*, Anm. 55, S. 110.
[66] *Dass.*, Anm. 56, S. 110.
[67] *Dass.*, Anm. 57, S. 110.
[68] *Dass.*, Anm. 58, S. 110.

Redaktion

Dr. Friedrich Dauner

Chefredaktion, Herausgabe
Volljurist und Mediator; Wissenschaftlicher Mitarbeiter
und Geschäftsführender Leiter der Studienprogramme
Mediation an der FernUniversität in Hagen;
Geschäftsführer der Hagen Law School
Fachanwaltslehrgänge (iuria GmbH).

Benjamin Graber

Gestaltung, Desktop-Publishing
Mediengestalter Print/Digital im Schwerpunkt Print;
technische Redaktion Hagen Law School und
Hagener Wissenschaftsverlag.

Marc-A. Nicolas Hermann, M.M.

Redaktion
Absolvent des Masterstudiengangs Mediation an der
Fern-Universität in Hagen; Absolvent „Program on
Negotiation" an der Harvard Law School;
Interessenschwerpunkte Konfliktmanagementberatung,
Wirtschaftsmediation und Verhandlungsführung.

Barbara Hoang

Marketing
Studium der Sinologie, Sozialpsychologie und
Sozialanthropologie; Medienkauffrau Digital und Print;
Verlagsassistenz und Marketing Hagener
Wissenschaftsverlag.

Dr. Lewis Johnston

Redaktion, Lektorat
Volljurist; wissenschaftlicher Mitarbeiter am Lehrstuhl
für Öffentliches Recht, juristische Rhetorik und
Rechtsphilosophie, FernUniversität in Hagen; 2015 bis
2018 Redaktion und Lektorat der Zeitschrift
„MEDIATOR"; Mitglied der Verlagsleitung des
Hagener Wissenschaftsverlags.

Kathrin Rylender

Redaktion
Volljuristin; wissenschaftliche Mitarbeiterin am
Lehrstuhl für Öffentliches Recht, juristische Rhetorik
und Rechtsphilosophie an der FernUniversität
in Hagen.

Prof. Dr. Katharina Gräfin von Schlieffen

Herausgabe, Gestaltung, Redaktion
Inhaberin des Lehrstuhls für Öffentliches Recht,
Juristische Rhetorik und Rechtsphilosophie an der
FernUniversität in Hagen; Direktorin des Contarini-
Instituts für Mediation; Wiss. Leitung der Hagen Law
School.

Dipl. Ing. Irene Seidel

Redaktion, Koordination, Reportage,
Online-Redaktionsleitung
Dipl.-Ingenieurin; Fachjournalistin; Betreuung der
Fachzeitschrift „MEDIATOR" bis 2018; Online-
Redaktionsleitung der Plattform des „Jahrbuchs
Mediation" (www.jahrbuch-mediation.de).